別讓勞資爭議損害你的權益

勞工意識抬頭、勞資爭議不斷，
不想誤觸勞動關係地雷，
淪為血汗員工、無良雇主，就該充分理解勞動法規。

漫漫職場人生，自己的權益自己保護。

可道律師事務所 ——————— 編著

關於勞動契約、工時工資規定、
職災求償、離職解僱

勞雇雙方不可不知的
勞動法實務判決解析

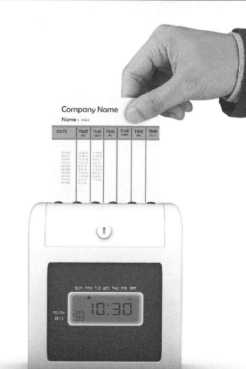

作者序

　　近年來政府大動作修改勞動相關法律，確立六大勞動政策，諸如縮短勞工的年總工時、立法保護非典型勞動、保障過勞與職災勞工等，掀起一陣波瀾，引發各界爭議、討論。本書擬從實務角度出發，藉由每篇判決評析，讓讀者從中觀察出法官如何看待個別勞資爭議案件，以便運用至日常生活之中，降低勞資爭議之發生。

　　有人說勞資關係本就是對立的，此乃任何一種工作均存在對價給付關係，勞工提供勞務，雇主則回以報酬，雙方內部存有潛在的衝突。而要能促進勞資關係，實仰賴雙方對於勞動相關法律之認識及遵守，否則很容易面臨到對簿公堂的局面。為了發展和諧穩定的勞資關係，最重要的就是事先釐清勞動權益相關法規的細節，以建立公司完善的制度，使雇主能有效的管理，勞工亦有明確的規則可依循。

　　在現今勞資意識持續抬頭的年代，以勞動部統計資料而言，以民國 108 年 4 月單月合計共 2,270 件，主要爭議類別以工資爭議 1,006 件最多，占 44.32%，其次為給付資遣費爭議 550 件，占 24.23%，可見勞資雙方越來越習慣透過司法程序來維護的自身權益。面對越來越繁雜的勞工相關法令，不論是雇主或勞工，都有必要詳加了解，對勞工而言，知悉工作的權益，才能在健全、尊嚴的職場環境中持續貢獻所長。對於雇主而言，洞察勞工法規，才能營造安心工作環境，以全力衝刺業績。而本書整理實務上常被探討的問題，諸如試用期、最低服務年限、加班費、退休金、解僱及職業災害等，希

望透由上述議題的說明，解答「勞」「雇」雙方之疑惑，以期待能消弭勞雇間之對立，創造勞資雙贏的局面。

　　最後，本書仍可能有疏漏、錯誤之處，盼各位不吝指正。

目錄

第三部／離職後的契約終止及職業災害 … 175

・ 經濟性解僱 ………………………………………………………………… 176

・ 懲戒性解僱 ………………………………………………………………… 233

第一部
到職後的契約爭議

勞動契約的性質

演藝經紀契約是否屬於勞動契約？

　　阿華在森林購物公司的購物節目擔任主持人，森林購物公司跟阿華簽訂任職五年、每月底薪新臺幣（以下均同）六萬元的契約，但是阿華才工作兩年，就被森林購物公司片面以阿華的表現不佳為理由，終止雙方契約關係。阿華認為，雙方簽訂的演藝經紀契約是一般的勞動契約，因此還是要依照勞動基準法（以下均同）規定，終止雙方的勞動契約。森林購物公司則認為購物頻道主持人並非如同機械一般聽從雇主指令，而是發揮自己的創意與魅力完成之工作，因此不屬於勞動契約。請問誰說的有理由？

律師貼心話：

一、本件法院認為雙方所簽訂的演藝經紀契約，約定森林購物公司可決定阿華提供勞務的地點、時間、給付量等。如果阿華沒有遵守契約的約定時，森林購物公司得對阿華施以懲罰，因此**阿華對於勞務提供過程，並沒有自行決定之自由，阿華對於森林購物公司有人格上從屬性。而且阿華於**

工作中所使用的所有工具，都是森林購物公司提供，阿華也不需要承擔森林購物公司的盈虧，所以阿華對於森林購物公司也有經濟上的依賴性。 綜合上面的特徵，法院肯認雙方簽訂的演藝經紀契約是一般的勞動契約，適用勞基法。雇主倘若想不經預告而片面終止勞動契約，仍然必須按照勞基法第 11 條之規定。而法院依照森林購物公司的森林購物台業績統計表來看，生產量及銷售量均明顯減少，而有縮小整體營業範圍之情形。並由 96 年度 1 至 11 月份之績效統計表可知，阿華的業績達成率高達 74%，故阿華也並非不能勝任主持工作。因此森林購物公司片面不經預告終止勞動契約是違法的。

二、給勞工之建議：

　　勞工與雇主簽訂的契約，縱使契約書中約定「本契約不得視為甲方對乙方有正式僱傭關係，乙方不得向甲方要求為正式員工之相關福利或適用勞基法之規定……」等語，還是必須按照勞務的給付及工作之條件等綜合判斷是否屬於勞動契約。倘若勞工對此部分有疑問，也可以帶著自己的工作契約前往主管機關詢問，請主管機關釋疑喔！

臺灣高等法院 100 年度勞上更（一）字第 5 號民事判決摘錄：

主文（摘錄）：

確認兩造間僱傭關係存在。

被上訴人（按：即雇主）應自民國九十七年二月七日起至九十九年六月六日止，按月給付上訴人（按：即勞工）新臺幣陸萬伍仟元，及各

勞動契約的性質

試用期的保障與權益

合理的調職

最低服務年限

職業災害

工作規則

11

自次月十日起至清償日止，按年息百分之五計算之利息。

被上訴人應自民國九十九年六月七日起至上訴人復職之日止，按月給付上訴人新臺幣參萬參仟貳佰元，及各自次月十日起至清償日止，按年息百分之五計算之利息。

理由（摘錄）：

……依系爭契約第 4 條第 1 項第 1 款、第 2 項第 1 款前段及第 3 項第 1 款約定：「乙方（即上訴人，下同）於本契約有效期間內，應完全配合甲方（即被上訴人，下同）之安排，擔任甲方所指定電視購物節目主持人，並參與教育訓練、製播會議、各項錄影或現場演出，不得無故拒絕或缺席。有關節目內容型態及配合演出人員，悉由甲方全權負責企劃安排，乙方特此同意絕無異議」、「本契約有效期間內，未經甲方書面許可，乙方不得自行或經由甲方以外第三人之安排參與各項媒體主持或演出活動」、「甲方有權於本契約有效期間內，為乙方代為接洽安排國內、外各種媒體之主持演出活動……甲方為乙方規劃之各種表演訓練，相關節目宣傳、促銷或造勢活動，乙方應完全配合，並不得異議」等語（見原審卷第 17-18 頁）。是上訴人於系爭契約有效期間內，需依被上訴人安排，擔任被上訴人指定之電視購物節目主持人，並參與教育訓練、製播會議及各項錄影或現場演出，不得無故拒絕或缺席，主持內容亦需依被上訴人安排，不得任意參加由被上訴人以外之第三人安排之各項演出活動，對被上訴人安排之國內外各種媒體主持演出活動，均應配合不得異議。又若上訴人無故拒絕、缺席

或遲延，即需依系爭契約第 4 條第 4 項之約定，支付懲罰金 5,000 元，該 LIVE 節目業績不予計算。**準此，依系爭契約約定，被上訴人可決定上訴人勞務提供之地點、時間、給付量等，於上訴人未遵系爭契約之約定時，得對其施以懲罰，即上訴人對於勞務提供過程，並無自行決定之自由，且需親自提供，依上開說明，上訴人對被上訴人自具有人格上從屬性。**

（2）依系爭契約附件一主持報酬支付計算方式第 1 條之約定：上訴人於教育訓練期間及試用期間每月均有保障報酬 30,000 元，正式聘用後每月保障報酬依評定結果另行通知，每月報酬以不低於 55,000 元計算，有該附件可憑（見原審卷第 22 頁）；**又上訴人勞務提供所需之攝影棚及電視頻道等一切購物頻道所需工具，均由被上訴人提供，上訴人並不負擔被上訴人企業經營盈虧，上訴人提供之勞動力需依被上訴人之生產資料始能進行，足認上訴人業已納入被上訴人經濟組織與生產結構中，上訴人對被上訴人具有經濟上之依賴性。**

（3）**以上，兩造間具有前開人格上從屬性及經濟上從屬性，系爭契約核屬勞基法第 2 條第 1 款規定之勞動契約。至系爭契約第 4 條第 6 項雖約定：「本契約不得視為甲方對乙方有正式僱傭關係，乙方不得向甲方要求為正式員工之相關福利或適用勞基法之規定……」等語（見原審卷第 18 頁），惟系爭契約性質，既屬勞基法第 2 條第 1 款規定之勞動契約，即有勞基法之適用，上開約定違反勞基法規定而無效（民法第 71 條規定參照），上訴人執此置辯，自不可採。**

（二）被上訴人於終止系爭契約時，無業務緊縮情事：

……2. 經查：

（1）被上訴人辯稱其購物頻道原有五台，其中第一至三台、第五台均為現場節目，第四台為播帶節目，其於 96 年 1 月間起，為因應市場競爭，將上開購物頻道均改為現場節目。嗣為因應內部變化，再於 96 年 5 月及 8 月將第四台及第五台改回播帶節目，現場節目僅餘第一至三台等情，固提出電子郵件為證（見勞上卷 2 第 93-94 頁）。惟此種情形乃企業經營方式之改變或營業策略之調整，屬於業務性質變更之範疇，與業務緊縮尚屬有別。

（3）另……有被上訴人所提出之購物台業績統計表可稽（見原審卷第 69 頁），並無明顯減少或下滑之現象，自難逕認被上訴人在客觀上於該段時間有營運不佳，生產量及銷售量均明顯減少而有縮小整體營業範圍之情形。又被上訴人於 96 年 7 月 23 日新聘 12 名工作性質相同之購物專家，試用 6 個月期滿後，於 97 年 1 月 23 日正式留用其中 6 名購物專家，時間恰在 97 年 1 月 22 日被上訴人對上訴人發函終止系爭契約之翌日，為兩造所不爭執（見本院卷第 15 頁背面、第 148 頁）。堪認被上訴人確無業務緊縮情事，否則何須再增聘 6 名工作相同性質之人手。從而，被上訴人以其有勞基法第 11 條第 2 款所定業務緊縮事由，終止系爭契約，於法不合。

（三）上訴人無不能勝任工作之事由：

……2. 被上訴人辯稱上訴人確有不能勝任工作情事，係以上訴人之銷售業績成績、主管考核、廠商評鑑等件為據。查：

……（2）被上訴人另以上訴人「96年度1至11月份之績效統計」觀之，訂單達成率74.5%、毛利達成率為67.7%、商品成功率28.1%，……；系爭契約附件一第三條亦約定，乙方於正式聘用期間之每月銷售業績獎金按乙方當月個人銷售目標業績達成率計算，銷售目標業績達成率達到70％以上時獎金是壹萬貳仟元（見原審卷第22頁）。……，顯示上訴人於96年度之工作表現不差，且達加薪及加發業績獎金之標準。……

相 關
法 條

勞動基準法第2條摘錄

本法用辭定義如左：

一、勞工：謂受雇主僱用從事工作獲致工資者。

二、雇主：謂僱用勞工之事業主、事業經營之負責人或代表事業主處理有關勞工事務之人。

三、工資：謂勞工因工作而獲得之報酬；包括工資、薪金及按計時、計日、計月、計件以現金或實物等方式給付之獎金、津貼及其他任何名義之經常性給與均屬之。

四、平均工資：謂計算事由發生之當日前六個月內所得工資總額除以該期間之總日數所得之金額。工作未滿六個月者，謂工作期間所得工資總額除以工作期間之總日數所得之金額。工資按工作日數、時數或論件計算者，其依上述方式計算之平均工資，如少於該期內工資總額除以實際工作日數所得金額百分之六十者，以百分之六十計。

勞動契約的性質

試用期的保障與權益

合理的調職

最低服務年限

職業災害

工作規則

五、事業單位：謂適用本法各業僱用勞工從事工作之機構。

六、勞動契約：謂約定勞雇關係之契約。

勞動基準法第 11 條：

非有左列情事之一者，雇主不得預告勞工終止勞動契約：

一、歇業或轉讓時。

二、虧損或業務緊縮時。

三、不可抗力暫停工作在一個月以上時。

四、業務性質變更，有減少勞工之必要，又無適當工作可供安置時。

五、勞工對於所擔任之工作確不能勝任時。

試用期的保障與權益

試用期合法嗎？

小陳為平安公司之員工，進入公司時，與江老闆約定三個月之試用期，嗣後小陳因表現不符合公司要求，於試用期三個月期滿時，公司開會討論小陳之表現並做成紀錄後，以不適任為由，提前終止與小陳之勞動契約。小陳即依勞工退休金條例第 12 條第 1 項規定，向平安公司請求給付資遣費，請問公司和員工約定試用期合法嗎？小陳這樣請求有理由嗎？

律師貼心話：

一、法院見解：

　　法院認為我國勞基法雖未對試用期間或試用契約制定明文規範。而一般企業雇主於僱用新進員工時，學經歷僅為形式審查，並無法確實得知該新進員工是否得勝任工作，或是能否與該企業文化相容。因此，通常在正式締結勞動契約前會先行約定試用期間，藉以評價新進員工之職務適格性與能力，做為雇主是否願與之締結正式勞動契約之考量。倘若

勞動契約的性質

試用期的保障與權益

合理的調職

最低服務年限

職業災害

工作規則

勞工與雇主間有試用期間之合意,且依該勞工所欲擔任工作之性質,確有試用之必要,自應承認試用期間之約定為合法有效。此亦符合一般社會通念或業界之僱用習慣,尚不因勞基法就此有無明文規定而有不同。

再者,於試用期間因仍屬於締結正式勞動契約之前階段(即試驗、審查階段),故勞雇雙方原則上均應得隨時終止契約,無須具備勞基法所規定之法定終止事由,且亦無資遣費相關規定之適用。

因此,本件小陳和平安公司約定試用期,保留提前終止契約權,應為合法。而小陳因無法勝任工作,遭公司提前終止勞動契約,亦不得依勞工退休金條例第 12 條第 1 項規定向平安公司請求給付資遣費,所以小陳的請求是沒有理由的喔!

二、給雇主之建議:

基於契約自由原則,法院認為勞雇雙方得約定試用期,以保留提前終止勞動契約之權利。建議雇主應以書面與勞工約定試用期,並於試用期間內稽核勞工之工作表現。若試用期結束,認為該勞工無法勝任職務而不欲與其繼續勞動契約,亦應以會議決定並以書面紀錄為憑,較可減少雇主合法提前終止勞動契約時之爭議。

臺灣臺北地方法院 102 年度勞簡上字第 7 號民事判決摘錄:

主文:

原判決關於命上訴人(按:即雇主)給付超過新臺幣肆仟肆佰柒拾參元本息部分,及該部分假執行之宣告,暨訴訟費用之裁判均廢棄。

勞動契約的性質

試用期的保障與權益

合理的調職

最低服務年限

職業災害

工作規則

上開廢棄部分，被上訴人在第一審之訴及假執行之聲請均駁回。

其餘上訴駁回。

第一、二審訴訟費用，由上訴人負擔百分之五，餘由被上訴人負擔。

理由（摘錄）：

……（二）被上訴人請求上訴人給付資遣費有無理由？

1. 按我國勞動基準法雖未對試用期間或試用契約制定明文規範，而一般企業雇主僱用新進員工，亦僅對該員工所陳之學、經歷為形式上審查，未能真正瞭解該名員工在客觀上是否能勝任工作、抑或主觀上能否與該企業文化相容，因此，在正式締結勞動契約前先行約定試用期間，藉以評價新進勞工之職務適格性與能力，作為雇主是否願與之締結正式勞動契約之考量，基於契約自由原則，倘若勞工與雇主間有試用期間之合意，且依該勞工所欲擔任工作之性質，確有試用之必要，自應承認試用期間之約定為合法有效，此亦符合一般社會通念或業界之僱用習慣，尚不因勞動基準法就此有無明文規定而有不同。**又約定試用期間之目的，既在於試驗、審查勞工是否具備勝任工作之能力，並在勞僱雙方同意下，使雇主能於一定期間內經由所交付之職務與工作，觀察新進員工是否具備其於應徵時所表明之能力、是否敬業樂群、能否勝任工作等，故在試用期間屆滿後是否正式僱用，即應視試驗、審查之結果而定，且在試用期間因仍屬於締結正式勞動契約之前階（試驗、審查）階段，是雙方當事人原則上均應得隨時終止契約（終止權**

保留說），並無須具備勞動基準法所規定之法定終止事由，且亦無資遣費相關規定之適用。準此，除非雇主有權利濫用之情事，否則，法律上即應容許雇主在試用期間內有較大之彈性，以所試用之勞工不適格為由而行使其所保留之解僱權。此與一般勞動契約為保護正式僱用勞工之法律地位，應嚴格限制雇主之解僱權，容屬有間。2.經查，**兩造僱傭契約確有 3 個月試用期之約定，此除為被上訴人所不爭執外（本院卷第 89 頁），並有上訴人提出之人事紀錄可稽（原審卷第 19 頁），且經證人即上訴人人事組長江○芳證述屬實（本院卷第 42 頁）。又上訴人就被上訴人試用期屆至後是否續聘，於 101 年 3 月 1 日召開 100 學年度第 2 次人事評議會，經討論後以「被上訴人工作表現不佳，無法達到學校要求，多次在工作表現怠惰疏於職守，放任學生進出校園，造成學生安全危險，晚間擅離職守，與異性師生說長道短，傳播不實謠言」等理由，決議於試用期滿後不續聘等情，亦有卷附簽呈及會議紀錄可憑（本院卷第 49、50 頁），核與證人江○芳證述內容相符（本院卷第 42 頁）。**被上訴人雖主張伊於 100 年 12 月 15 日受僱，迄上訴人於 101 年 3 月 31 日終止僱傭契約，顯然已逾 3 個月之試用期，故上訴人以其試用期間不適任而終止僱傭契約，並拒絕給付資遣費顯不合法云云。然依證人江○芳證述：「（上訴人何時終止兩造的僱傭契約？）滿三個月的當天」、「（為何被上訴人任職到 101 年 3 月 31 日？）我跟他說完後他希望學校可以讓他兩個禮拜的時間可以去找工作，我跟學校報告後，學校就說讓他再延兩個禮拜不要讓他一下子沒有工作收入」等語（本院卷第 42 頁），及前開 100 學年度第 2 次人事評議會係

勞動契約的性質

試用期的保障與權益

合理的調職

最低服務年限

職業災害

工作規則

於 101 年 3 月 1 日召開並決議終止兩造間僱傭契約等情，足見上訴人乃於試用期屆至前經開會討論後，隨即於試用期滿前以上訴人不適任為由終止僱傭契約，是上訴人已合法行使兩造所約定之終止僱傭契約權利，自不因嗣後同意被上訴人延長工作兩週而喪失其終止權，故被上訴人此節主張，難謂可採。3. 綜上，**兩造僱傭契約已約明 3 個月試用期，約定於試用期間，雙方均保留契約終止權，而上訴人並於試用期屆至時以被上訴人不適任為由，行使契約終止權，惟因應被上訴人要求始於 101 年 3 月 31 日生效，故上訴人已合法行使兩造僱傭契約成立時保留之契約終止權，本件僱傭契約之終止，顯與勞動基準法第 11 條第 5 款規定之情形有別，且無勞動基準法規定有關資遣費之適用，因而被上訴人依勞工退休金條例第 12 條第 1 項請求上訴人應給付資遣費云云，自屬無據，應予駁回。**

相 關 法 條	**勞工退休條例第 12 條第 1 項** 勞工適用本條例之退休金制度者，適用本條例後之工作年資，於勞動契約依勞動基準法第十一條、第十三條但書、第十四條及第二十條或職業災害勞工保護法第二十三條、第二十四條規定終止時，其資遣費由雇主按其工作年資，每滿一年發給二分之一個月之平均工資，未滿一年者，以比例計給；最高以發給六個月平均工資為限，不適用勞動基準法第十七條之規定。

試用期滿後就請員工「走人」合法嗎？

　　小李為蘿莉公司之員工，進入公司時，與公司約定三個月之試用期，嗣後小李因表現不符合公司要求，於試用期三個月期滿時，蘿莉公司將小李之表現做成評鑑報告，以不符蘿莉公司之正式任用標準為由，終止與小李之勞動契約。小李認為其並無不能勝任工作或違反勞動契約情節重大情事，主張蘿莉公司解僱違反勞基法且屬權利濫用，雙方僱傭關係應繼續存在，是否有理由？

律師貼心話：

一、給雇主之建議：

　　　基於契約自由原則，法院認為勞雇雙方得約定試用期，以保留提前終止勞動契約之權利，建議雇主應以書面與勞工約定試用期，並於試用期間內稽核勞工之工作表現，如本件蘿莉公司即有「評鑑報告」，並設立各項目標準來評分，檢視小李是否足以勝任職務，若於試用期結束，認為該勞工無法勝任職務而終止與其繼續勞動契約，此時，應認蘿莉公司終止雙方勞動契約應屬合法，並無權利濫用之情事。

二、本件之證據方法：

　　　蘿莉公司聲請傳喚公司其他員工為證人，以證明小李確實無法就其負責之部分產品價格策略與其他同事進行良好之協調溝通，且蘿莉公司對於試用期之員工均設有 15 項評鑑，於試用期滿之際經由內部評鑑程序作成評鑑報告，綜合判斷員工各項表現與能力，而小李無法達成公司之目標，足以證實小李實難勝任其職務。

勞動契約的性質與權益

試用期的保障

合理的調職

最低服務年限

職業災害

工作規則

臺灣高等法院 105 年度重勞上字第 1 號民事判決摘錄：

主文：

上訴駁回。

第二審訴訟費用由上訴人（按：即勞工）負擔。

理由（摘錄）：

……（一）被上訴人得否以上訴人於試用期間不符被上訴人正式任用標準為由，依勞基法第 11 條第 5 款規定終止兩造間勞動關係… 2. 上訴人主張其並無不能勝任工作，被上訴人以系爭評鑑報告作成終止勞動契約之決定，為權利濫用，是否可採？關於試用之約定，我國勞基法並未就試用期間或試用契約制定明文規範，而一般企業雇主僱用新進員工，亦僅對該員工所陳之學、經歷為形式上審查，未能真正暸解該名員工是否能勝任工作，因此，在正式締結勞動契約前先行約定試用期間，藉以評價新進勞工之職務適格性與能力，作為雇主是否願與之締結正式勞動契約之考量，而勞工於試用期間內，亦得評估企業環境與將來發展空間，決定是否繼續受僱於該企業，基於契約自由原則，倘若勞工與雇主間有試用期間之合意，且依該勞工所欲擔任工作之性質，確有試用之必要，自應承認試用期間之約定為合法有效。另約定試用期間之目的，既在於試驗、審查勞工是否具備勝任工作之能力，故在試用期間屆滿後是否正式僱用，即應視試驗、審查之結果而定，且在試用期間因仍屬於締結正式勞動契約之前階（試驗、審查）階段，

是雙方當事人原則上均應得隨時終止契約，並無須具備勞基法所規定之法定終止事由，且亦無資遣費相關規定之適用。準此，除非雇主有權利濫用之情事，否則，法律上即應容許雇主在試用期間內有較大之彈性，以所試用之勞工不適格為由而行使其所保留之終止權。是本件兩造既有試用期間3個月之約定，已如前述，則被上訴人自得於試用期滿時綜合上訴人各方面之表現以判斷其是否符合被上訴人之需求，如不適合，被上訴人於不構成權利濫用之前提下終止兩造間勞動契約，自屬合法。**查，被上訴人於103年12月9日年度會議、同年月18日內部大會，由上訴人之直屬主管艾○文向上訴人表示其工作表現不符合正式任用標準，而將不予正式任用，被上訴人嗣於同年月22日作成系爭評鑑報告、終止勞動契約申請書，再於同年月24日以書面通知上訴人就專案時程、預算規劃及計畫執行等能力不佳，且與跨部門同仁間無法有效溝通為由，認定上訴人不符被上訴人之正式任用標準，自103年12月28日起終止與上訴人之勞動關係等情，有通知書、存證信函、勞資爭議調解紀錄、系爭評鑑報告、終止勞動契約申請書等件影本附卷可參（原審卷（一）第13至26、113至114頁），且為兩造所不爭執（如前述貳四（二）），堪信被上訴人確實於試用期滿之際，經由內部評鑑程序作成系爭評鑑報告，綜合判斷上訴人各項表現與能力，認為上訴人並不適任，並終止兩造間僱傭契約，核無不可。……（2）關於被證4部分：上訴人雖主張伊與同事溝通協調有效且順暢，並舉證人陳○婕、施○謙之證詞為證（原審卷（一）第248頁、卷（二）第13頁），然證人池○明證稱：上訴人於伊所負責部門產品價格策略**

之協調溝通沒有做好，在辦公室座位的協調也比較欠妥適等詞（原審卷（二）第9至10頁），證人曾○慧亦證稱：上訴人對有些人比較直接，而溝通有前後不一致情形（本院卷第195頁背面、第196頁背面），足見上訴人於協調溝通上有其不足，且上訴人之主管艾○文於個人訪談紀錄即被證4中（原審卷（一）第110頁正、背面）亦載明在8名接受訪談之同事中，有5名同事清楚指出上訴人之人際互動與溝通協調能力不足，1名同事表示上訴人與上司或其他同事之相處有問題，有2名同事則陳述上訴人之產品策略、市場觀念、預算控制能力欠佳，是上訴人所稱之伊並無跨部門溝通協調之問題等語，是否屬實，即非無疑。上開被證4，上訴人主張未據實載錄受訪者真意，內容不實，不足為採云云，然該被證4為艾○文訪談後之摘錄，並非筆錄，自無詳實記載可能，而被證4與系爭評鑑報告不同，自不足以被證4之記載內容有無失真，據為被上訴人權利濫用之依據。（3）關於被證7部分：上訴人謂系爭評鑑報告即被證7僅係評鑑結果，非評核標準及依據，僅係直屬主管主觀意思，被上訴人迄今未提出評核標準及依據之具體資料，顯見評核員工工作表現係以系爭個人計畫即原證8（原審卷（一）第29至31頁）為試用期間工作表現之唯一標準，伊於試用期間之預算達成率為95%，於上海公司任職期間之績效評估結果為「表現超出預期優良」，試用期間所負責藥物項目多達12種品項，並於3個月內創造超過1,500萬元業績金額，業已達成系爭個人計畫所預定之「成熟產品管理」、「人員管理與發展」及「Pegasys產品策略」等目標，伊未見過系爭評鑑報告，被上訴人逕自據此認定伊不能勝任並

終止勞動契約，為權利濫用云云。惟被上訴人於上訴人試用期滿前，由艾○文依據上訴人工作表現作成系爭評鑑報告，在該報告所列之 15 項評鑑項目中（最高 5 分，最低 1 分），上訴人於「Initiative」項獲得 4 分，於「WorkingSpeed」、「Creativity」、「ResistancetoStress」、「ComputerSkill」 等 4 項 獲 得 3 分， 於「JobKnowledge」、「PlanningandOrganization」、「Efficiency」、「CarefulnessandReliability」、「Quality」、「Comprehension」、「TeamWorkandCooperativeness」等 7 項獲得 2 分，於「Leadership」、「AnalysisandJudgement」、「CommunicationandNegotigation」等 3 項獲得 1 分，並經艾○文、人力資源部門主管及總經理會辦、層層簽核後，被上訴人方終止勞動契約（dismiss）（原審卷（一）第 113 頁），上訴人之主管並於系爭評鑑報告上詳載其判斷之依據與評分之理由（原審卷（一）第 113 頁背面），足認被上訴人已履踐其內部評鑑新進員工於試用期滿後是否勝任之程序，並終止僱傭關係，自難謂有何權利濫用可言。……綜上，本件上訴人之計畫執行、預算控制、溝通協調能力等專業工作能力，或因觀察者係由主管、同事、下屬或客戶之面向接觸，而有不同之看法或評價，但被上訴人身為雇主，有其企業經營之全方位考量與需求，其斟酌各項指標數據，循內部正常之評估程序，於試用期滿時評鑑上訴人勝任與否，並無違法或權利濫用，上訴人主張被上訴人於 103 年 12 月 28 日試用期滿終止兩造間勞動契約之行為違法無效，並無可採。

補充：

臺灣臺北地方法院 104 年度重勞訴字第 16 號民事判決（即原審）

主文：

原告之訴及假執行之聲請均駁回。

訴訟費用由原告負擔。

相　關
法　條

勞動基準法第 11 條

非有左列情事之一者，雇主不得預告勞工終止勞動契約：

一、歇業或轉讓時。

二、虧損或業務緊縮時。

三、不可抗力暫停工作在一個月以上時。

四、業務性質變更，有減少勞工之必要，又無適當工作可供安置時。

五、勞工對於所擔任之工作確不能勝任時。

試用期滿雇主不續聘，是否可請求資遣費？

　　亮亮自民國（以下均同）100 年 12 月 15 日起受僱於快樂高中擔任警衛，兩造並約定了試用期間，惟快樂高中於亮亮通過試用期後依勞基法第 11 條第 5 款規定，以亮亮不能勝任為由終止勞動契約。亮亮爰依勞基法第 17 條請求快樂高中給付延長工作時間資遣費，請問是否合法？

律師貼心話：

一、法院認為約定試用期間之目的，在於試驗、審查勞工是否具備勝任工作之能力，並在勞雇雙方同意下，使雇主能於一定期間內經由所交付之職務與工作，觀察新進員工是否具備其於應徵時所表明之能力、是否敬業樂群、能否勝任工作等，故在試用期間屆滿後是否正式僱用，即應視試驗、審查之結果而定，且在試用期間因仍屬於締結正式勞動契約之前階段，是雙方當事人原則上均應得隨時終止契約，並無須具備勞動基準法所規定之法定終止事由，且亦無資遣費相關規定之適用。

二、本件亮亮於試用期滿後，快樂高中即召開人事評議會，決議不予續聘亮亮，嗣後係因亮亮要求，方使亮亮延長工作兩星期，然此不影響快樂高中已於亮亮試用期滿後合法行使契約終止權，故本件勞動契約之終止，顯與勞基法第 11 條第 5 款規定之情形有別，且無勞動基準法規定有關資遣費之適用。

三、給雇主之建議：

　　　　雇主於解僱勞工時，應以簽呈或會議紀錄等留下紀錄，以免日後與勞工有所爭議時舉證之困難。

臺灣臺北地方法院 102 年度勞簡上字第 7 號民事判決摘錄：

主文：

原判決關於命上訴人（按：即雇主）給付超過新臺幣肆仟肆佰柒拾參元本息部分，及該部分假執行之宣告，暨訴訟費用之裁判均廢棄。

上開廢棄部分，被上訴人在第一審之訴及假執行之聲請均駁回。

其餘上訴駁回。

第一、二審訴訟費用，由上訴人負擔百分之五，餘由被上訴人負擔。

理由（摘錄）：

……（二）被上訴人請求上訴人給付資遣費有無理由？

1.按我國勞動基準法雖未對試用期間或試用契約制定明文規範，而一般企業雇主僱用新進員工，亦僅對該員工所陳之學、經歷為形式上審查，未能真正瞭解該名員工在客觀上是否能勝任工作、抑或主觀上能否與該企業文化相容，因此，在正式締結勞動契約前先行約定試用期間，藉以評價新進勞工之職務適格性與能力，作為雇主是否願與之締結正式勞動契約之考量，基於契約自由原則，倘若勞工與雇主間有試用期間之合意，且依該勞工所欲擔任工作之性質，確有試用之必要，自應承認試用期間之約定為合法有效，此亦符合一般社會通念或業界之僱用習慣，尚不因勞動基準法就此有無明文規定而有不同。又約定試用期間之目的，既在於試驗、審查勞工是否具備勝任工作之能力，

並在勞僱雙方同意下，使雇主能於一定期間內經由所交付之職務與工作，觀察新進員工是否具備其於應徵時所表明之能力、是否敬業樂群、能否勝任工作等，故在試用期間屆滿後是否正式僱用，即應視試驗、審查之結果而定，且在試用期間因仍屬於締結正式勞動契約之前階（試驗、審查）階段，是雙方當事人原則上均應得隨時終止契約（終止權保留說），並無須具備勞動基準法所規定之法定終止事由，且亦無資遣費相關規定之適用。準此，除非雇主有權利濫用之情事，否則，法律上即應容許雇主在試用期間內有較大之彈性，以所試用之勞工不適格為由而行使其所保留之解僱權。此與一般勞動契約為保護正式僱用勞工之法律地位，應嚴格限制雇主之解僱權，容屬有間。

2. 經查，兩造僱傭契約確有 3 個月試用期之約定，此除為被上訴人所不爭執外（本院卷第 89 頁），並有上訴人提出之人事紀錄可稽（原審卷第 19 頁），且經證人即上訴人人事組長江○芳證述屬實（本院卷第 42 頁）。又上訴人就被上訴人試用期屆至後是否續聘，於 101 年 3 月 1 日召開 100 學年度第 2 次人事評議會，經討論後以「被上訴人工作表現不佳，無法達到學校要求，多次在工作表現怠惰疏於職守，放任學生進出校園，造成學生安全危險，晚間擅離職守，與異性師生說長道短，傳播不實謠言」等理由，決議於試用期滿後不續聘等情，亦有卷附簽呈及會議紀錄可憑（本院卷第 49、50 頁），核與證人江○芳證述內容相符（本院卷第 42 頁）。被上訴人雖主張伊於 100 年 12 月 15 日受僱，迄上訴人於 101 年 3 月 31 日終止僱傭契約，顯然已逾 3 個月

之試用期，故上訴人以其試用期間不適任而終止僱傭契約，並拒絕給付資遣費顯不合法云云。然依證人江○芳證述：「（上訴人何時終止兩造的僱傭契約？）滿三個月的當天」、「（為何被上訴人任職到101年3月31日？）我跟他說完後他希望學校可以讓他兩個禮拜的時間可以去找工作，我跟學校報告後，學校就說讓他再延兩個禮拜不要讓他一下子沒有工作收入」等語（本院卷第42頁），及前開100學年度第2次人事評議會係於101年3月1日召開並決議終止兩造間僱傭契約等情，足見上訴人乃於試用期屆至前經開會討論後，隨即於試用期滿前以上訴人不適任為由終止僱傭契約，是上訴人已合法行使兩造所約定之終止僱傭契約權利，自不因嗣後同意被上訴人延長工作兩週而喪失其終止權，故被上訴人此節主張，難謂可採。

3. 綜上，兩造僱傭契約已約明3個月試用期，約定於試用期間，雙方均保留契約終止權，而上訴人並於試用期屆至時以被上訴人不適任為由，行使契約終止權，惟因應被上訴人要求始於101年3月31日生效，故上訴人已合法行使兩造僱傭契約成立時保留之契約終止權，本件僱傭契約之終止，顯與勞動基準法第11條第5款規定之情形有別，且無勞動基準法規定有關資遣費之適用，因而被上訴人依勞工退休金條例第12條第1項請求上訴人應給付資遣費云云，自屬無據，應予駁回。

相　關
法　條

勞動基準法第 17 條

雇主依前條終止勞動契約者，應依下列規定發給勞工資遣費：

一、在同一雇主之事業單位繼續工作，每滿一年發給相當於一個月平均工資之資遣費。

二、依前款計算之剩餘月數，或工作未滿一年者，以比例計給之。未滿一個月者以一個月計。

前項所定資遣費，雇主應於終止勞動契約三十日內發給。

勞動契約的性質

試用期的保障與權益

合理的調職

最低服務年限

職業災害

工作規則

合理的調職

更換單位後又調回原單位，這樣合理嗎？

惠惠原本在醫院擔任護理師一職，為求能順利懷孕且希望未來能有充裕時間照顧小孩，經院長同意調至職能治療室擔任助理。不料，惠惠在擔任助理七年後，醫院將惠惠再度調回護理師職位，必須輪值大小夜班，請問醫院的調動合法嗎？

律師貼心話：

一、在早期勞動相關法令尚未明確規範「勞工調職」前，實務上普遍承認**調動五原則**，即雇主有調動勞工工作時，須遵守以下五點原則：

1. **基於企業經營上所必需。**

2. **不得違反勞動契約。**

3. **對勞工薪資及其他勞動條件未作不利變更。**

4. **調動後工作與原有工作性質為其體能及技術所可勝任。**

5. **調動地點過遠，雇主應予必要之協助。**

二、本件惠惠原先調任職能治療室助理時，已經明確告知院方懷孕及身體因素不適任護理師一職，而院方明知此情，卻將惠惠調回護理師，對於惠惠的日常生活有重大不利益，院方已經違反勞基法第 14 條第 1 項第 6 款之規定，所以惠惠可在知悉之日起依勞基法第 14 條第 2 項之規定，於 30 日內不經預告向院方終止勞動契約。

臺灣桃園地方法院 97 年度桃勞簡字第 33 號民事簡易判決摘錄：

主文：

原告之訴駁回。

訴訟費用由原告（按：即勞工）負擔。

理由（摘錄）：

……如雇主確有調職勞工工作必要，應依下列原則辦理：**（1）基於企業經營上所必需，（2）不得違反勞動契約，（3）對勞工薪資及其他勞動條件未作不利變更，（4）調動後工作與原有工作性質為其體能及技術所可勝任，（5）調動地點過遠，雇主應予必要之協助」（此即所謂調動五原則）**，亦即雇主調動員工、變更員工之工作場所，應斟酌員工之利益。是故於判斷雇主之調職命令是否合法時，應就該調職命令在業務上有無必要性或合理性、並注意雇主之調職有無其他不當之

勞動契約的性質

試用期的保障與權益

合理的調職

最低服務年限

職業災害

工作規則

動機或目的、及勞工因調職所可能蒙受之生活上不利益之程度，依社會一般通念，檢視該調職命令是否將使勞工承受難忍及不合理之不利益，而為綜合之考量。

……故被告對原告受僱後，因身體、懷孕等因素而不能適應輪三班制，並非不知，且被告對於原告嗣後因懷孕生子而有照顧子女之需求，將有不能輪值夜班之情，於同意原告調動至職能治療室前，亦應已有所認識，是足見兩造間對原告工作時間之變動，並非無共識，加以自 88 年 10 月間調動後至 97 年 9 月止，工作時間變動後維持逾 8 年，則兩造間就工作時間變更為「上午 8 點至 12 點、下午 1 點至 5 點」，難謂無默示意思表示合致。**被告固有其合理調動原告之權，惟應於本件系爭調動時，即考量勞動條件是否因而變更，是否使原告因而可能蒙受其不能忍受之生活上不利益，並給予適當之協助。**惟查，被告自認其業於調動前即已知悉原告不能接受調動輪值夜班……。

綜上，**被告系爭調動變更原告之工作時間，造成原告生活上重大之不利益，係未經原告同意，對原告勞動條件為不利益之變更，已逾越其雇主合理之調動權限範圍，構成勞動基準法第 14 條第 1 項第 6 款雇主違反勞動契約，致有損勞工權益之事由，原告得依同條第 2 項規定，自知悉其情形之日起，30 日內不經預告，終止勞動契約。**

| 相 關 法 條 | **勞動基準法第 14 條** |

勞動基準法第 14 條

有下列情形之一者，勞工得不經預告終止契約：

一、雇主於訂立勞動契約時為虛偽之意思表示，使勞工誤信而有受損害之虞者。

二、雇主、雇主家屬、雇主代理人對於勞工，實施暴行或有重大侮辱之行為者。

三、契約所訂之工作，對於勞工健康有危害之虞，經通知雇主改善而無效果者。

四、雇主、雇主代理人或其他勞工患有法定傳染病，對共同工作之勞工有傳染之虞，且重大危害其健康者。

五、雇主不依勞動契約給付工作報酬，或對於按件計酬之勞工不供給充分之工作者。

六、雇主違反勞動契約或勞工法令，致有損害勞工權益之虞者。

勞工依前項第一款、第六款規定終止契約者，應自知悉其情形之日起，三十日內為之。但雇主有前項第六款所定情形者，勞工得於知悉損害結果之日起，三十日內為之。

有第一項第二款或第四款情形，雇主已將該代理人間之契約終止，或患有法定傳染病者依衛生法規已接受治療時，勞工不得終止契約。

第十七條規定於本條終止契約準用之。

可以拒絕不合理的調職嗎？

小光自 85 年起即在友友工業公司的直管組擔任技術人員，薪資除固定底薪外，並按件計酬給付獎金及津貼，平均月薪約 6 萬元。但友友工業公司於 103 年 7 月 17 日突然未經小光的同意，把他調動至加工整理組，擔任打雜事務，且月薪減縮為 3 萬元。小光認為友友工業公司未得其同意即片面調職、減薪，違反勞工法令及勞動契約，且損害其權益，便於 103 年 8 月 11 日以存證信函通知友友工業公司，依勞基法第 14 條第 1 項第 6 款規定終止兩造之勞動契約，是否有理由？

律師貼心話：

一、現行勞基法第 10 條之 1 規定即早期實務上「調動五原則」之明文化，雇主如有調動勞工工作之必要時，不得違反勞動契約之約定，並應符合下列原則：

    1. 基於企業經營上所必須，且不得有不當動機及目的。但法律另有規定者，從其規定。

    2. 對勞工之工資及其他勞動條件，未作不利之變更。

    3. 調動後工作為勞工體能及技術可勝任。

    4. 調動工作地點過遠，雇主應予以必要之協助。

    5. 考量勞工及其家庭之生活利益。

    此外，調職命令亦應受「不得為權利濫用」原則之限制，必須具有企業經營上之必要性與合理性，始得為之。

二、至於薪資是否有不利之變更，則涉及哪些給付屬於「工資」之範圍，法

勞動契約的性質

試用期的保障
與權益

合理的調職

最低服務年限

職業災害

工作規則

院以具有「勞務對價」及「經常性給與」之性質，且非雇主單方之任意性、恩給性給付而定，例如本件中依員工製造成品之數量所按月發放之獎金即屬之。

三、另雇主雖主張勞工於 103 年 7 月 17 日調職後，未異議而仍繼續到職，足認已「默示同意調職」，惟法院考量雇主於調動時並未告知勞工調職後之薪資，且雇主亦自陳調職後之部門尚無正式編制員工，乃依工作量需求由雇主自行調派，綜上可知勞工於調職時無從知悉調動後之薪資，法院因而認勞工於調職後之薪資發放前，縱如期到職，亦難認其乃默示同意調職。

四、本件中，法院審酌前開爭點，認定友友工業公司將小光由直管組調至加工整理組，致小光所得獲取之薪資確實大幅減少，薪資條件受不利之變更，違反兩造間勞動契約之本旨，依勞基法第 14 條第 1 項第 6 款規定，小光自得不經預告終止兩造間之勞動契約。值得注意的是，勞工據此終止勞動契約時，並無須將其據以終止之具體事由（如雇主有何違反勞動契約之情節、並如何有損害勞工權益之虞）告知雇主，且亦不以書面為之為必要，勞工如認為雇主違反勞動契約或勞工法令而有損害勞工權益之虞時，自得僅以言詞表明終止契約之意，縱其未於終止契約時表明其具體理由，亦非謂此等理由不能作為審究勞工終止契約是否合法之依據（最高法院 92 年度台上字第 1779 號民事判決意旨參照）。

五、有關本件的舉證方法：

　　法院對照勞工提出其支領薪資之銀行存款存摺，及雇主所提勞工103 年度薪資明細表，以此方式認定勞工經調職後之薪資條件確實受有不利之變更。

臺灣高等法院 104 年度勞上易字第 71 號民事判決摘錄：

主文：

上訴駁回。

第二審訴訟費用由上訴人（按：即雇主）負擔。

理由（摘錄）：

……（一）被上訴人主張上訴人將其由直管組調至加工整理組違反勞基法，系爭勞動契約因伊 103 年 8 月 12 日終止而消滅，是否有理由？如是，被上訴人請求上訴人給付伊資遣費 72 萬 5,743 元，是否有理由？

1.被上訴人主張上訴人違法將其由直管組調職至加工整理組，伊得終止兩造勞動契約部分：

（1）按雇主違反勞動契約或勞工法令，致有損害勞工權益之虞者，勞工得不經預告終止勞動契約，勞基法第 14 條 1 項第 6 款定有明文。又**內政部 74 年 9 月 5 日 74 台內勞字第 328433 號函揭示**，勞基法施行細則第 7 條第 1 款規定，工作場所及應從事之工作有關事項應於勞動契約中由勞雇雙方自行約定，故其變更亦應由雙方自行商議決定。**如雇主確有調動勞工工作必要，應依下列原則辦理：（一）基於企業經營上所必需；（二）不得違反勞動契約；（三）對勞工薪資及其他勞動條件，未作不利之變更；（四）調動後工作與原有工作性質為其體能及技術所可勝任；（五）調動工作地點過遠，雇主應予以必要之協助。**

又調職命令應受「不得為權利濫用」原則之限制，必須調職具有企業經營上之必要性與合理性。故雇主基於企業經營上之需要調動勞工工作，如新工作為勞工技術體能所能勝任，其薪資及其他勞動條件又未作不利之變更，始應認並未違反勞動契約之本旨（司法院司法業務研究會第 7 期第 3 則結論及司法院第一廳研究意見參照）。

（2）經查：被上訴人主張伊任職直管組之製造鋼鐵配管技術人員時，薪資除固定底薪外，並按件計酬給付獎金及津貼，其於 103 年 2 月至 7 月之每月實領薪資依序為 3 萬 7,172 元、5 萬 1,827 元、7 萬 2,110 元、6 萬 9,142 元、6 萬 118 元、4 萬 5,373 元，業據提出其彰化銀行汐止分行活期儲蓄存款存摺內頁明細為據（見原審卷第 21、22 頁），經核與上訴人所提被上訴人 103 年度薪資明細表「實發金額」欄所示數額相符（見原審卷第 67 頁），堪信屬實。嗣上訴人於 103 年 7 月 17 日，將被上訴人調至加工整理組，調職後之每月薪資 3 萬元乙節，則為兩造所不爭執，已如前述，**由此觀之，上訴人所為調動，對被上訴人薪資條件，難謂無不利之變更。**

（3）上訴人抗辯被上訴人薪資不應計入獎金，是於調職後，被上訴人每月薪資實係自 2 萬 4,000 元調整為 3 萬元，對被上訴人並無不利等語。惟：

工資係勞工因工作而獲得之報酬，包括工資、薪金及按計時、計日、計月、計件以現金或實物等方式給付之獎金、津貼及其他任何名義經

勞動契約的性質

試用期的保障與權益

合理的調職

最低服務年限

職業災害

工作規則

常性給與均屬之，此觀勞基法第 2 條第 3 款規定甚明。勞基法第 2 條第 3 款所稱**其他任何名義之經常性給與**係指下列各款以外之給與：「一紅利。二獎金：指年終獎金、競賽獎金、研究發明獎金、特殊功績獎金、久任獎金、節約燃料物料獎金及其他非經常性獎金。三春節、端午節、中秋節給與之節金。四醫療補助費、勞工及其子女教育補助費。五勞工直接受自顧客之服務費。六婚喪喜慶由雇主致送之賀禮、慰問金或奠儀等。七職業災害補償費。八勞工保險及雇主以勞工為被保險人加入商業保險支付之保險費。九差旅費、差旅津貼及交際費。十工作服、作業用品及其代金。十一其他經中央主管機關會同中央目的事業主管機關指定者，勞基法施行細則第 10 條亦有明文。是**何項給付屬於工資，係以具有「勞務對價」及「經常性給與」之性質，且非雇主單方之任意性、恩給性給付而定**。查：被上訴人 103 年度薪資明細表所示，其 103 年 1 月至 7 月所領薪資，除底薪、職務津貼合計 2 萬 4,000 元外，每月尚領取數額不等之獎金（見原審卷第 67 頁）；**上訴人亦自承：直管組之主管會規定不同期間，請直管組同仁分別製造不同口徑之鋼管，直管組全體同仁便依指示製造，每月底獎金之計算方式，依直管組全體同仁所製造之鋼管數量，每月底計算獎金，再平均分配予每位同仁等語**（見原審卷第 60、61、80 頁），**足見上訴人每月發放予直管組員工之獎金，乃依據直管組員工製造之鋼管數量計算而來，自應屬直管組員工完成工作之勞務對價，並按月發放，具有經常性給與之性質，核屬勞基法第 2 條第 3 款規定之工資，上訴人抗辯前開獎金非工資云云，即無可採**。是被上訴人於 103 年 2 月至 7 月之工資，經扣除勞保費、

健保費等應扣款項後，依序為 3 萬 7,172 元、5 萬 1,827 元、7 萬 2,110 元、6 萬 9,142 元、6 萬 118 元、4 萬 5,373 元。**至被上訴人調至加工整理組後之每月薪資 3 萬元，且無獎金，為兩造所同陳**（見原審卷第 74、81 頁），**上訴人抗辯被上訴人調職後之薪資調整，並無不利云云，尚不足採。……**

（5）上訴人又辯稱被上訴人於 103 年 7 月 17 日調職後，未異議而到職，足認已默示同意調職；且縱伊調職違法，然被上訴人於 103 年 8 月 11 日寄發存證信函後，仍於同年月 13 日全天到班，並於該日填寫請假單，向伊請休次日即同年月 14 日 4 小時之事假，足見被上訴人無意受終止勞動契約之意思表示拘束等語。**然上訴人之調職公告並未記載被上訴人調職後之薪資數額**（見原審卷第 15 頁），**且依上訴人所陳：加工整理組員工人數不一定，係由伊依加工整理組之工作量需求，調派其他部門員工進行；於被上訴人調職前後，無正式編制之員工**（見原審卷第 118、121 頁），**則就加工整理組員工之每月薪資僅領取月薪、無獎金乙節，難認被上訴人於調職時即已知悉，是被上訴人於調職後之薪資發放前，縱如期到職，亦難認其乃默示同意調職。**又被上訴人已陳明伊寄發存證信函後仍至公司上班，係因想去看上訴人之反應，惟上訴人未予理睬，故 103 年 8 月 14 日起即未再至公司等語（見原審卷第 53 頁），堪認被上訴人於系爭存證信函 103 年 8 月 12 日送達上訴人後翌日至上訴人公司，係為確認上訴人之回應，然因上訴人未予回應，即旋自同年月 14 日起即未再到班，顯難謂其有不欲受終止勞動契約意

勞動契約的性質

試用期的保障與權益

合理的調職

最低服務年限

職業災害

工作規則

思表示拘束之意，是上訴人此部分所辯，亦無可採。

（6）準此，**上訴人將被上訴人由直管組調至加工整理組致被上訴人所得獲取之薪資大幅減少，薪資條件受不利之變更，違反兩造間勞動契約之本旨，依勞基法第 14 條第 1 項第 6 款規定，被上訴人自得不經預告終止兩造間之勞動契約**。是被上訴人於 103 年 8 月 11 日以系爭存證信函，依勞基法第 14 條第 1 項第 6 款規定，終止兩造勞動契約，為有理由。兩造之勞動契約，因系爭存證信函於同年月 12 日送達上訴人，已告終止。至上訴人於 103 年 9 月 16 日寄發存證信函，以被上訴人連續曠職 3 日，依勞基法第 12 條第 1 項第 6 款規定，對被上訴終止勞動契約，已無所據，併此敘明。

最高法院 92 年度台上字第 1779 號民事判決摘錄：

主文：

上訴駁回。

第三審訴訟費用由上訴人（按：即雇主）負擔。

理由（摘錄）：

……按勞動基準法第十四條第一項第六款規定：雇主違反勞動契約或勞工法令，致有損害勞工權益之虞者，勞工得不經預告終止契約。自

上開規定可知，**勞工終止勞動契約時，並無須將其據以終止之具體事由（如雇主有何違反勞動契約之情節、並如何有損害勞工權益之虞）告知雇主，且亦不以書面為之為必要**，勞工如認為雇主違反勞動契約或勞工法令而有損害勞工權益之虞時，自得僅以言詞表明終止契約之意，縱其未於終止契約時表明其具體理由，亦非謂此等理由不能作為審究勞工終止契約是否合法之依據。查本件被上訴人雖於寄發上訴人之存證信函中僅以上訴人未依法成立職工福利委員會及提撥職工福利金，有損害勞工權益之虞為由終止勞動契約，對於上訴人未依法提撥退休準備金部分則未提及，然揆諸前揭說明，被上訴人縱未於存證信函中明以上訴人未依法提撥退休準備金為終止契約之理由，法院仍得審究被上訴人以上訴人未提撥退休準備金為由終止契約是否合法，上訴人此項抗辯，顯無足採。……

相　關　　　**勞動基準法第 10 條之 1**
法　條　　　雇主調動勞工工作，不得違反勞動契約之約定，並應符合下列原則：
一、基於企業經營上所必須，且不得有不當動機及目的。但法律另有規定者，從其規定。
二、對勞工之工資及其他勞動條件，未作不利之變更。
三、調動後工作為勞工體能及技術可勝任。
四、調動工作地點過遠，雇主應予以必要之協助。
五、考量勞工及其家庭之生活利益。

勞動基準法第 14 條

有下列情形之一者，勞工得不經預告終止契約：

一、雇主於訂立勞動契約時為虛偽之意思表示，使勞工誤信而有受損害
　　之虞者。

二、雇主、雇主家屬、雇主代理人對於勞工，實施暴行或有重大侮辱之
　　行為者。

三、契約所訂之工作，對於勞工健康有危害之虞，經通知雇主改善而無
　　效果者。

四、雇主、雇主代理人或其他勞工患有法定傳染病，對共同工作之勞工
　　有傳染之虞，且重大危害其健康者。

五、雇主不依勞動契約給付工作報酬，或對於按件計酬之勞工不供給充
　　分之工作者。

六、雇主違反勞動契約或勞工法令，致有損害勞工權益之虞者。

勞工依前項第一款、第六款規定終止契約者，應自知悉其情形之日起，
三十日內為之。但雇主有前項第六款所定情形者，勞工得於知悉損害結
果之日起，三十日內為之。

有第一項第二款或第四款情形，雇主已將該代理人間之契約終止，或患
有法定傳染病者依衛生法規已接受治療時，勞工不得終止契約。

第十七條規定於本條終止契約準用之。

勞動契約的性質

試用期的保障
與權益

合理的調職

最低服務年限

職業災害

工作規則

調職能否對勞動條件為不利益之變更？

89 年間冠冠在幸福公司擔任銲錫技術員，嗣經勞工保險局核定為職業傷病，遂按醫囑進行復建。於 100 年 5 月間幸福公司與冠冠達成合意，將職務調整為支援工作，惟冠冠因前開職業傷病，須每日下午請假至醫院接受復健。而冠冠的工作狀況不符合幸福公司的業務特性，雙方又再次就冠冠的工作內容進行調解。協商過程中，幸福公司保證在不會變動冠冠的勞動條件前提下，將其調職為清潔人員。惟冠冠不願接受幸福公司之安排，遂連續曠職三日遭到解僱，幸福公司解僱是否有理由？

律師貼心話：

一、給雇主之建議：

　　因調職屬勞動契約之內容變更，本應得勞工之積極同意。倘未得勞工之同意又不符合勞基法第 10 條之 1 規定，即屬違反勞動契約及勞工法令等規定。

二、給勞工之建議：

　　面對雇主的調職指示，縱勞工主觀認為調職不合法，亦不可逕行拒絕提供勞務。此時，勞工除寄發**存證信函**向雇主表示調職不合法外，仍應前往原工作地點提供勞務，才不會落入勞基法第 12 條第 1 項第 6 款之要件。

最高法院 107 年度台上字第 422 號民事判決摘錄：

主文：

原判決廢棄，發回臺灣高等法院。

理由（摘錄）：

按雇主調動勞工工作，應斟酌有無企業經營之必要性及調職之合理性，不得對勞工之勞動條件為不利之變更，此不利與否之判斷，應以雇主對勞工調職時所表示之勞動條件為依據。查兩造於 100 年 11 月 16 日在新北市政府調解委員會進行勞資爭議之調解紀錄記載「雇主主張：10 月 31 日……本公司希望勞方可就近於土城元復醫院就醫，告知勞方公司可給 2 小時，並可再增加約半小時的時間……。11 月 16 日……考量勞方須經常復健，目前僅能提供勞方清潔工作，請假則可依勞方提出診斷證明需復建期間給予公傷假（自下午 3 時開始）」（一審卷（一）第 14 頁），依該紀錄內容以觀，**被上訴人為調動表示時，似僅同意自下午 3 時以後始給假進行復健，果爾，即與原審所認定兩造原來合意工作半日，中午即下班進行復健之工作方式不同，則被上訴人當時之調職變動對於上訴人是否造成不利益？尚非無疑，原審未遑詳予調查審認，即依據被上訴人嗣後於訴訟鑑定時方提出之清潔工作細目表，以該工作內容半日即能完成，仍可配合上訴人每日上班半天，下午至醫院復健云云，遽認未對上訴人造成影響，對於勞動條件亦未有不利，而為其不利之論斷，自有未合。**次按當事人提出私文書，縱

屬真正，僅有形式證據力，其實質證據力之有無，仍需由法院調查審認。原審固以被上訴人所提歷年平均備貨日數圖等件之私文書，認定被上訴人事業訂單多為短期時效，具急迫性，惟上訴人就此抗辯：該等文件均係被上訴人自行製作，實無證明力可言等語（更審前二審卷第 197 頁背面、原審卷第 113 頁背面），乃原審對於如何可憑該等文書論證得出被上訴人事業訂單時效短、具急迫性之事實，未加說明，逕為上訴人不利之認定，亦有判決不備理由之違法。上訴論旨，指摘原判決不當，求予廢棄，非無理由。

相　關 法　條	**勞動基準法第 10 條之 1** 雇主調動勞工工作，不得違反勞動契約之約定，並應符合下列原則： 一、基於企業經營上所必須，且不得有不當動機及目的。但法律另有規定者，從其規定。 二、對勞工之工資及其他勞動條件，未作不利之變更。 三、調動後工作為勞工體能及技術可勝任。 四、調動工作地點過遠，雇主應予以必要之協助。 五、考量勞工及其家庭之生活利益。

勞動契約的性質

試用期的保障與權益

合理的調職

最低服務年限

職業災害

工作規則

最低服務年限

雇主可以在契約中訂定最低服務年限嗎？

　　華華原無任何飛行經驗，經航空公司錄取為培訓機師後，與華華簽訂承諾書，約定由航空公司付費將華華送往澳洲參加飛航訓練，但華華應在航空公司服務至少 20 年，華華接受飛航訓練完成後，又與華華簽署聘僱契約，其中亦約定華華應服務至少 20 年，並再接受其餘飛航訓練，但華華於實際服務 8 年後，即向航空公司提出自請離職預告書，主張聘僱契約致其喪失換工作自由，且不具合理性及必要性，應屬無效，請問華華的主張合法嗎？

律師貼心話：

一、法院認為最低服務年限適法性之判斷，應從該約款存在之「必要性」與「合理性」觀之。所謂「必要性」，係指雇主有以該約款保障其預期利益之必要性，如企業支出龐大費用培訓未來員工，或企業出資訓練勞工使其成為企業生產活動不可替代之關鍵人物等是。所謂「合理性」，係指約定之服務年限長短是否適當？諸如以勞工所受進修訓練以金錢計算

之價值、雇主所負擔之訓練成本、進修訓練期間之長短及事先約定之服務期間長短等為其審查適當與否之基準。

二、本件法院認為航空公司已負擔華華訓練期間耗費之龐大訓練費用，並支出有形及無形成本，培訓華華為具有專門技術之飛航機師，並使其成為航空公司經營事項活動中不可或缺之重要員工，且華華基於自由意志簽署承諾書、聘約，明知最低服務年限 20 年暨違約時應負賠償責任及違約金仍予同意簽署，故上開最低服務年限 20 年約款，自有「必要性」並符「合理性」之要求，無悖勞基法第 15 條之 1 之規定意旨，故本件最低服務年限之約定合法，華華仍應賠償違約金。

三、給雇主之建議：

　　如雇主與勞工訂定最低服務年限之約定時應注意是否符合「必要性」及「合理性」之要求，若有對勞工進行專業技術培訓，並提供培訓費用者，應保留相關訓練費用明細表、課程表、受訓人員名冊等，以證明確有支出大量成本培訓勞工。

臺灣高等法院 104 年度勞上字第 107 號民事判決摘錄：

主文：

原判決關於命上訴人（按：即勞工）連帶給付超逾新臺幣肆佰參拾玖萬肆仟玖佰零肆元本息，及其假執行之宣告，暨該訴訟費用部分，均廢棄。

勞動契約的性質

試用期的保障
與權益

合理的調職

最低服務年限

職業災害

工作規則

前開廢棄部分，被上訴人在第一審之訴及假執行之聲請均駁回。

其餘上訴駁回。

廢棄改判部分之第一、二審訴訟費用，由被上訴人負擔；駁回上訴部分第二審訴訟費用由上訴人連帶負擔。

理由（摘錄）：

……三、查徐○華經被上訴人錄取為培訓機師後，於 93 年 1 月 25 日簽署系爭承諾書，由被上訴人付費送澳洲「航空訓練班」進行飛航訓練（BAE），嗣 94 年 1 月 31 日與被上訴人簽訂系爭聘約，約定最少服務年限 20 年，於 94 年 1 月迄 95 年 1 月接受 AE 訓練，於 95 年 2 月至 95 年 5 月間再接受 APQ 訓練、B744 航機新進訓練，自 95 年 10 月 15 日擔任被上訴人所屬 B744 航機副機師職，系爭承諾書、聘約均由徐志○ 2 人為徐○華之連帶保證人，徐○華於 102 年 10 月 11 日提出自請離職預告書，經被上訴人於 102 年 10 月 30 日與其面談，徐○華在飛航組員溝通紀錄表上簽名，嗣 102 年 12 月 1 日離職，徐○華於離職前之 6 個月薪資總額（加計基本薪、交通費、空勤津貼、加班費等項目）為 125 萬 4,592 元等情，有承諾書、機師聘僱契約、自請離職預告書、飛航組員溝通紀錄表、存證信函、離職手續單等為證（見原審卷一第 14、15、18、19-23、24-25、26 頁），堪信為真。

四、被上訴人主張徐○華於 102 年 12 月 1 日自請離職生效、提前終止聘約，違反最低服務年限 20 年之約定，致伊受有損害，應負賠償責任

及給付違約金等語；為徐○華所否認，並以前詞置辯。查：（一）按104年12月16日修正前勞動基準法就雇主與勞工間之勞動契約，雖未設有勞工最低服務期間之限制，或不得於契約訂定勞工最低服務期限暨其違約金之禁止約款，但為保障勞工離職之自由權，兼顧各行業特性之差異，並平衡雇主與勞工雙方之權益，對於是項約款之效力，自應依具體個案情形之不同而分別斷之，初不能全然否定其正當性。又最低服務年限約款適法性之判斷，應從該約款存在之「必要性」與「合理性」觀之。所謂「必要性」，係指雇主有以該約款保障其預期利益之必要性，如企業支出龐大費用培訓未來員工，或企業出資訓練勞工使其成為企業生產活動不可替代之關鍵人物等是。所謂「合理性」，係指約定之服務年限長短是否適當？諸如以勞工所受進修訓練以金錢計算之價值、雇主所負擔之訓練成本、進修訓練期間之長短及事先約定之服務期間長短等項為其審查適當與否基準之類。有最高法院96年度台上字第1396號判決要旨可參。（二）依交通部頒布之航空器飛航作業管理規則第2條第7款所規定之標準飛航組員：指於航空器飛航時，應包括正駕駛員及副駕駛員各一員，或正駕駛員、副駕駛員及飛航機械員各一員，或按各機型之飛航手冊規定之最低飛航組員。而基於飛航安全考量，對於航機上機組人員必在完成某一航程任務後，給與足夠之休息時間，始得再擔任下次航程任務，同規則第37條亦有明定。被上訴人為大型國際航空公司，經營航線綿密，各種機型之機隊龐大，自須遵守上開規定，各航機之起航必須配置相當合格人員，如正、副機師及巡航機師等，復基於飛航安全之考慮，對於航

勞動契約的性質

試用期的保障
與權益

合理的調職

最低服務年限

職業災害

工作規則

機上機組人員必須在完成某一航程任務後，給與機師足夠之休息時間，始得再擔任下次航程任務，是其為能順利營運，必須維持相當數量之機師，倘任令所僱用之機師得不受限制任意離職，除使其為招訓新進人員必須支出許多人力、物力、財力致增加營運成本、影響企業整體有效經營外，更將使其營運調度發生困難，影響飛航安全，故為維持各種運送業務營運之順暢及飛航安全，自有必要要求機師承諾至少在一定期間內為其提供勞務，否則應負賠償責任以資衡平之必要性。徐○華係政治大學阿拉伯語系畢業（見原審卷一第16頁），原無飛航經驗，必須接受飛行訓練、考取執照後方可執行飛航工作，屬專門技術人員，其經被上訴人遴選錄取為培訓機師，被上訴人無從於招募後即令其加入營運行列，必須加以培訓、考取執照後始能令其擔任飛機機師之工作，且因各航機機型之差異性，取得某一機型駕駛資格之機師，非必當然得駕駛其他機型航機，必須另行考取執照始具有特定機型駕駛之資格，是徐○華經被上訴人錄取為培訓機師後，必須具備專門職業技術，非一般普通從業人員受聘後即可提供勞務，而如其在任職期間中途離職，被上訴人顯無從於招募之新進人員中，立即使之加入飛行營運行列以迅速彌補其離職後之職缺，故被上訴人確有與徐○華約定最低服務年限之必要性。被上訴人為培訓徐○華成為具有飛航機師資格專門職業之人員，提供二年期間、費用高達462萬7,374元（即BAE訓練費用234萬2,075元、AE訓練費用121萬8,020元、APQ《B744型飛機機師資格》訓練費用106萬7,279元）之昂貴專業訓練課程，學習駕駛飛機專業技能，有航訓部各項訓練費用一覽表、BAE訓練費

用明細表、受訓人員名冊、匯率表、AE 訓練費用明細表、〇信公司收據（Invoice）、課程表可參（見原審卷一第 305 頁反面、卷二第 72、77、90、91 至 94 頁），而徐〇華於接受被上訴人提供之飛航訓練前，簽署系爭承諾書，於飛航訓練完成後簽署系爭聘約，承諾書及聘約內均載明簽署人同意並遵守被上訴人頒訂之服務年限及訓練費用賠償辦法之規定，其已知最低服務年限 20 年及違約時應負賠償責任給付違約金等內容，於斟酌利弊得失、個人生涯規劃等因素後，基於自由意志，仍決定簽署系爭承諾書、聘約。以被上訴人花費龐大訓練費用、2 年期間之訓練才使徐〇華取得飛航機師及 B744 型航機機師之資格，並成為被上訴人航空運輸營運活動中難以替代之關鍵人物，而徐〇華基於自由意志簽署系爭承諾書、聘約，已知最低服務年限 20 年暨違約時之賠償約款而仍予同意簽署，從兼顧保障勞工離職之自由權及各行業特性之差異性，並平衡雇主與勞工雙方之權益，上開最低服務年限 20 年及違約金約款，具有合理性，揆諸上揭說明，系爭承諾書及聘約中就最低服務年限 20 年之約定，已具備「必要性」及「合理性」之要求，自不能任意予以否定其效力。

（三）雖徐〇華稱系爭承諾書、聘約有關最低服務年限 20 年之約定，不當限制伊選擇職業自由，違反憲法第 15 條及勞基法第 15 條第 2 項規定；且系爭承諾書、聘約為定型化契約，伊無磋商機會，亦未就伊喪失轉換工作自由、生涯規劃彈性及年齡逸失之利益給付補償，顯失公平，依民法第 247 條之 1 規定應屬無效；而其已服務 8 年 10 月又 8 日，

勞動契約的性質
與權益

試用期的保障

合理的調職

最低服務年限

職業災害

工作規則

已達其他航空公司最低服務 5 至 7 年之年限，另被上訴人與外籍機師簽立聘僱契約所約定之服務年限較短，卻要求伊最少服務年限為 20 年，不符勞基法第 15 條之 1 之必要性與合理性規定云云。然：（1）徐○華於 93 年 1 月 25 日簽訂系爭承諾書，其中第 2 條第 4 項載明徐○華同意自正式任用為試用機師之日起，必須在○航（即被上訴人）服行機師職務至少 20 年，中途若自請離職，除違約金外，願賠償全部（含在校及受訓期間）訓練等費用，第 3 條亦載明同意並遵守被上訴人頒訂之服務及訓練費用賠償辦法及其他有關之規定，如有違反，願賠償被上訴人一切損失（見原審卷一第 14 頁），其受訓前已知悉必須在被上訴人處服行機師職務至少 20 年，復於 BAE 訓練完成後，於 94 年 1 月 31 日簽署系爭聘約，其中第 2 條載明保證服務期自本約生效日起算，為期 20 年，第 4 條亦記載徐○華同意接受服務年限及訓練費用賠償事宜等，悉依服務及訓練費用賠償辦法辦理（同上卷第 15 頁），以徐○華事先經過仔細評估各項違約風險，出於自由意志同意最低服務年限 20 年，始於系爭承諾書、聘約簽名、蓋印，顯見其知悉並同意上開約定，而接受被上訴人提供之澳洲航空訓練 BAE、AE 訓練、APQ 基礎訓練、B744 新進機種訓練，更於 95 年 10 月 15 日成為 B744 機型航機副機師，於任職期間就最低服務年限 20 年之約定等均未有何反對意見；依系爭承諾書、聘約之約定，僅於徐○華提前終止聘僱契約時，基於其受免費培訓、被上訴人之企業經營與管理，及飛航安全之需要，課負其應依約賠償訓練費用及違約金之責任而已，徐○華若欲於服務年限屆滿前離職，得選擇給付約定之賠償金後為之，並不影

55

響其選擇工作之自由，是上開有關最低服務年限之約定，要無違反憲法第 15 條就人民工作權應予保障之意旨。又被上訴人與徐○華間之法律關係為不定期勞動契約，依勞基法第 15 條第 2 項規定，勞工固得隨時預告終止，惟該項規定乃任意規定，並不排除當事人以合意限制勞工終止權之行使，若勞雇雙方已就不定期勞動契約之最短服務期限、競業禁止與違約賠償等為約定，此約定復未違反法律強制或禁止規定，亦無悖於公序良俗或有顯失公平之處，基於契約自由原則，自屬有效；徐○華本於自由意思簽訂系爭承諾書、聘約，同意履行最低服務年限 20 年，上開約定內容並無違反法律強制或禁止規定之情形，亦無悖於公共秩序與善良風俗；況系爭承諾書、聘約所為最低服務年限 20 年之限制，並未超逾必要之限度，亦具有合理性，已如上述，徐○華依其自由意思簽署系爭承諾書、聘約，免費接受被上訴人提供之昂貴專業訓練，約定最低服務年限 20 年，本係基於契約自由原則、雙方任意所為之約定，徐○華就承諾書、聘約約定之權利、義務，加以衡量後同意簽訂，自應受其拘束，否則其於享受被上訴人提供高額訓練費用及 2 年期間之飛航訓練以學得飛航專門技術並取得飛航機師資格後，反主張該約定條款因限制其工作自由權利而無效，違反約定提前自請離職，以被上訴人付費供其學得專門職業技能，其卻轉投其他航空公司而無庸賠付任何金錢，置被上訴人所付心血、財務不顧，當非事理之平。是徐○華事後翻異、爭執上開約定違反憲法第 15 條工作權之保障及勞基法第 15 條選擇職業自由規定無效云云，難認可採。（2）被上訴人為將原無任何飛行技能之徐○華，培訓成為足堪擔任民航機飛行

重任之機師，除須為徐○華提供訓練課程、支付受訓費用高達 497 萬餘元外，於歷時 2 年訓練期間，徐○華除參加訓練取得並增進飛行技能等權利外，並未提供勞務回饋，顯無任何單方加重徐○華責任之情事，嗣徐○華機師培訓完成合格後，始提供勞務，於其任職擔任飛航機師期間，享有納入被上訴人之企業體系，且基於被上訴人培訓機師之結果，於提供勞務後獲取被上訴人支付薪資之對等報酬，以被上訴人為達培養飛航機師之目的所付出之代價，衡以系爭承諾書、聘約有關徐○華最低服務年限 20 年之約定，兼及兩方之權利義務關係，尚符比例原則，並非僅有加重徐○華負擔之「單方不利益條款」，要無顯失公平之情形，故徐○華稱系爭承諾書、聘約所約定最低服務年限 20 年，已限制其選擇職業之自由，違反民法第 247 條之 1 規定，為無效云云，委無足取。

（3）於 104 年 12 月 16 日增訂勞基法第 15 條之 1 第 1、2 項規定：未符合下列規定之一者，雇主不得與勞工為最低服務年限之約定：一雇主為勞工進行專業技術培訓，並提供該項培訓費用者。二雇主為使勞工遵守最低服務年限之約定，提供其合理補償者。前項最低服務年限之約定，應就下列事項綜合考量，不得逾合理範圍：一雇主為勞工進行專業技術培訓之期間及成本。二從事相同或類似職務之勞工，其人力替補可能性。三雇主提供勞工補償之額度及範圍。四其他影響最低服務年限合理性之事項。本件被上訴人已提供自 93 年 2 月至 95 年 10 月達 2 年訓練期間、耗費龐大訓練費用，支出有形及無形成本，培訓

勞動契約的性質
與權益

試用期的保障

合理的調職

最低服務年限

職業災害

工作規則

徐○華為具有專門技術之飛航機師，並使其成為被上訴人經營事項活動中不可或缺之重要員工，於該期間僅進行飛航訓練，而徐○華基於自由意志簽署系爭承諾書、聘約，明知最低服務年限20年暨違約時應負賠償責任及違約金仍予同意簽署，為兼顧保障勞工離職之自由權及各行業特性之差異，及平衡雇主與勞工雙方權益，上開最低服務年限20年約款，自有「必要性」並符「合理性」之要求，無悖勞基法第15條之1之規定意旨。至於被上訴人與外籍機師或其他機師所約定之薪資、任職期間、違約賠償等條件，或其他航空公司與其受僱機師所約定之勞動條件為何，係屬他人間就僱傭契約中有關勞動條件之約定，與本件被上訴人與徐○華間須受系爭承諾書、聘約關於應履行最低服務年限及違約賠償勞動條件內容之拘束，係不同之法律關係，且國內外其他航空公司與其機師間所定聘僱契約，其等間之立約基礎事實與本件兩造間之立約基礎事實非必相同，尚難逕予援引，本件兩造間之權利義務，仍應依系爭承諾書、聘約所約定之勞動條件而斷。而被上訴人於104年5月28日與桃園市機師職業工會之協商會議所達成之共識，議題六縮短培訓機師最低服務年限為7年，服務未滿合約照比例賠償（包括訓練費用與懲罰性賠償），須至105年7月1日起生效，且係針對屆時仍在職之被上訴人現職員工或機師工會之會員始有適用，有協商會議紀錄摘錄可參（見原審卷二第195、196頁），本件徐○華已於102年12月1日自請離職生效，上開協商會議達成之共識並無溯及既往適用之效力，徐○華又非參與會議協商之人，上開協商會議所達成之共識對徐○華不生效力甚明，是徐○華另主張依上開協商

勞動契約的性質

與權益

試用期的保障

合理的調職

最低服務年限

職業災害

工作規則

會議所達成之共識，以最低服務年限 7 年，並按 7 年服務年資比例計算伊之賠償數額云云，亦不足採。（4）被上訴人係主張徐○華違反系爭聘約第 3 條第 1 項「乙方保證服務期間內絕不自請離職」約定而為本件請求，此與同條第 2 項之「因可歸責於乙方之原因自甲方離職後 2 年內不轉任其他航空公司擔任機師」之競業禁止條款無涉，該條款效力如何，核與本件兩造之爭執無關。至於徐○華稱伊於受訓期間也有提供勞務，非僅是單純受訓而已云云；依其提出之華信航空飛行時間證明書所載，自 94 年 4 月 8 日至同年 7 月 8 日止，所擔任飛行任務均為新進機師，至同年 7 月 9 日固排定一般任務（見本院卷第 171 至 180 頁），然其上開飛行任務所駕駛之航機機型均為「FK100」型航機，顯與其受訓完成後所正式服務之航機機型 B744 不同，是被上訴人稱上開排班表所載一般任務，仍屬徐○華之訓練課程，應可採信，故徐○華前揭所辯，自不足取。

…（五）綜上，被上訴人依系爭承諾書及聘約之約定，請求徐○華賠償（一）BAE 訓練費用 234 萬 2,075 元、（二）AE 訓練費用 121 萬 8,020 元、（三）APQ 訓練費用 106 萬 7,279 元，並以徐○華已服務 8 年 10 月 8 日，依服務未滿年限賠償規定 AC 版第 7.2 條「培訓機師」「服務年期/賠償比例」「6-10 年」以 80% 折算請求賠償訓練費用 369 萬 6,096 元（即 4,620,120×80%），及違約金 69 萬 8,808 元，共 439 萬 4,904 元，應屬有據。

相　關
法　條

勞動基準法第 15 條之 1

未符合下列規定之一，雇主不得與勞工為最低服務年限之約定：

一、雇主為勞工進行專業技術培訓，並提供該項培訓費用者。

二、雇主為使勞工遵守最低服務年限之約定，提供其合理補償者。

前項最低服務年限之約定，應就下列事項綜合考量，不得逾合理範圍：

一、雇主為勞工進行專業技術培訓之期間及成本。

二、從事相同或類似職務之勞工，其人力替補可能性。

三、雇主提供勞工補償之額度及範圍。

四、其他影響最低服務年限合理性之事項。

違反前二項規定者，其約定無效。

勞動契約因不可歸責於勞工之事由而於最低服務年限屆滿前終止者，勞工不負違反最低服務年限約定或返還訓練費用之責任。

雇主提供在職訓練就屬「專業技術培訓」嗎？

瑞瑞於 105 年 8 月 29 日到成美公司任職，並簽訂「服務至少壹年之契約書」，約定若瑞瑞違反服務至少一年之約定，即須賠償懲罰性違約金，瑞瑞主張此最低服務年限一年之約款違反勞基法第 15 條之 1 及民法第 247 條之 1 規定應屬無效，是否有理由？

律師貼心話：

一、本件法院認為成美公司所安排之課程僅使瑞瑞遂行其業務所為之基礎培訓，但性質和其他行業的職前訓練或在職訓練相同，該等訓練屬於成美公司正常營運所不可或缺，主要係為雇主經營之利益而實施，此本屬雇主應負擔之一般人事管理成本。換言之，成美公司並未花費龐大成本培訓專業技能，使其成為企業生產活動所不可替代之關鍵人物。且成美公司未負擔任何補償對價即可限制瑞瑞自由選擇工作及離職之權利，並課予瑞瑞賠償之義務，該最低服務年限之約定，不具合理性及必要性，依法應屬無效。

二、給雇主之建議：

雇主若要主張勞工違反最低服務年限一年之約定並請求給付違約金，應由雇主就其是否支出龐大費用培訓勞工專業技術，或出資訓練勞工使其成為企業生產活動不可替代之關鍵人物，及約定之服務年限長短確屬適當等符合勞基法第 15 條之 1 規定之事實，負舉證責任。

勞動契約的性質

試用期的保障與權益

合理的調職

最低服務年限

職業災害

工作規則

臺灣新北地方法院 106 年度勞簡上字第 18 號民事判決摘錄：

主文：

上訴駁回。

第二審訴訟費用由上訴人（按：即雇主）負擔。

理由（摘錄）：

……五、本院之判斷：

（一）按「未符合下列規定之一，雇主不得與勞工為最低服務年限之約定：一、雇主為勞工進行專業技術培訓，並提供該項培訓費用者。二、雇主為使勞工遵守最低服務年限之約定，提供其合理補償者。前項最低服務年限之約定，應就下列事項綜合考量，不得逾合理範圍：一、雇主為勞工進行專業技術培訓之期間及成本。二、從事相同或類似職務之勞工，其人力替補可能性。三、雇主提供勞工補償之額度及範圍。四、其他影響最低服務年限合理性之事項。違反前二項規定者，其約定無效。勞動契約因不可歸責於勞工之事由而於最低服務年限屆滿前終止者，勞工不負違反最低服務年限約定或返還訓練費用之責任。」勞基法於 104 年 12 月 16 日增訂第 15 條之 1 定有明文。

（二）上開條文所稱之「專業技術培訓」，必須確實屬於從事專業工作所需要之專業技能，而非僅是一般的職前訓練或在職訓練，例如認識企業文化、熟悉工作環境、業務內容或公司規章。因此等訓練與勞

工個人專業技能關聯性較低，且為雇主進行人事管理成本之必要投資，自難謂「專業技術培訓」。另外，我國實務上也認為最低服務年限約款適法性之判斷，應從該約款存在之「必要性」與「合理性」觀之。所謂「必要性」，係指雇主有以該約款保障其預期利益之必要性，如企業支出龐大費用培訓未來員工，或企業出資訓練勞工使其成為企業生產活動不可替代之關鍵人物等是。所謂「合理性」，係指約定之服務年限長短是否適當？諸如以勞工所受進修訓練以金錢計算之價值、雇主所負擔之訓練成本、進修訓練期間之長短及事先約定之服務期間長短等項為其審查適當與否基準之類（最高法院 96 年度台上字第 1396 號判決要旨參照）。

（三）本件兩造間系爭契約係於 105 年 8 月 29 日簽訂，於上揭條文增訂施行日期後，其中有關最低服務年限一年之約定，明白限制被上訴人選擇工作及離職自由權之行使，依前開說明，自有前揭勞基法第 15 條之 1 規定之適用。如上訴人非有以該約款保障其預期利益之必要性及合理性，應認該約款顯失公平，而屬無效。換言之，本件上訴人主張被上訴人違反系爭契約最低服務年限一年之約定，應依系爭契約第 3 條第 1 項給付違約金，自應由上訴人就其是否支出龐大費用培訓被上訴人專業技術，或出資訓練被上訴人使其成為企業生產活動不可替代之關鍵人物，及約定之服務年限長短確屬適當等符合上開勞基法第 15 條之 1 規定之事實，負舉證責任。

（四）本件上訴人主張被上訴人到任後，上訴人即為被上訴人進行專

業技術培訓，為辦理訓練事務，須支出場地、作業、人力等費用成本，每人估算支出培訓費用約 96,819 元等情，固據提出教育訓練及成本預估情形表、105 年 9 月 5、6、7、22 日訓練課程簽到表、拓展會支出資料、請假單、差旅費申報表、參加出國培訓見習條款為證（見本院卷第 103-217 頁、原審卷第 71-74 頁）。惟查，

1. 上訴人公司為航空公司代理業，被上訴人之工作內容須了解所代理航空之狀況、機位、航線、旅遊之內容、特質、機票基礎訂位系統及其作業方式等，此經上訴人陳稱：「被上訴人的職稱是業務經理，屬於業務部，我們另外有票務部，但是業務人員必須要了解票務人員的內容，所以除了必須要認知產品，也要能夠了解訂位系統，也能夠操作，被上訴人最主要的工作內容就是要拜訪客戶，我們的客戶就是旅行社，他要到各個旅行社去拜訪，也要推銷航空公司的機票」等語自明（見本院卷第 63-64 頁）。

2. 上訴人所稱各項專業技術培訓，其中 A.105 年 9 月 5 日進行「KQ 之票務課程及肯亞航空公司介紹」教育訓練；B.105 年 9 月 6 日進行「維多利亞瀑布及馬達加斯加」介紹教育訓練；C.105 年 9 月 7 日進行「肯亞及坦尚尼亞」介紹教育訓練；D.105 年 9 月 13 日、14 日參加上訴人所代理肯亞航空公司旅遊拓展會，了解有關事務；E.105 年 9 月 20、21 日安排被上訴人參加「基礎訂位系統」上課訓練；F.105 年 9 月 22 日安排被上訴人參加「業務作業流程」、「曼谷訓練」、「KQ 相關公司及票務介紹」、「臨時訂團作業流程」等訓練，均屬關於航空公司

及旅遊介紹、基礎訂位系統、業務作業流程、票務介紹等課程，顯然是被上訴人為上訴人提供勞務所不可或缺之基礎知識，否則即無法勝任其所擔任之工作，性質上僅為一般的職前訓練或在職訓練。至於「G. 另擬安排出國培訓。」一項，實際上也未實施。另外，上訴人所列舉之公司派人於 103 年 4 月 1 日至 15 日到納米比亞、辛巴威、桑比亞考察；105 年 8 月 6 日至 22 日到馬達加斯加考察；105 年 9 月 11 日到 15 日參加航空公司會議；總經理帶領主管等項目所支出之費用（見本院卷第 103 頁），更與被上訴人的專業技能無關，均非所謂的「專業技術培訓」。

3. 再者，上訴人於原審即陳稱：「公司為國際航空總代理之旅行業，其養成教育是每日有形無形在灌輸，培養及專業知識與觀念，其間短則半年，快則一年。新進人員對公司沒有生產能力與效益，況且此期間新進人員更有可能犯錯造成公司有形無形的損失，所以新進人員必須具備一定之專業知識及歷練，始能勝任所擔任之工作」（見原審卷第 91 頁）、於本院審理時亦稱：上訴人公司在業務人員任職之前半年，大部分是處支出訓練成本階段，任職後之後半年僅能說是可以某種程度的獨立處理事務等語（見本院卷第 97 頁）。更足證上訴人所安排之上揭課程僅係為使被上訴人等新進員工遂行其業務所為之基礎培訓，並無異於其他行業的職前訓練或在職訓練，該等訓練屬於上訴人公司正常營運所不可或缺，主要係為雇主經營之利益而實施，依照前揭說明，此本屬僱主應負擔之一般人事管理成本。換言之，上訴人並未使

勞動契約的性質

試用期的保障與權益

合理的調職

最低服務年限

職業災害

工作規則

被上訴人受訓一定期間，也未相對應為被上訴人支出一定以上之金額，亦即並未花費龐大成本培訓被上訴人專業技能，使其成為企業生產活動所不可替代之關鍵人物。準此，上訴人並無以最低服務年限約款保障其預期利益之必要性存在。

4.尤其，依前述勞基法第 15 條之 1 規定，不僅在第 2 項第 2 款將「雇主提供勞工補償之額度及範圍」列為判斷服務年限長短的「合理性」事項；更在第 1 項第 2 款將此列為生效要件。而上訴人除給付薪資外，並未提出證據證明其已給予被上訴人適當之補償，而有受最低服務年限條款保障之預期利益。則本件兩造間縱有簽訂最低服務年限之約款，然上訴人未負擔任何補償對價即可限制被上訴人自由選擇工作及離職之權利，並課予被上訴人賠償之義務，該最低服務年限之約定，顯然不合上開規定，依法應屬無效。

（五）從而，上訴人既未為被上訴人進行專業技術培訓，也未為使被上訴人遵守最低服務年限之約定，而提供其合理補償，依勞基法第 15 條之 1 第 3 項規定，系爭契約之最低服務年限約款應屬無效。從而，上訴人依系爭契約第 3 條第 1 項請求被上訴人給付違約金，即屬無據。

<table>
<tr><td>相　關
法　條</td><td>

勞動基準法第 15 條之 1

未符合下列規定之一，雇主不得與勞工為最低服務年限之約定：

一、雇主為勞工進行專業技術培訓，並提供該項培訓費用者。

二、雇主為使勞工遵守最低服務年限之約定，提供其合理補償者。

前項最低服務年限之約定，應就下列事項綜合考量，不得逾合理範圍：

一、雇主為勞工進行專業技術培訓之期間及成本。

二、從事相同或類似職務之勞工，其人力替補可能性。

三、雇主提供勞工補償之額度及範圍。

四、其他影響最低服務年限合理性之事項。

違反前二項規定者，其約定無效。

勞動契約因不可歸責於勞工之事由而於最低服務年限屆滿前終止者，勞工不負違反最低服務年限約定或返還訓練費用之責任。

</td></tr>
</table>

勞動契約的性質

試用期的保障與權益

合理的調職

最低服務年限

職業災害

工作規則

職業災害

遭逢職災能向雇主要求職災補償嗎？

　　陳小文為大雄電子公司之作業員，於執行配線作業職務時，因身體不適送醫治療，經診斷為右側出血性腦中風，致日常生活無法自理，經多次手術後仍無法康復，嗣後確認陳小文係因遭遇職業災害而導致疾病。陳小文已向勞工保險局領取職業災害之保險金後，是否仍得再向雇主請求職業災害之補償？

律師貼心話：

　　法院認為如果勞工發生職業災害致勞工死亡或殘廢，雇主已依勞工保險條例規定為勞工投保，勞工一方面可依勞基法第 59 條第 3、4 款之規定，依其平均投保薪資向保險人請求失能給付，另一方面尚得依勞動基準法施行細則第 34 條之 1 條規定，以其平均工資與平均投保薪資之差額，請求雇主給付職業災害殘廢補償，並無重疊部分應予抵充之問題。

臺灣高等法院 104 年度重勞上字第 53 號民事判決摘錄：

主文：

原判決關於駁回上訴人（按：即勞工）後開第二項之訴部分，及命上訴人負擔訴訟費用部分（除確定部分外）之裁判均廢棄。

被上訴人（按：即雇主）應再給付上訴人新臺幣壹佰參拾伍萬零伍佰捌拾元，及自民國一○四年九月二十六日起至清償日止，按年息百分之五計算之利息。

其餘上訴駁回。

被上訴人應給付上訴人新臺幣壹萬玖仟肆佰壹拾元。

追加之訴假執行之聲請駁回。

第一審訴訟費用關於命上訴人負擔部分（除確定部分外），及第二審訴訟費用（含追加之訴部分），均由被上訴人負擔百分之五十八，餘由上訴人負擔。

理由（摘錄）：

……次按勞工職業災害保險，乃係由中央主管機關設立之勞工保險局為保險人，令雇主負擔保險費，而於勞工發生職業災害時，使勞工獲得保險給付，以確實保障勞工之職業災害補償，並減輕雇主經濟負擔之制度。準此，依勞工保險條例所為之職業災害保險給付，與勞基法之勞工職業災害補償之給付目的類同，勞工因遭遇同一職業災害依勞

勞動契約的性質

試用期的保障與權益

合理的調職

最低服務年限

職業災害

工作規則

工保險條例所領取之保險給付，依勞基法第 59 條但書之規定，雇主固得予以抵充之。惟依 97 年 12 月 31 日增訂之勞基法施行細則第 34-1 條規定：「勞工因遭遇職業災害而致死亡或殘廢時，雇主已依勞工保險條例規定為其投保，並經保險人核定為職業災害保險事故者，雇主依本法第 59 條規定給予之補償，以勞工之平均工資與平均投保薪資之差額，依本法第 59 條第 3 款及第 4 款規定標準計算之」，其立法意旨謂：「....。二為明確勞工保險年金化後雇主得主張抵充之數額，並以不減損勞雇雙方現有權益為原則，爰增訂勞工保險之失能給付抵充本法職業災害殘廢補償方式。三抵充標準係參照勞工保險年金化前所訂之殘廢給付標準訂定。四勞工請領失能一次金或年金給付者，雇主抵充標準係參照勞工保險條例、勞工保險殘廢給付標準所定之給付口數乘以平均月投保薪資，增給百分之 50 後之數額」（見本院卷第 64 頁），可知**勞基法施行細則第 34-1 條係為因應適用勞工保險年金化後，勞工保險之失能給付抵充勞基法職業災害殘廢補償方式而增訂，乃勞基法第 59 條但書「如同一事故，依勞工保險條例或其他法令規定，已由雇主支付費用補償者，雇主得予以抵充之」之明文化，是以，倘雇主已為勞工投保勞工保險，勞工一方面可依其平均投保薪資向保險人請求失能給付，另一方面可依勞基法施行細則第 34-1 條、勞基法第 59 條第 3 款之規定，以其平均工資與平均投保薪資之差額，請求雇主給付職業災害殘廢補償，並無重疊部分應予抵充之問題。**查被上訴人已依勞工保險條例規定為上訴人投保，上訴人業經勞工保險局核定為職業災害保險事故，並自勞工保險局領取職業病失能補償 38 萬 2600 元等

勞動契約的性質
與權益

試用期的保障

合理的調職

最低服務年限

職業災害

工作規則

情，有勞工保險局 104 年 6 月 4 日保職傷字第 00000000000 號函、103
年 1 月 27 日保給殘字第 00000000000 號函可稽（見原審卷（二）第
119、125 頁），則依前開說明，上訴人另依勞基法施行細則第 34-1 條
及勞基法第 59 條第 3 款規定，以其每日平均工資與每日平均投保薪資
差額請求被上訴人給付殘廢補償，即毋庸再抵充其自勞工保險局領取
之失能給付 38 萬 2600 元，原審認定上訴人本件請求之損害賠償金額，
應扣除上開失能給付金額，容有未洽，是上訴人請求被上訴人應再給
付 38 萬 2600 元，為有理由，應予准許。……

相　關
法　條

勞動基準法第 59 條

勞工因遭遇職業災害而致死亡、失能、傷害或疾病時，雇主應依下列規
定予以補償。但如同一事故，依勞工保險條例或其他法令規定，已由雇
主支付費用補償者，雇主得予以抵充之：

一、勞工受傷或罹患職業病時，雇主應補償其必需之醫療費用。職業病
　　之種類及其醫療範圍，依勞工保險條例有關之規定。

二、勞工在醫療中不能工作時，雇主應按其原領工資數額予以補償。但
　　醫療期間屆滿二年仍未能痊癒，經指定之醫院診斷，審定為喪失原
　　有工作能力，且不合第三款之失能給付標準者，雇主得一次給付四
　　十個月之平均工資後，免除此項工資補償責任。

三、勞工經治療終止後，經指定之醫院診斷，審定其遺存障害者，雇主
　　應按其平均工資及其失能程度，一次給予失能補償。失能補償標準，
　　依勞工保險條例有關之規定。

四、勞工遭遇職業傷害或罹患職業病而死亡時，雇主除給與五個月平均
　　工資之喪葬費外，並應一次給與其遺屬四十個月平均工資之死亡補

償。其遺屬受領死亡補償之順位如左：

（一）配偶及子女。

（二）父母。

（三）祖父母。

（四）孫子女。

（五）兄弟姐妹。

勞動基準法施行細則第 34 條之 1

勞工因遭遇職業災害而致死亡或失能時，雇主已依勞工保險條例規定為其投保，並經保險人核定為職業災害保險事故者，雇主依本法第五十九條規定給予之補償，以勞工之平均工資與平均投保薪資之差額，依本法第五十九條第三款及第四款規定標準計算之。

勞動契約的性質

試用期的保障與權益

合理的調職

最低服務年限

職業災害

工作規則

休息時間在工作場所受傷，
可請求職業災害補償嗎？

　　孫大志在古早味小吃店擔任廚房助理，因小吃店沒有提供防滑設施，導致孫大志由於廚房地面濕滑而跌倒，受到右手橈骨骨折傷害。但古早味小吃店卻以孫大志受傷時間是在小吃店的下午 4 時休息時間，並非上班時間，以此為由拒絕職業災害補償，請問孫大志可以請求職業災害補償嗎？

律師貼心話：

一、法院認為雖然勞動基準法並沒有針對「職業災害」做出定義，但基於勞基法第 59 條規定，職業病種類及醫療範圍，係依照勞工保險條例規定，且勞動基準法之「職業災害」與勞工保險條例之「職業傷害」具相同法理及類似性質，且兩部法令均為保障勞工，可相互援用。

二、參酌「勞工保險被保險人因執行職務而致傷病審查準則」第 5 條第 3 款及第 6 條規定，縱使勞工是在非作業期間受傷，如為以下情形，仍然屬於「職業傷害」：

1. 作業終了後，經雇主核准利用就業場所設施，因設施缺陷發生之事故。

2. 作業時間中斷或休息中，因就業場所設施或管理上之缺陷發生事故而致之傷害。

三、所以孫大志仍然可以向雇主請求職業災害補償喔！

臺灣高等法院 100 年度勞上易字第 43 號民事判決摘錄：

主文：

上訴駁回。

第二審訴訟費用由上訴人（按：即勞工）負擔。

理由（摘錄）：

……由勞基法第 59 條關於雇主抵充、職業病種類、醫療範圍及殘廢補償標準等，均依勞工保險條例有關之規定，其中第 4 款亦與勞工保險條例相同之「職業傷害」用語；及勞工如申請職業災害勞工保護法第 6 條第 1 項、第 8 條第 1 項、第 2 項、第 9 條第 1 項、第 20 條之補助，關於申請補助機關為勞工保險局，且勞工職業災害之認定及補償標準，均比照勞工傷病審查準則、勞工保險職業病種類及中央主管機關核准增列之勞工保險職業病種類之規定，顯見勞基法與勞工保險條例均係為保障勞工而設，且可互為援用，**前者對於職業災害所致之傷害雖未定義，本於勞基法所規範之職業災害與勞工保險條例所規範之職業傷害具有相同之法理及規定之類似性質**，並參酌勞工保險被保險人因執行職務而致傷病審查準則第 5 條第 1 款「被保險人於作業前後，發生下列事故而致之傷害，視為職業災害：……三於作業終了後，經雇主核准利用就業場所設施，因設施之缺陷所發生之事故」，及第 6 條「**被保險人於作業時間中斷或休息中，因就業場所設施或管理上之缺陷發生事故而致之傷害，視為職業傷害**」等規定，縱上訴人在工作場所跌

勞動契約的性質

試用期的保障與權益

合理的調職

最低服務年限

職業災害

工作規則

倒受傷係在**下午休息時段，亦屬職業災害**。被上訴人抗辯上訴人之受傷並非職業災害云云，委無足取。

相關法條

勞動基準法第 59 條

勞工因遭遇職業災害而致死亡、失能、傷害或疾病時，雇主應依下列規定予以補償。但如同一事故，依勞工保險條例或其他法令規定，已由雇主支付費用補償者，雇主得予以抵充之：

一、勞工受傷或罹患職業病時，雇主應補償其必需之醫療費用。職業病之種類及其醫療範圍，依勞工保險條例有關之規定。

二、勞工在醫療中不能工作時，雇主應按其原領工資數額予以補償。但醫療期間屆滿二年仍未能痊癒，經指定之醫院診斷，審定為喪失原有工作能力，且不合第三款之失能給付標準者，雇主得一次給付四十個月之平均工資後，免除此項工資補償責任。

三、勞工經治療終止後，經指定之醫院診斷，審定其遺存障害者，雇主應按其平均工資及其失能程度，一次給予失能補償。失能補償標準，依勞工保險條例有關之規定。

四、勞工遭遇職業傷害或罹患職業病而死亡時，雇主除給與五個月平均工資之喪葬費外，並應一次給與其遺屬四十個月平均工資之死亡補償。其遺屬受領死亡補償之順位如左：

（一）配偶及子女。

（二）父母。

（三）祖父母。

（四）孫子女。

（五）兄弟姐妹。

工作規則

雇主可以片面修定工作規則嗎？

　　工會主張證券公司於 84 年制訂績效辦法，嗣後數度片面修訂績效辦法，另於 80 年修訂考績辦法，嗣亦數度片面修訂考績辦法，復未送勞工主管機關核備，應不生效力。又績效獎金、考績獎金及紅利均屬員工可獲之經常性勞務對價，證券公司亦自 87 年起決議將績效獎金、考績獎金列為平均工資，卻未與勞工協議，逕為修正績效辦法、考績辦法，已違反勞基法第 21 條第 1 項規定。績效辦法、考績辦法俱屬工作規則，其修訂違反不利益變更禁止原則，且不具必要、合理性，不得拘束已表示不同意之員工，依勞基法第 71 條規定，應為無效，請問工會主張是否合法？

律師貼心話：

一、法院認為依勞基法第 70 條、第 71 條，修訂工作規則雖應報請主管機關核備，惟證券公司未依法將工作規則報請主管機關核備，僅係證券公司應受同法第 79 條第 3 項規定處罰之問題，無礙其為勞動契約之一部分，

故證券公司修定考績辦法、績效辦法縱未報請主管機關核備，仍有效力。

二、法院認為本件證券公司為因應勞動條件變化，就工作規則為不利益變更，如符合多數勞工之利益，同時亦滿足企業經營之必要，具合理性時，自不宜因少數勞工之反對，即一味否認其效力，且自證券公司核發之總金額未變及修正之內容與幅度觀之，客觀上難謂不具合理性、必要性及社會相當性，縱部分員工未表同意，仍應對其生效。

臺灣高等法院 102 年度重勞上字第 60 號民事判決摘錄：

主文：

上訴駁回。

第二審訴訟費用由上訴人（按：即勞工）臺灣○○交易所股份有限公司企業工會負擔二十分之十九，餘由上訴人廖○順負擔。

理由（摘錄）：

……四、查被上訴人依證券交易所管理規則第 21 條第 2 項規定，於 84 年 6 月 29 日訂定 84 年績效辦法，嗣於 89 年 2 月 22 日、91 年 3 月 12 日、92 年 5 月 13 日、94 年 7 月 19 日、95 年 11 月 21 日及 96 年 11 月 20 日修訂該辦法，復依其人事管理辦法第 39 條規定，訂定 80 年考績辦法，嗣於 94 年 7 月 19 日、95 年 11 月 21 日、96 年 1 月 16 日、

勞動契約的性質

試用期的保障與權益

合理的調職

最低服務年限

職業災害

工作規則

96 年 11 月 20 日修訂該辦法，修訂內容如附表二，有上訴人所提 84 年及其後修正之績效辦法、80 年及其後修正之考績辦法可稽（見調字卷第 42、44、47、55、57、59、61、62、64 頁），為被上訴人所不爭，堪信為真正。上訴人主張績效獎金、考績獎金及紅利俱屬薪資性質，被上訴人未經其同意片面修正 84 年績效辦法、80 年考績辦法，未送勞工主管機關核備，且對其發生不利益，復不具合理必要性，應屬無效，被上訴人則以前詞置辯，是兩造爭點厥為（一）績效獎金、考績獎金、員工紅利是否為工資之性質？（二）系爭兩辦法修正是否因未送勞工主管機關核備而無效？（三）被上訴人修訂績效辦法、考績辦法是否違反不利益禁止原則？經查：

（一）績效獎金、考績獎金、員工紅利是否為工資之性質？

1. 按「工資：謂勞工因工作而獲得之報酬；包括工資、薪金及按計時、計日、計月、計件以現金或實物等方式給付之獎金、津貼及其他任何名義之經常性給與均屬之」；「工資由勞雇雙方議定之。但不得低於基本工資」，勞基法第 2 條第 3 款、第 21 條第 1 項分別定有明文。查被上訴人主張伊與上訴人成立勞動契約時，並未將績效獎金、考績獎金及紅利納入工資等語，上訴人亦承上訴人及選定人進入公司時，確未明文規定，直到 87 年會議即納入工資（本院卷二第 199 頁），堪認兩造原未約定將該等獎金及紅利納入工資。又依證券交易所管理規則第 38 條規定：證券交易所對人員之進用、待遇、考勤、獎懲、訓練、進修、退休、資遣、撫卹等，應訂定人事管理辦法，申報金管會核定，

修正時亦同，被上訴人因此制定人事管理辦法，就績效獎金部分，其第 11 條規定「本公司得視業務績效達成情況，於核定預算內酌發員工績效獎金，其發給之方式，由管理部研擬提報董事會通過後辦理」（見本院卷二第 18 頁），84 年績效辦法第 3 條亦規定：「本公司於年度結束時，依本辦法辦理員工績效評估及考核，並按年度績效評估標準達成之比率發放員工績效獎金。……但如未達報奉主管機關核定之年度績效評估標準之最低達成比率時，則不發給員工績效獎金」等語，足見績效獎金係於年終時視業務績效是否達成主管機關核定之年度績效評估標準，且需在被上訴人核定之預算內，始酌予發給；而就考績獎金部分，依人事管理辦法第 39 條規定：「員工年度考績於每年終了，依年度考績辦法規定辦理，由各級主管根據其平時考核紀錄，作準確客觀公正之考評，並送由管理部彙呈核定之」（見本院卷二第 22 頁），即考績獎金亦須待年度終了時，始依年度考績評量之結果予以核定，若依 80 年考績辦法，被上訴人並非對所有員工均一律發給績效獎金，如遭評定為丙等或丁等者，亦不能領取考績獎金。**是以績效獎金、考績獎金與勞工出勤、工時狀況及其職務內容等勞力提供無直接關連，非勞工提供勞務之對價，而屬雇主為激勵員工士氣，所提供獎勵、恩惠性之給與，並非經常性給與，難認為工資性質。**至被上訴人依據公司章程第 34 條規定發給之紅利，係就每會計年度決算後所得純益，於扣繳所得稅、彌補以往年度虧損，提存法定盈餘公積、特別盈餘公積後，其餘額連同以前年度保留盈餘再按比例分派員工紅利，其分配比率及辦法授權董事會決定之，有被上訴人公司章程可稽，並為上訴人

勞動契約的性質

試用期的保障與權益

合理的調職

最低服務年限

職業災害

工作規則

所不爭執（見本院卷二第 70、89、90 頁），**即員工紅利係公司獲有盈餘時，始由董事會決定發放比率等，既非勞務之對價，亦非經常性給付，故非屬工資性質，而應係雇主恩惠性給與**。至被上訴人於 83 年 5 月 10 日行文財政部證券管理委員會說明其 82 年度員工績效未完全達成計劃目標，經提請董事、監察人會議詳加研議，認為績效獎金有其歷史淵源，屬待遇一部分，咸主維持原議發放 3.5 個月績效獎金，經財政部證券管理委員會同意一節（見原審卷二第 28-31 頁），亦僅係被上訴人為員工爭取福利，請求發給原不應發放之績效獎金，否則倘為工資，其何需專就此項給付特別行文請求主管機關同意。

2. 上訴人雖稱至被上訴人 87 年開會決定將上開獎金納入平均工資計算，即應成為工資，被上訴人未與上訴人議定，片面修改發給標準，有違勞基法第 21 條規定云云，並提出被上訴人於 87 年 2 月 12 日召開「本公司適用勞動基準法相關問題會議」之會議紀錄結論為證（見原審卷二第 31-35 頁、本院卷一第 201-203 頁），被上訴人則辯稱：伊公司於 86 年間適用勞基法前，就員工退休金是採足額提撥儲金制，凡各項薪資、獎金均依一定比例提撥退休金，並無平均工資概念，嗣為遵循勞基法第 55 條第 3 項所規定事業單位原定退休標準優於勞基法者，從其規定，故上開會議重在作為平均工資列入退休金之提撥基準，以保證同仁權益，即連紅利亦列入退休金提撥基礎，並非因此即認該等獎金為工資等語。觀諸該次會議紀錄內容，其一討論案由為：「本公司員工『平均工資』之內容，擬訂定其認定標準」，該討論事項說明

第四並提及勞基法中涉及「平均工資」計算者計有資遣費、職業災害補償金、退休金等，確係關於擬定涉及退休金計算基準之「平均工資」之認定標準，上訴人復不爭執被上訴人亦將紅利列入退休金提撥基礎，堪認被上訴人所辯非虛，則其既是專為平均工資而將該等獎金、紅利納入計算基準，堪認係基於特殊原因，給與勞動者特別之恩給，殊難以此即認被上訴人有意將原非工資性質之該等獎金及紅利，從此納入兩造議定之工資範圍內，是被上訴人就其另行發放之系爭獎金紅利，修訂發放標準，難認違反勞基法第 21 條規定。

（二）系爭兩辦法修正是否因未送勞工主管機關核備而無效？按「雇主僱用勞工人數在三十人以上者，應依其事業性質，就左列事項訂立工作規則，報請主管機關核備後並公開揭示之：……二、工資之標準、計算方法及發放日期。……四津貼及獎金。……九、福利措施。……十二、其他」；「工作規則，違反法令之強制或禁止規定或其他有關該事業適用之團體協約規定者，無效」，固為勞基法第 70 條、第 71 條所定。**惟雇主未依勞基法第 70 條規定將工作規則報請主管機關核備，僅係雇主應受同法第 79 條第 1 款規定處罰之問題，無礙其為勞動契約之一部分**（參見最高法院 81 年度台上字第 2492 號、104 年度台上字第 129 號判決）。查上訴人主張系爭二辦法屬工作規則，為被上訴人所不爭執（本院卷一第 113 頁），據被上訴人所陳：歷次修正績效辦法是經金融主管機關核准備查公告實施，考績辦法是經董監事聯席會議通過公布，上訴人亦領取獎金完畢等語，而該等辦法業經張貼

勞動契約的性質

試用期的保障與權益

合理的調職

最低服務年限

職業災害

工作規則

公告欄或交員工傳閱等公告程序，亦為上訴人所是認（本院卷一第199頁），縱未報請勞工主管機關核備，依上說明，仍非不生效力。

（三）被上訴人修訂績效辦法、考績辦法是否違反不利益禁止原則？

1. 按工作規則乃雇主單方制定用以統一化勞動條件及應遵守紀律之文書，其就勞雇雙方權利義務內容進一步規定，例如晉升條件、考核訓練方式、待遇、獎金制度及其他福利事項等，由於其企業管理實務上難以於勞動契約中詳細，自有容任雇主彈性調整之必要，亦免造成勞動條件分歧。而工作規則違反法令之強制或禁止規定或其他有關該事業適用之團體協約規定者無效，固為勞基法第71條所明定，惟依同法第70條規定，雇主為統一勞動條件及工作紀律，可單方訂定工作規則，其變更時亦同。雇主為因應勞動條件變化，就工作規則為不利益變更，如符合多數勞工之利益，同時亦滿足企業經營之必要，具合理性時，自不宜因少數勞工之反對，即一味否認其效力，故於有此情形時，勞基法第71條之規定，應為目的性限縮之解釋，**即雇主於工作規則為合理性之變更時，為兼顧雇主經營事業之必要性及多樣勞動條件之整理及統一，其雖違反團體協約之約定，應無須勞方之同意，仍屬有效**（最高法院99年度台上字第2204號判決意旨參照）。本件被上訴人主張上訴人進公司時直接適用人事管理辦法，並無簽訂僱傭合約書，為上訴人所不爭執，自更須賴工作規則作為勞僱雙方權利義務之依據。

2. 被上訴人雖有上述變更獎金之分配方式，惟其提供員工分配之獎金

勞動契約的性質

試用期的保障與權益

合理的調職

最低服務年限

職業災害

工作規則

總金額並未減少，為上訴人所是認（見調字卷第 16 頁、本院卷（二）217 頁背面）。被上訴人至 92 年間修正績效辦法，提高績效獎金至 4 個月，據上訴人自陳實施狀況為：84 年績效辦法適用期間，全體員工均為 3.5 個月，89 年、91 年績效辦法適用期間，僅極少數員工領取少於 3.5 個月，92 年績效辦法適用期間，則僅極少數員工領取少於 4 個月（見調字卷第 56 頁）。另考績獎金部分，80 年考績辦法僅規定：考列甲等比例以 75％為「原則」，是否能謂甲等必不得低於 75％，乙等必在 25％以下，已有疑義，尤其乙至丁等比例既無明文，雇主適用之空間彈性極大，豈能斷言丙、丁等必為 0 人，否則關於丙、丁等之規定，將形同具文。而考績辦法經由歷次修正，於 96 年度定各等人數比例原則為優、甲等比例合計 68％、乙等 31％至 32％、丙及丁等合計不超過 1％。則系爭 2 辦法於上開年度之修正是否果為不利益全體員工之變更規定，容有疑問。縱認被上訴人至 92 年度績效辦法或至 96 年考績辦法之修正不利於部分員工，惟被上訴人係民營公司組織，背負國內外日益增加之輿論及競爭壓力，乃依公司預算額度及員工績效達成率等情形，修正績效辦法、考績辦法之規定，將績效評估、考核、獎勵、晉（降）薪、契約終止等各項勞動條件予以整理、修正，並在不改變獎金總額之前提下，變更該獎金分配之方式，一改以往不論員工表現良窳，均一律獎勵之齊頭式平等，在立足點之機會平等下，將獎金充分利用，拉大評核等級之獎勵差距。即在保障基本工資之前提下，由雇主就勞方之工作能力及表現，作為差別待遇之考量，使各單位員工所領獎金確實反應其績效及表現，以激勵員工潛能，提升經

營績效，符合市場競爭之需求，使公司永續經營，兼能保障員工工作權，自其核發之總金額未變及修正之內容與幅度觀之，客觀上難謂不具合理性、必要性及社會相當性，縱上訴人未表同意，仍應對其生效。

3. 至上訴人主張修訂考績辦法，降低甲等比例，依實際不成文作法，主管員工佔多數甲等比例，致非主管員工須承擔乙等以下員額比例，嚴重影響其等權益云云，惟此涉及員工事實上之表現評比，或係就考績辦法實際運作之妥適與否，非得以此即謂考績辦法不得變更。而被上訴人董事會雖於 103 年將甲等考績比例調升至 70％，亦無法證明 96 年先前歷次修正全不具合理必要性。

4. 上訴人另主張 84 年績效辦法雖未規定員工紅利之方式，但非主管員工實際發放月數均相同，主管則別有分配，94 年績效辦法第 6 條規定「員工紅利分配方式比照績效獎金分派方式處理」，始明定紅利分配方式，從而使員工績效獎金分級之不利益，延伸至紅利分配之不利益，致其受有紅利差額之損失云云，惟紅利屬員工福利事項，依被上訴人章程係由董事會決定分配比率及辦法，上訴人復自承 84 年績效辦法並未規定員工紅利之分配方式，直至 94 年績效辦法始明文納入員工紅利分配方式比照績效獎金等情（本院卷二第 64、66 頁），縱其間實際發放方式為非主管員工所獲月數均等，被上訴人仍非不得就該福利事項之分配方式加以調整，上訴人主張其得應依 84 年績效辦法請求給付紅利，尚乏依據。

勞動契約的性質

試用期的保障與權益

合理的調職

最低服務年限

職業災害

工作規則

5. 從而，系爭二辦法之上述修正應具有合理性及必要性，上訴人主張被上訴人所為修正違反勞基法第 71 條規定及不利益變更禁止原則而無效，仍應回復適用 84 年績效辦法及 80 年考績辦法，自不足採。

相　關　　　**勞動基準法第 70 條**
法　條　　　雇主僱用勞工人數在三十人以上者，應依其事業性質，就左列事項訂立
　　　　　　工作規則，報請主管機關核備後並公開揭示之：
　　　　　　一、工作時間、休息、休假、國定紀念日、特別休假及繼續性工作之輪
　　　　　　　　班方法。
　　　　　　二、工資之標準、計算方法及發放日期。
　　　　　　三、延長工作時間。
　　　　　　四、津貼及獎金。
　　　　　　五、應遵守之紀律。
　　　　　　六、考勤、請假、獎懲及升遷。
　　　　　　七、受僱、解僱、資遣、離職及退休。
　　　　　　八、災害傷病補償及撫卹。
　　　　　　九、福利措施。
　　　　　　十、勞雇雙方應遵守勞工安全衛生規定。
　　　　　　十一、勞雇雙方溝通意見加強合作之方法。
　　　　　　十二、其他。

　　　　　　勞動基準法第 71 條
　　　　　　工作規則，違反法令之強制或禁止規定或其他有關該事業適用之團體協
　　　　　　約規定者，無效。

雇主可以未經勞資會議
即要求員工適用變形工時嗎？

家家公司主張其於 87 年間，已將「四週彈性工時制度」納入勞動契約條款中，且勞工於簽訂勞動契約時，均同意「四週彈性工時」條款，故已符合 91 年修正前勞基法第 30 條之 1 第 1 項所定雇主如經勞工半數以上同意，得依同條項各款所列原則，變更工作時間之規定。又家家公司將採行四週彈性工時制度亦已訂入工作規則，並經市政府核備，故該「四週彈性工時制度」之效力，不因勞基法第 30 條之 1 嗣後修正而受影響。故家家公司所僱用之員工小漢之工作時間分配，除已給付之 16 小時延長工時工資外，其餘均屬在每日法定正常工時 8 小時以外增加之工時，合乎四週彈性工時制度下之工作時間配置，市政府將修正後勞動基準法第 30 條之 1 規定溯及適用，認為家家公司未經法定程序合法採行四週彈性工時制度，即屬無理由，請問家家公司的主張合法嗎？

律師貼心話：

一、法院認為本件家家公司雖然於勞基法第 30 條之 1 第 1 項修訂前已將「四週彈性工時制度」納入勞動契約條款中，惟小漢於此後才進入公司，故家家公司仍應依新修正勞基法第 30 條之 1 第 1 項規定，召開勞資會議並取得小漢同意後，始得採行「四週彈性工時制度」，所以家家公司的主張並不合法。

二、給雇主之建議：

公司依新修正勞基法第 30 條之 1 第 1 項召開勞資會議取得勞工同意採行變形工時，應以勞資會議記錄等書面文件留存，以利日後舉證。

勞動契約的性質

與權益 試用期的保障

合理的調職

最低服務年限

職業災害

工作規則

最高行政法院 105 年度判字第 31 號行政判決摘錄：

主文：

上訴駁回。

上訴審訴訟費用由上訴人（按：即雇主）負擔。

理由（摘錄）：

……六、本院經核原判決並無違誤，茲再就上訴意旨論述如次：

（一）按勞動基準法之制定，旨在保障勞工勞動條件之最低標準，此觀該法第 1 條自明，為落實此項社會政策，雇主應有遵守勞動基準法之義務。該法第 30 條第 1 項至第 4 項規定：「（第 1 項）勞工每日正常工作時間不得超過 8 小時，每 2 週工作總時數不得超過 84 小時。（第 2 項）前項正常工作時間，雇主經工會同意，如事業單位無工會者，經勞資會議同意後，得將其 2 週內 2 日之正常工作時數，分配於其他工作日。其分配於其他工作日之時數，每日不得超過 2 小時。但每週工作總時數不得超過 48 小時。（第 3 項）第 1 項正常工作時間，雇主經工會同意，如事業單位無工會者，經勞資會議同意後，得將 8 週內之正常工作時數加以分配。但每日正常工作時間不得超過 8 小時，每週工作總時數不得超過 48 小時。（第 4 項）第 2 項及第 3 項僅適用於經中央主管機關指定之行業。」第 30 條之 1 第 1 項第 1 款規定：「中央主管機關指定之行業，雇主經工會同意，如事業單位無工會者，經

勞資會議同意後，其工作時間得依下列原則變更：一、4週內正常工作時數分配於其他工作日之時數，每日不得超過2小時，不受前條第2項至第4項規定之限制。……」第24條規定：「雇主延長勞工工作時間者，其延長工作時間之工資依左列標準加給之：一、延長工作時間在2小時以內者，按平日每小時工資額加給3分之1以上。二、再延長工作時間在2小時以內者，按平日每小時工資額加給3分之2以上。……」第32條第1項規定：「雇主有使勞工在正常工作時間以外工作之必要者，雇主經工會同意，如事業單位無工會者，經勞資會議同意者，得將工作時間延長之。」準此，經中央主管機關指定之行業，雇主如無勞動基準法第30條第2項至第3項或第30條之1第1項所定情形，其所僱用勞工之工作時間即應遵守第30條第1項規定，若須於正常工作時間以外延長勞工工作時間，有工會者，須經工會同意，無工會者則須經勞資會議同意，而且就延長之工作時間，應依第24條所定標準加給薪資，蓋勞工於有延長正當工作時間而提供勞務時，其延長工時工資係依法應獲得之報酬，維生之憑藉。而勞動基準法第30條之1第1項於91年12月25日修正前係規定：「中央主管機關指定之行業，雇主經工會或勞工半數以上同意後，其工作時間得依下列原則變更：……」修正之立法理由為「企業內勞工工時制度形成與變更，攸關企業之競爭力與生產秩序，勞雇雙方宜透過協商方式，協定妥適方案。為使勞工充分參與工時彈性之安排，加強勞資會議功能，乃將原條文雇主經工會或勞工半數以上同意之規定，修正為『雇主經工會同意，如事業單位無工會者，經勞資會同意』…」。從而，若企業無

勞動契約的性質

試用期的保障
與權益

合理的調職

最低服務年限

職業災害

工作規則

工會之組織者，在 91 年 12 月 25 日前，雇主曾獲半數以上勞工同意採行彈性工時制度者，雇主於 91 年 12 月 25 日後，仍可對於該等同意之勞工採行彈性工時制度；惟若勞工係於 91 年 12 月 25 日後始僱用者，則應適用修正後法律，經勞資會議同意後，始得採行彈性工時制度，此乃法律修正之當然解釋，否則，即與修法意旨有違。上訴意旨主張其在勞動基準法修正前，即合法取得勞工半數以上同意，而實施彈性工時制度，指摘原審判決認定上訴人未經工會或勞資會議同意，即令 99 年 12 月 30 日僱用之員工林〇漢採行彈性工時制度，係以「不具溯及既往效力」之勞動基準法第 30 條之 1 第 1 項修正規定，否認上訴人有權繼續施行彈性工時制度，業已嚴重影響法治國原則、法秩序之安定及信賴保護原則，而有法規適用不當之違法云云，顯屬誤解，殊不足取。（二）原判決以上訴人之員工林〇漢係於 91 年 12 月 25 日勞動基準法第 30 條之 1 修正後始僱用，上訴人未能證明曾經工會或勞資會議同意，即令林〇漢變更工時，則其使林〇漢於 102 年 11 月份，在同法第 30 條第 1 項所定正常工作時間以外，延長工作時間 22 小時又 14 分鐘，復未發給其中 6 小時 14 分鐘延長工作時間之工資，自屬違反勞動基準法第 24 條及第 32 條第 1 項規定，核無不合。上訴意旨主張依勞委會 92 年 7 月 16 日函釋意旨，勞動基準法 91 年 12 月 25 日修正條文公布施行前，原依修正前該法第 30 條之 1 第 1 項規定辦理者，即可永久適用四週彈性工時制度，對於其在修法後新僱用之員工，可繼續適用四週彈性工時制度，指摘原判決認為修法後到職之新員工，應經勞資會議同意，始能採行彈性工時制度，有判決不適用法規或適用不

當之違誤云云，洵不足採。

（三）原判決第 7 頁有關「以原告為例，其於 91 年 12 月 31 日前僱用之員工僅 904 人，惟於 104 年 7 月間之受僱員工人數已達約 12,000 人等情，有其提出之員工名冊附本院卷第 120 至 161 頁可稽，果依原告所主張，其因已徵得所有在 91 年 12 月 31 日前僱用之 904 名員工同意變更工作時間，即得不問嗣後僱用之上萬名勞工是否同意，逕予調整工時，無異係以未達原告全體員工比例 10% 之勞工同意，決定對絕大多數勞工不利之勞動條件變更，殊不足以保障於修法後始由原告所僱用勞工之權益。」之論述，係在於闡釋勞委會 92 年 7 月 16 日函釋前半段內容，並無如上訴人所言，寓有雇主一旦於修法前取得當時所僱用半數以上勞工同意而變更工時，對嗣於修法後僱用之新進勞工，即無須徵詢其等之意願，可逕予調整工作時間之意思的比喻，與判決結果完全無涉。上訴意旨主張上訴人當初同意變更工時之員工高達 7,405 人，非原判決所載之 904 人，並非以未達上訴人全體員工比例 10% 之勞工同意，決定絕大多數勞工之勞動條件，按勞資會議之勞方代表人數更少，足見原判決有理由矛盾之違法云云，委不足取。而且與勞資會議實施辦法第 3 條所規定之勞資會議勞雇雙方代表之組成人數亦無關，上訴意旨此項主張顯已引喻失譬，要無資為主張原判決違背法令之依據。

（四）依 91 年 12 月 25 日修正勞動基準法第 30 條之 1 第 1 項規定，雇主在修法後，欲採行彈性工時制度前，應先經工會或勞資會議同意，

勞動契約的性質

試用期的保障
與權益

合理的調職

最低服務年限

職業災害

工作規則

始得為之，此係勞動基準法之強制規定，在於保障勞工對於其勞動條件之自決權。而勞動部103年8月26日勞動條3字第1030131398號函釋所稱「事業單位於上開條文公布施行前一日（即91年12月25日修正之勞動基準法第30條之1），業已徵得當時受僱勞工半數以上同意者，雖屬適法；惟事業單位如因勞工到、離職或事業單位擴充而變動，致同意人數未足半數以上，應自未能取得勞工半數以上同意之日起，依修正後之規定到，徵得工會或勞資會議同意後，始得實施四週彈性工時制度」等語，核與本院前揭「在91年12月25日前，雇主曾獲半數以上勞工同意採行彈性工時制度者，雇主於91年12月25日後，仍可對於該等同意之勞工採行彈性工時制度；惟若勞工係於91年12月25日後始僱用者，則應適用修正後法律，經勞資會議同意後，始得採行彈性工時制度」之闡釋相符，故不得執勞動部上揭函釋資為指摘原判決違誤之上訴理由。

（五）末按勞動基準法第30條之1第1項規定自91年12月25日修正迄今已十餘年，主管機關亦早於92年7月16日作成上開函釋，說明雇主依修正後規定取得工會或勞資會議同意之方式，上訴人亦曾因違反勞動基準法第24條規定，經被上訴人先後於、100年6月10日及102年6月6日裁處罰鍰6,000元及60,000元（見原審卷第58頁-第62頁），上訴人不得謂不知，至於上訴人於原審所提出之相關民事判決所涉案情，均係上訴人於91年12月25日之前所僱用員工，主張上訴人積欠給付加班費或資遣費，訴請上訴人給付之案件，核與本件

上訴人對於 91 年 12 月 25 日以後僱用之員工，有無依同日修正之勞動基準法第 30 條之 1 第 1 項規定，取得工會或勞資會議同意變更工作時間一節，完全無關，要無執爭執事項與本件不同之民事判決，主張其對 91 年 12 月 25 日以後始僱用之林○漢採行彈性工時，係屬合法之理等情，業據原判決論述甚詳，經核並無不合。又上訴人所提出之工作規則，僅能證明上訴人業經主管機關指定為得適用勞動基準法第 30 條之 1 規定，採用四週彈性變形工時之行業，對於上訴人已否踐行修正前、後勞動基準法第 30 條之 1 第 1 項所定經工會、半數以上勞工或勞資會議同意之程序，既無任何記載，要難據以認定上訴人使員工在同法第 30 條第 1 項所定正常工時以外之時間工作，係屬合法。而被上訴人於 92 年 2 月 25 日同意核備上述工作規則，亦僅表示被上訴人依形式審查該工作規則內容後，認為與勞動基準法之規定並無違背，至於上訴人已否依核備當時已施行之 91 年 12 月 25 日修正勞動基準法第 30 條之 1 規定，取得工會或勞資會議同意，被上訴人並未實質審認等情，亦據原判決論述明確，經核亦無不合。足見前開工作規則及被上訴人同意核備之函文，均無從據為上訴人有利之證據。上訴意旨主張其合理信賴被上訴人核備四週彈性工時制度工作規則函文及諸多民事法院針對上訴人與受僱人加班費案件判決見解，繼續沿用四週彈性工制度所為行為。原判決縱使認為形式上有違反勞動基準法第 24 條規定可能，然而因上訴人行為主觀上欠缺故意或過失，被上訴人以原處分裁罰，依行政罰法第 7 條第 1 項規定仍屬違法，應予撤銷，指摘原判決有判決不備理由之違背法令云云，亦不足取。

相　關
法　條

勞動基準法第 30 條之 1

中央主管機關指定之行業，雇主經工會同意，如事業單位無工會者，經勞資會議同意後，其工作時間得依下列原則變更：

一、四週內正常工作時數分配於其他工作日之時數，每日不得超過二小時，不受前條第二項至第四項規定之限制。

二、當日正常工作時間達十小時者，其延長之工作時間不得超過二小時。

三、女性勞工，除妊娠或哺乳期間者外，於夜間工作，不受第四十九條第一項之限制。但雇主應提供必要之安全衛生設施。

依中華民國八十五年十二月二十七日修正施行前第三條規定適用本法之行業，除第一項第一款之農、林、漁、牧業外，均不適用前項規定。

勞動契約的性質

試用期的保障與權益

合理的調職

最低服務年限

職業災害

工作規則

第二部
在職中的工時、工資相關爭議

「工作時間」的定義

值班屬於工作時間？加班時間？

　　小蔡受雇於隆隆宮廟，擔任販賣金紙一職，每個月約有 15 天係從下午 5 時 30 分工作至隔天早上 7 時 30 分，其中值班時間為晚上 11 時至隔日上午 5 時。值班應屬工作時間，若超過一般工時部分，自屬超時加班，但隆隆宮廟未依法給付小蔡加班費。請問隆隆宮廟這樣未給付加班費的行為合法嗎？

律師貼心話：

一、本件法院認為小蔡雖然主張其在值班時段須負責看管宮廟神明的金帽、油香錢及當日收取之款項等工作，但並小蔡並未提出證據來證明他確實有從事這些工作。另證人均證述：值班時段小蔡通常住在廟內，小蔡可以自己自由選擇是否休息睡眠。且就證人所知，小蔡僅係販賣部負責賣金紙的人員，不是賣香油的香油組，香油部分是由香油組負責。小蔡也不用保管神明金牌、善款，晚上也不用看守神明金牌，金牌都收到辦公室，晚上神明身上不會有金牌等語，足證小蔡於值班時段並無從事任何

工作。所以值班時段小蔡既未提供與正常工作期間相同之勞務內容，亦無提供較低密度之工作，又未接受隆隆宮廟指揮監督，應屬小蔡休息時間，顯難認值班時段為小蔡工作時間，更非加班時間，故小蔡向隆隆宮廟請求給付加班費，並無理由。

二、給雇主之建議：

當勞工加班事實之有無發生爭議，雇主可以傳訊證人，依證人之證詞來證明勞工之工作內容與性質為何？若勞工並未提供與正常工作期間相同之勞務內容，亦無提供較低密度之工作，又未接受雇主指揮監督，雇主即可主張勞工於公司值班，並非工作時間，亦非屬加班時間。

三、給勞工之建議：

勞工可以傳訊證人證明其值班的工作內容大致與正常工作內容相同，並須受雇主指揮命令。或若是備勤時間，雖未執行工作內容，但隨時有工作之需要，而主張輪班時間是工作時間，若超時加班部分，即得依勞基法之規定向雇主請求加班費。

臺灣屏東地方法院 105 年度勞訴字第 2 號民事判決摘錄：

主文：

被告（按：即雇主）應提繳新臺幣肆仟陸佰玖拾元至原告勞工退休金準備帳戶。

原告其餘之訴及假執行之聲請均駁回。

訴訟費用千分之五由被告負擔，餘由原告負擔。

理由（摘錄）：

……然就輪流值班之工作部分，若非從事與正常工作時間相同之工作，特別是輪流值班時之工作內容有所限縮，而僅從事監視性、間歇性、緊急性之工作時，既與正常工作時間所提供之勞務有不同，原則上即尚不致有上開危害之虞，若經勞工同意，且給與適當之對價（工資），因兩者提供之勞務不同，應無勞基法第 24 條所規定延長工時之適用，較符合勞雇雙方間權益之衡平。否則，若謂勞工在輪流值期間，並非提供與正常工作期間相同之勞務內容，而就限縮工作內容所提供之勞務，仍得適用與正常工作期間相同之工資計付標準，不僅在勞務與報酬之對價性上有所失衡，亦使雇主受有加重責任或重大不利益之結果。.. 正常工作時間與輪流值班時間之工作內容觀之，明顯可見上訴人於值班期間所從事之工作內容，與其正常工作之內容，在質量上均有所不同而有所限縮，應非屬正常工作之延續，則依上開說明，應無依勞基法第 24 條規定計付延長工時工資之適用（臺灣高等法院高雄分院 102 年勞上字第 27 號判決參照）。（3）兩造就原告於平日未有祭典時前往被告處所之時間及離開時間為 17：30 分至翌日 7 時 30 分；另一日則為 17 時 30 分至 23 時，且系爭夜間時段有 2 人輪流等情均不爭執。原告固主張其在系爭夜間時段須負責看管宮廟神明的金帽、油香錢及當日收取之款項等工作，然始終未舉證以實其說。而林安石、蕭秀娟於本院審理時均證述：系爭夜間時段原告通常住在廟內，但可以自己選擇，據伊所知，原告係負責賣金紙是販賣部的，不是賣香油

的香油組，香油部分是由香油組負責，原告也不用保管神明金牌、善款，原告只負責收賣金紙的錢，隔天交給交班的人就可以，神明金牌、香油錢是下午 5 點的時候小姐要下班就會收走，晚上也不用看守神明金牌，金牌都收到辦公室，晚上神明身上不會有金牌等語（見本院卷第 21 頁、第 26 頁、28 頁），足證原告於系爭夜間時段並無從事任何工作，是原告主張其在系爭夜間時段仍有負責工作，自難採信為真。（4）兩造就原告於系爭夜間時段確有在被告處所一節不爭執，而原告在系爭夜間時段並無從事其所述工作內容，業如上述，故系爭夜間時段原告未提供與正常工作期間相同之勞務內容，亦無提供較低密度之工作，又未接受被告指揮監督應為原告休息時間，顯難認系爭夜間時段為原告工作時間，更非加班時間，故其向被告請求給付加班費，仍乏所據。

相關法條	**勞動基準法第 24 條** 雇主延長勞工工作時間者，其延長工作時間之工資，依下列標準加給： 一、延長工作時間在二小時以內者，按平日每小時工資額加給三分之一以上。 二、再延長工作時間在二小時以內者，按平日每小時工資額加給三分之二以上。 三、依第三十二條第四項規定，延長工作時間者，按平日每小時工資額加倍發給。 雇主使勞工於第三十六條所定休息日工作，工作時間在二小時以內者，

其工資按平日每小時工資額另再加給一又三分之一以上；工作二小時後再繼續工作者，按平日每小時工資額另再加給一又三分之二以上。

勞動基準法第 32 條

雇主有使勞工在正常工作時間以外工作之必要者，雇主經工會同意，如事業單位無工會者，經勞資會議同意後，得將工作時間延長之。

前項雇主延長勞工之工作時間連同正常工作時間，一日不得超過十二小時；延長之工作時間，一個月不得超過四十六小時，但雇主經工會同意，如事業單位無工會者，經勞資會議同意後，延長之工作時間，一個月不得超過五十四小時，每三個月不得超過一百三十八小時。

雇主僱用勞工人數在三十人以上，依前項但書規定延長勞工工作時間者，應報當地主管機關備查。

因天災、事變或突發事件，雇主有使勞工在正常工作時間以外工作之必要者，得將工作時間延長之。但應於延長開始後二十四小時內通知工會；無工會組織者，應報當地主管機關備查。延長之工作時間，雇主應於事後補給勞工以適當之休息。

在坑內工作之勞工，其工作時間不得延長。但以監視為主之工作，或有前項所定之情形者，不在此限。

員工待命時間，是否屬工作時間？

　　小炳係受僱於叮噹航空公司（下稱叮噹公司）之資深正機師，小炳經叮噹公司要求執行待命班，規定小炳需於家中待命時間為 24 小時。依待命時間之規定，小炳於待命時間仍會接到抽查，也可能臨時接獲全夜班、半夜班任務。且若未報到之處理方式，依工作規則之規定，當日以曠職論，薪資不發。該規定既有強制力、拘束力及罰責，可見待命時間應屬工作時間，因此，小炳主張叮噹公司未給付工資予小炳係屬違反勞基法之規定，有無理由？

律師貼心話：

一、法院見解：

　　　　法院認為雖工作規則內中有規定，待命是屬於兩造約定之勤務內容之一，但仍要依待命時間內是否需保持高度警戒或注意義務狀況，或得隨意從事其他事項，即應視勞工從事之工作內容與待命之時間、地點等，而認定待命時間是否屬工作時間。本件小炳在家待命出勤的機率顯較其他種待命方式來的低，且在家待命，僅規定不得飲酒，但小炳仍可以看書報雜誌、看電視、欣賞影片、聽音樂、上網、玩遊戲、運動或休憩、睡眠等等，顯見小炳可自由支配利用其在家中之時間，從事自己想進行之活動，受僱主指揮、監督之程度較低，實際上亦未提出任何勞務給付，而認定小炳在家待命之時間，並非等同於工作時間，所以小炳向叮噹公司主張請求待命時間的工資，應屬無理由。

二、給僱主之建議：

　　　　僱主可於工作規則中明訂待命時間內勞工除不得為某某行為外，員

工得自由分配其時間而為自己欲作之事，若日後雇主與勞方就待命時間是否屬工作時間而發生爭議時，雇主得提出該工作規則或傳訊同職位之證人，證明勞工待命時間受雇主指揮、監督之程度較低，實際上亦未提出任何勞務給付，故勞工主張待命時間屬工作時間，雇主應給付勞工薪資，顯屬無理由。

三、給勞工之建議：

勞方可以傳訊同職位之證人，或具體提出勞工待命時間受雇主指揮、監督之程度與正常工作時相同，實際上亦提出勞務給付之內容，且待命時間需保持高度警戒或注意義務狀況，而無法從事自己欲作之事，受雇主之拘束程度不亞於正常工作時，故勞工自得主張待命時間屬工作時間，而雇主應給付勞工工資或加班費。

臺灣臺北地方法院 96 年度勞訴字第 32 號民事判決摘錄：

主文：

原告之訴及其假執行聲請均駁回。

訴訟費用由原告（按：即勞工）負擔。

理由（摘錄）：

……，待命固屬於兩造約定之勤務內容之一，但待命時間是否即等同於工作時間，或可否請求給付工資，仍未可就此定論，畢竟，待命時

間係指為防備公司業務變更所生不時之需，勞工需在公司指定場所（或未指定場所）等待雇主之指示，保持隨時可接受指派任務之狀態，然此待命時間內是否需保持高度警戒或注意義務狀況，或得隨意從事其他事項，尚應視勞工從事之工作內容與待命之時間、地點等，分別以觀。且待命時間在一般實務上尚可分為：①公司待命：機上工作人員在公司待命，若隨時有緊急情況發生，即可遞補人手以為因應，而不致出現調度上之困難。此即航空業所謂之「抓飛」。②住所待命：若在公司待命之人員不足以因應實際狀況需要，排班人員可從住所待命之空服員中抽調出人手，以維持班機正常的運作。③包機待命（含加班待命）：航空公司於正常航班之外，加派包機及加班機，機師或空服員亦需配合班機的調整而待命。④外站待命：機上工作人員飛抵國外航點航空公司會安排其在當地過夜或休息，但為因應人員臨時調度困難之緊急狀況發生，在外站輪休之機師或空服員亦須排班於外站待命。由前述待命之種類以衡，所謂之公司待命、包機待命（含加班待命）及外站待命，因公司、包機及外站，均係職場，且此際機師已受僱主明確指示，需於特定之時間要在職場上待命，此際之機師應知會出空勤之機率極高，應保持高度警戒或注意義務，於該特定時間內隨時得以提供勞務給付或處理雇主交付之工作、任務，參之被告人事作業手冊第八章考核中 2. 獎勵部分：2.11 明定：飛航組員……在住所以外之地面場所待命，一次連續二小時以上後繼續執行任務者，由機長當月填寫「空勤組員地面待命逾時處理表」奉核定後，按其所逾時數比照飛加 5/1000 發給（見本院卷 1 第 172 頁），足見兩造就空勤組員

在外站（即職場上）待命，亦有給付工資之約定，自應認前述之待命時間，係屬工作時間。至於住所待命，機師固需於24小時內在家待命，惟其非在職場上待命，且在家待命出空勤之機率與必然性，亦不若包機待命（含加班待命）、外站待命或在公司待命要高，是其應負之警戒性或注意程度，亦遜於在職場上之待命，雖規定不得飲酒，卻可以看書報雜誌、看電視、欣賞影片、聽音樂、上網、玩遊戲、運動或休憩、睡眠等等，不一而足，是此等在家待命之時間，相較於在職場待命之情況，實際上是自由而不受拘束之狀態，機師可自由支配利用其在家中之時間，從事其所欲進行之活動，受雇主規制之程度明顯較低，實際上亦未提出任何勞務給付，揆諸前揭工作時間應係指基於勞動契約之約定，勞工在雇主之指揮、監督下，實際上從事勞動、提供勞務之時間，本院因認此在家待命之時間，並非等同於工作時間。此外，兩造間就在家待命期間復無如在外站待命有應按時給付工資之特別約定（見本院卷1第172頁所附之人事作業手冊第八章考核中2.11之規定），是原告主張被告應給付待命時間之工資及延長工時工資，即屬無據。6.原告雖指依組員手冊1.4.3.6.3之規定（視同未報到處理乃當日以曠職論，薪資不發，見本院簡易庭卷第5頁背面），可見員手冊中之待命規定具有強制力、拘束力及罰責，故待命時間應屬工作時間。經查，被告之組員手冊3.3.3固規定待命期間不得擅自離開待命崗位、3.3.4組員待命地點：3.3.4.1B-738機隊-在家（限住台北、桃園者）、3.3.5規定待命時間為當日之0時至24時（見本院簡易庭卷第5頁）、3.3.6規定離開待命地點之程序：3.3.6.1需先向聯管中心或派遣組報備、

紀錄時間備查和預留電話，取得同意後方可離開、3.3.7 規定之不定期抽查：3.3.7.1 所有機隊待命組員，總機師室將不定期實施電話抽查，如經電話、手機聯繫超過二次未接通時，將視同未報到論（MISSSCHEDULE）及 3.3.7.2 明定如無法遵守上述規定，經查獲或發生任何事件等事情，將依公司規定辦理（見本院簡易庭卷第 5 頁及背面）；惟前開規定之目的，無非係為避免公司在臨時有狀況發生、為防備公司業務變更不時之需，以確保能有在家待命之機師可受召喚，接手履行空勤職務所為之規範，並未強制在家待命機師不得如何作為，且由前開規定內容，益見在家待命之機師如有必要，非不得離開待命地點，只要向聯管中心或派遣組提出報備和預留電話即可，至於原告所指組員手冊 1.4.3.6.3 之規定，係載明一旦機師接受並知悉公司之排班後，仍有違反前開規定者之罰則處理，尚難認此即剝奪了在家待命機師之行動自由，亦無從執此即認在家待命之警戒注意義務有若在職場待命之同等程度。7. 原告復舉最高法院 86 年度台上字第 1330 號判決、86 年度台再字第 96 號判決要旨，主張待命時間應係工作時間，惟查，民事案件各別案情之具體事實原有不同，本不能任意比附援引，況原告所舉前開最高法院判決事實內容，係針對受僱主指示在職場待命之勞工而為之認定，然本件事實係原告在家待命，其間自有差異，且本院認定在家待命之時間非屬工作時間一如前述，此即不贅。另原告所提行政院勞委會 85 年 3 月 12 日臺（85）勞動二字第 108624 號函示略以：工作時間係指勞工在雇主指揮監督下於雇主設施內或雇主指定之場所提供勞務或受命等待勞務之時間，然本院依法律獨立審判，

原不受前開行政函釋之拘束，且本院業已闡明在職場上待命係屬工作時間，惟獨在家待命之時間，應非屬工作時間，而前開函釋並未為此區分，依該函所謂之勞工係在雇主指揮監督下於雇主設施內或雇主指定住家以外之場所待命，即等同於職場上待命，依前開說明，自亦係屬工作時間，無庸待論，是原告此部分之主張，仍無可取。

相　關 **勞動基準法第 30 條**
法　條 勞工正常工作時間，每日不得超過八小時，每週不得超過四十小時。

前項正常工作時間，雇主經工會同意，如事業單位無工會者，經勞資會議同意後，得將其二週內二日之正常工作時數，分配於其他工作日。其分配於其他工作日之時數，每日不得超過二小時。但每週工作總時數不得超過四十八小時。

第一項正常工作時間，雇主經工會同意，如事業單位無工會者，經勞資會議同意後，得將八週內之正常工作時數加以分配。但每日正常工作時間不得超過八小時，每週工作總時數不得超過四十八小時。

前二項規定，僅適用於經中央主管機關指定之行業。

雇主應置備勞工出勤紀錄，並保存五年。

前項出勤紀錄，應逐日記載勞工出勤情形至分鐘為止。勞工向雇主申請其出勤紀錄副本或影本時，雇主不得拒絕。

雇主不得以第一項正常工作時間之修正，作為減少勞工工資之事由。

第一項至第三項及第三十條之一之正常工作時間，雇主得視勞工照顧家庭成員需要，允許勞工於不變更每日正常工作時數下，在一小時範圍內，彈性調整工作開始及終止之時間。

勞動基準法第 32 條

雇主有使勞工在正常工作時間以外工作之必要者，雇主經工會同意，如事業單位無工會者，經勞資會議同意後，得將工作時間延長之。

前項雇主延長勞工之工作時間連同正常工作時間，一日不得超過十二小時；延長之工作時間，一個月不得超過四十六小時，但雇主經工會同意，如事業單位無工會者，經勞資會議同意後，延長之工作時間，一個月不得超過五十四小時，每三個月不得超過一百三十八小時。

雇主僱用勞工人數在三十人以上，依前項但書規定延長勞工工作時間者，應報當地主管機關備查。

因天災、事變或突發事件，雇主有使勞工在正常工作時間以外工作之必要者，得將工作時間延長之。但應於延長開始後二十四小時內通知工會；無工會組織者，應報當地主管機關備查。延長之工作時間，雇主應於事後補給勞工以適當之休息。

在坑內工作之勞工，其工作時間不得延長。但以監視為主之工作，或有前項所定之情形者，不在此限。

工資的計算

工資不是老闆你一個人說了算！

　　任職客運公司的陳姓司機不滿客運公司為減少人事成本支出，竟以函文單方取消年資金的發放及變更逾時金之計算方式，陳姓司機不服怒提告，法院會怎麼看呢？

律師貼心話：

一、法院認為年資金和逾時金性質上屬於經常性給與之工資，所以客運公司單方調整工資的政策，已經違反勞基法第 21 條第 1 項前段「工資由勞雇雙方議定」之規定。客運公司既未能證明其公司營運惡化至須以減薪方式因應，始能維持繼續經營與競爭力之程度，其片面修改薪資準則有關年資金及逾時金之規定，即屬變相減薪。所以判決客運公司必須給付陳姓司機積欠的工資，最高法院最後維持二審判決，全案定讞。

二、法院另針對客運公司提出建議，客運公司可依勞基法第 11 條第 2 款規定，對不同意調整工資政策的陳姓司機經預告後終止勞動契約，並給付預告

期間工資及資遣費，來因應客運公司營運惡化的狀況。由客運公司與產業工會年資金爭議調解會議紀錄、客運公司行車人員薪資準則等可以證明年資金、逾時金為經常性給與之工資。

臺灣高等法院 98 年度勞上字第 62 號民事判決摘錄：

主文：

上訴駁回。

第二審訴訟費用由上訴人（按：即雇主）負擔。

理由（摘錄）：

……三、被上訴人（按：勞工）自 80 年間起，陸續在上訴人（按：雇主）公司擔任客運汽車駕駛員職務。上訴人先於 89 年 1 月 29 日以系爭 89018 號函公告取消駕駛員於任職每滿 1 年後之次月份累加年資金 100 元，既有之累積年資金額，自 89 年 1 月起，調整併入個人底薪計算；再於 92 年 5 月 23 日以系爭 92119 號函公告關於逾時金之計算方式，自 92 年 6 月 1 日起，停止各線「核定逾時」計算方式，一律採「實際行車時間」加每日半小時整備時間核算。……

四、被上訴人主張上訴人先後於 89 年 1 月 29 日及 92 年 5 月 23 日，分別以系爭 89018 號函及系爭 92119 號函所變更之勞動條件，係上訴人單方所為，既未經被上訴人同意，不得拘束被上訴人，被上訴人得

向上訴人請求依原勞動條件計算而尚未領取之年資金及逾時金等語，則為上訴人所否認，並以上開情詞置辯。是本件所應審究者，**厥為上訴人得否單方變更關於年資金之給與及逾時金之計算方式**。經查：

（一）關於年資金部分：

（1）按「工資：謂勞工因工作而獲得之報酬；包括工資、薪金及按計時、計日、計月、計件以現金或實物等方式給付之獎金、津貼及其他任何名義之經常性給與均屬之」，勞基法第 2 條第 3 款定有明文。又**系爭薪資準則第 3 條就薪資結構部分所列項目包括底薪、例假出勤津貼、逾時津貼及加班津貼等 11 項；第 4 條規定底薪則將「基本薪資」與「年資金」併列，且明定年資金之計付方式為：「服務每滿 1 年後之次月份累加 100 元」**（見原審卷第 123 頁背面），可見兩造間就以年資金作為底薪年度加薪幅度制度化之方式，已有合意，上訴人並按月將年資金計入員工之底薪支付。**足徵年資金屬經常性給與性質之工資**，上訴人抗辯年資金非工資云云，難予採據。

（2）再者，依基隆市政府 89 年 6 月 16 日（89）基府社關字第 050456 號函所檢附上訴人與產業工會年資金爭議調解會議紀錄，所載調解方案：「年資金屬於工資之一部分，雇主不宜片面取消，請基隆市政府發函建議公司（即上訴人）於 1 個月內再與工會協商恢復」（見原審卷第 15 頁），及基隆市政府 89 年 6 月 16 日（89）基府社關字第 050459 號函主旨所載：「有關貴公司（即上訴人）因營運虧損，為減

少人事成本支出調整取消年資金，致生勞資爭議案，依勞動基準法第21條規定：工資由勞雇雙方議定之。該年資金既屬工資之一部分，不宜片面變更」（見原審卷第16頁），**益徵年資金屬被上訴人工資之一部分，上訴人不得片面變更之。**

（3）…系爭薪資準則固為兩造勞動契約內容之一部分，惟勞基法第21條第1項前段規定：「工資由勞雇雙方議定之」，同法施行細則第7條第3款亦規定：勞動契約應約定工資之議定、調整、計算、結算及給付之日期與方法有關事項。**上訴人既未能舉證證明其公司營運惡化至須以減薪方式因應，始能維持繼續經營與競爭力之程度，揆諸上揭說明，上訴人片面修改系爭薪資準則第4條第2款有關年資金之規定，即屬變相減薪，非但不具合理性，且損及被上訴人之權益，自不能拘束反對之被上訴人。……**

（4）至上訴人所辯其因運輸環境惡劣、票價未能合理反應成本而持續營運虧損乙節，縱令屬實，**惟既非被上訴人所造成；且上訴人就營運虧損之處理，本得經勞、雇協商以減薪、裁員、資遣等方式降低經營成本，倘勞、雇雙方無法達成協議，上訴人僅得依勞基法第11條第2款規定，經預告後終止勞動契約，並給付預告期間工資及資遣費，尚不得未經與被上訴人協商即片面變更勞動條件取消年資金之給與。**上訴人徒以其因營運虧損，為維持繼續經營與競爭力，經董事會通過修改上開年資金之規定，具有合理性及正當性云云，亦無足取。

（二）關於逾時金部分：

（1）依系爭薪資準則第 3 條第 8 款規定，逾時津貼為薪資結構之 1 項，同準則第 11 條亦明定「逾時津貼」之計算方式為：「一、逾時津貼每小時基數以 93.75 元計算。二、逾時津貼等於每日 2 小時以內之逾時時數乘上基數之 1.33 倍加上每日 2 小時以上之逾時時數乘上基數之 1.66 倍」（見原審卷第 123 頁背面、第 125 頁），**堪認逾時津貼具有經常性給與之性質**。至於系爭薪資準則第 3 條第 9 款所定之「加班津貼」，則與同條第 8 款所定「逾時津貼」之計算基準不同，前者係依全月加班公里之里程計算津貼，後者則係按逾時工作之時數計算津貼，此經系爭薪資準則第 11 條及第 12 條規定甚明。雖勞基法第 24 條已明定延長工時工資加給之標準，惟駕駛工作之性質有其全年無休之特殊性，有非單一給薪者，如依勞基法第 24 條之規定標準計算，甚為複雜，**而兩造既願按系爭薪資準則第 11 條規定以「核定逾時」方式（即按駕駛員行駛路線之不同，加計固定點數以換算為逾時工作時數）簡化延長工時工資之計算，且行之多年，即均應受該既定之勞動條件所拘束。上訴人未經協商且無合理說明，自不得就逾時金之計算方式，片面為不利益於被上訴人之變更。**

（2）至於上訴人擅自採行「實際行車時間」方式，按每部客運汽車所裝置行車紀錄器中車輪實際運轉之「車輛行駛」時間（即行車憑單〈見外放證物（一）〉中跳動曲線部分），計算被上訴人之工作時間，…上開檢查車輛、加油、清潔、顧守車輛、等候發車、交接班次、在始

站等候乘客上車發車、處理車輛拋錨、停等紅綠燈或其他路況之時間，雖車輪未轉動致行車紀錄器未有車輪行駛記錄，惟依**內政部 74 年台內勞字第 310835 號函釋：「職業汽車駕駛人工作時間，係以到達工作現場報到時間為開始，且其工作時間應包含待命時間」**（見本院卷第 89 頁），及最高法院 86 年度臺上字第 2436 號判決「其值班內之工作屬監視性、斷續性，隨時處於雇主指揮監督下，故每日值班 12 小時均屬工作時間」意旨，再參以基隆市政府於 92 年 7 月 2 日以基府社關貳字第 0920062230 號函檢附上訴人與產業工會就行車逾時計算方式爭議 92 年 6 月 30 日調解紀錄所載調解方案為：「本件駕駛員中退時間不計入工作時間，尚屬允當，惟其他行車各班次期間，係屬連續性工作，其到站等候發車時間，應視為勞方之待命及準備時間，建請雇主予以勞方適當之給付」（見原審卷第 18 頁），**均屬被上訴人受上訴人指揮監督之時間，上訴人未予計入被上訴人之工作時間，僅泛以另加計半小時為核算逾時工作之時數，顯未能反映被上訴人真正工作時間。被上訴人主張計算其等之工作時間，應自到達工作現場報到時開始，除中退時間外，縱在其他行車各班次期間，到站等候發車之待命及準備時間，既均在上訴人指揮監督下，仍屬連續工作等語，堪予採信。**上訴人抗辯以「實際行車加計半小時」方式計算被上訴人逾時金，並未變更關於逾時津貼之約定，且具合理性，有拘束被上訴人之效力云云，核無足取。

附表　　　　　　　　　　　　　　　　（單位：新臺幣〈元〉）

編　　號	姓名	年資金總額	逾時金總額	總請求金額
01	午〇〇	19,700	40,151	59,851
02	壬〇〇	18,700	108,662	127,362
03	辛〇〇	11,200	64,640	75,840
04	巳〇〇	18,700	101,001	119,701
05	庚〇〇	19,700	78,854	98,554
06	丙〇〇	15,000	86,039	101,039
07	辰〇〇	18,700	106,917	125,617
08	卯〇〇	19,700	92,041	111,741
09	子〇〇	19,200	95,717	114,917
10	寅〇〇	23,200	50,354	73,554
11	癸〇〇	18,400	47,751	66,151
12	丑〇〇	0	93,775	93,775
13	申〇〇	0	112,977	112,977
14	己〇〇	0	107,158	107,158
15	甲〇〇	19,700	100,914	120,614
16	乙〇〇	20,200	98,556	118,756
17	戊〇〇	0	64,359	64,359
18	未〇〇	34,200	99,033	133,233
總　　計		276,300	1,548,899	1,825,199

勞工「默示同意」減薪，事後還可以反悔嗎？

陳維維自 73 年起受僱於成心工會擔任祕書長，成心工會於 101 年 12 月 17 日，召開臨時理事會，通過「會務人員薪資暫減 10%……102 年 1 月 1 日生效」之決議。陳維維遭成心工會決議減薪 10% 後每月薪資較原先薪資減少 5,558 元，陳維維主張成心工會決議減薪違反勞基法第 21 條第 1 項及民法第 71 條規定，應為無效，成心工會並應給付陳維維薪資差額，陳維維的主張是否有理由？

律師貼心話：

一、本件法院認為陳維維的主張無理由，成心工會毋庸給付陳維維薪資差額，原因在於在成心工會減薪後，陳維維並未向成心工會表示反對或有所爭執，**而係繼續領取扣減後的薪資長達三年**，自可認為陳維維已經默示同意領取扣減後的薪資，而與雇主繼續勞動契約關係。

二、給雇主之建議：

　　雇主決議扣減勞工薪資，應保留**會議紀錄、勞工同意之證明**等，以證明勞工對扣減薪資乙事已默示同意，以免日後遭勞工請求薪資之差額或請求終止契約給付資遣費。

三、給勞工之建議：

　　勞工在面對雇主違法違約減薪的情況，基於法律風險之排除，**勞工應適當向雇主聲明「反對、爭執減薪」，或「保留請求差額之權利」**，以免日後遭到法律上之不利益。

臺灣高等法院臺南分院 105 年度勞上易字第 19 號民事判決摘錄：

主文：

上訴駁回。

第二審訴訟費用由上訴人（按：即勞工）負擔。

理由（摘錄）：

……五、本院之判斷：

（一）上訴人請求被上訴人給付短給薪資及勞動退休金提撥款部分，為無理由：

1. 按工資係雇主對勞工提供勞務之報酬給付，為構成勞動條件的重要部分，亦為勞工及其家屬賴以維生的重要收入，是以勞基法本諸保障勞工權益之立法目的，於第 21 條第 1 項規定：「工資由勞雇雙方議定之。但不得低於基本工資。」、第 22 條第 2 項規定：「工資應全額直接給付勞工。但法令另有規定或勞雇雙方另有約定者，不在此限。」即明定雇主依約負有給付全額工資之義務；並於同法第 14 條第 1 項第 5 款第 4 項準用第 17 條規定，賦予勞工在雇主未依勞動契約給付工作報酬之情形，享有不經預告終止勞動契約之權利。是雇主如欲採取減薪措施，自應徵得勞工之同意，方屬適法。又雇主不依勞動契約給付工作報酬，勞工得選擇請求雇主依約給付報酬；或選擇不經預告終止

契約，並請求雇主發給資遣費。次按當事人互相表示意思一致者，無論其為明示或默示，契約即為成立，民法第 153 條第 1 項定有明文；又所謂默示之意思表示，係指依表意人之舉動或其他情事，足以間接推知其效果意思者而言（最高法院 29 年上字第 762 號判例參照）。苟勞工經雇主片面減薪後，既未向雇主表示終止勞動契約並請求給付資遣費，復長期領取扣減後之薪資，而未為一部清償之保留表示，自足以間接推知該勞工經權衡自身利益後，已默示同意領取扣減後之薪資，而與雇主繼續勞動契約關係，即與單純之沉默有別。

2. 依不爭執事項（一）、（二）所示，上訴人薪資原為 55,589 元，遭被上訴人決議減薪 10% 後薪資 50,031 元，扣除應負擔之勞健保費後實領 48,450 元，每月薪資較原先薪資減少 5,558 元。上訴人繼續領取該減薪後之薪資達 3 年之久，未曾表示反對或有所爭執，亦未表示終止契約，堪認上訴人已默示同意減薪。再系爭決議之目的，係為因應勞保政策改變，會員嚴重流失，致被上訴人營收減少，為持續工會運作，可認被上訴人確有將會務人員減薪，以因應會費短收之必要，上訴人於受僱被上訴人期間，既擔任祕書長，身為重要會務人員，衡諸情理及經驗法則，其對此決議內容、決議之前因後果必然深知。從而，被上訴人依系爭決議，自 102 年 1 月 1 日起將上訴人減薪之行為，自屬合法有效。上訴人依據勞動契約請求被上訴人給付上開薪資差額本息，及自 102 年 1 月起每月應為上訴人提撥之勞退金短少 432 元，均屬無據。

相　關
法　條

勞動基準法第 21 條

工資由勞雇雙方議定之。但不得低於基本工資。

前項基本工資，由中央主管機關設基本工資審議委員會擬訂後，報請行政院核定之。

前項基本工資審議委員會之組織及其審議程序等事項，由中央主管機關另以辦法定之。

夜點費是否應納入平均工資呢？

小鐘在中油公司擔任技術員，每月依排定之輪班表，固定輪值小夜班及大夜班，其薪資項目除每月之工資外，亦包含按月依夜間輪班次數所領取之夜點費。但中油公司卻未將夜點費提撥至退休金專戶，小鐘認為中油公司應將夜點費納入平均工資，以作為核給退休金之計算基礎，是否有理由？

律師貼心話：

一、法院以兩造所不爭執之事項：「勞工任職雇主期間須常態輪值日班、小夜班及大夜班，凡輪值夜班，不論員工薪資高低、工作內容及職級為何，雇主均額外支給夜點費。小夜班、大夜班之夜點費原各為 150 元、300元，自 97 年 1 月 1 日起分別調整為 250 元、400 元」為基礎，來判斷夜點費是否屬於平均工資。

二、本件法院認定小鐘輪值大、小夜班具有常態性，只需有輪值之事實，即可獲得固定金額之夜點費，符合①「經常性給與」要件。且小鐘每月領取之夜點費，與其夜間工作日數息息相關，報酬之計算與夜間勞務提供次數形成對價關係，而具有②「勞務對價性」。故夜點費本質上應屬小鐘在特殊時段從事工作之工資報酬，自應納入以平均工資計給退休金時之計算基礎。

臺灣高等法院 105 年度勞上易字第 109 號民事判決摘錄：

主文：

上訴駁回。

第二審訴訟費用由上訴人（按：即雇主）負擔。

理由（摘錄）：

……兩造同意就本院 106 年 1 月 12 日準備程序期日協議簡化以「**系爭夜點費應否納入平均工資之計算基準而計給退休金？**」為辯論範圍（本院卷第 62 頁背面）。茲就兩造爭點及本院之判斷，析述如下：

（一）按工資係勞工因工作而獲得之報酬；包括工資、薪金及按計時、計日、計月、計件以現金或實物等方式給與之獎金、津貼及其他任何名義之經常性給與均屬之，勞基法第 2 條第 3 款定有明文。**所謂「因工作而獲得之報酬」，係指符合「勞務對價性」而言，「經常性之給與」，則指在一般情形下經常可以領得之給付。判斷某項給付是否具備「勞務對價性」及「給與經常性」，應依一般社會通念為之，其給付名稱為何，尚非所問。**是以雇主依勞動契約、工作規則或團體協約之約定，對勞工提供之勞務反覆應為之給與，乃雇主在訂立勞動契約或制定工作規則或簽立團體協約前已經評量之勞動成本，無論其名義為何，如在制度上，通常屬於勞工提供勞務，並在時間上可經常取得之對價（報酬），即具有工資性質而應納入平均工資之計算基礎（最

高法院 100 年度台上字第 801 號判決參照）。經查：

1. 被上訴人於任職期間須常態輪值日班、小夜班、大夜班，輪值夜班之員工，不論薪資高低、工作內容及職級為何，上訴人均另外支給夜點費，小夜班、大夜班之夜點費原各為 150 元、300 元，自 97 年 1 月 1 日起分別調整為小夜班 250 元、大夜班 400 元等情，為兩造所不爭（見不爭執事項（二）），故可認定上訴人之大、小夜班實乃其常態性工作制度，與為了應付臨時業務、突發狀況而偶然為之者有間，另徵諸被上訴人只需有輪值大、小夜班之事實，即可獲得固定金額之夜點費，系爭夜點費之給與應屬被上訴人從事一般常態性夜間輪值工作所可取得之報酬，自已具備工資之「經常性給與」要件。

2. 再由上訴人給付之夜點費金額固定，被上訴人只需輪值大、小夜班即可依標準支領夜點費觀之，夜點費之發給雖不因被上訴人之年資、職級、工作種類、性質、複雜性及個人學經歷、技能、年資、勞心勞力之程度而有不同，然其數額恆隨被上訴人夜間出勤日數多寡而變化，亦即被上訴人提供勞務之時間分布在大、小夜班時段愈多，其可領得夜點費之數額亦愈高，若未於夜間輪班，即不得領取夜點費。顯見被上訴人每月領取之夜點費，與渠等從事夜間工作日數息息相關，上訴人發放之夜點費，實質上乃被上訴人從事大、小夜班之夜間工作所領取之報酬，其金額計算與夜間勞務提供次數形成對價關係。此外，上訴人就被上訴人所陳：「凡下午 5 點以後連續工作達 4 小時以上者，逾下午 10 時者核給小夜點費，逾零時者核給大夜點費」乙節（原審卷

第15頁）並不爭執，可知上訴人係依被上訴人是否跨夜輪值而發放不同金額之夜點費（小夜班250元，大夜班400元），其金額既因輪班時段而有差異，發放夜點費之目的自非僅供被上訴人購買值夜餐點。此種因特殊勞動條件增加之現金給付，依一般社會觀念，自可認係被上訴人輪值夜班所獲得之收入，而具有「勞務對價性」，本質上應屬被上訴人在特殊時段從事工作之工資報酬。

…系爭夜點費既為勞基法第2條第3款規定之工資，上訴人於被上訴人退休核給退休金時，自應將其列入作為平均工資之計算基礎。上訴人對其未將系爭夜點費納入平均工資計算退休金、被上訴人之退休金基數、退休前3個月及退休前6個月平均夜點費數額分別如附表一「退休金基數」欄、「退休前3個月平均夜點費」及「退休前6個月平均夜點費」欄所示、若將系爭夜點費列入平均工資範圍，被上訴人得請求之退休金差額及利息起算日均與原判決認定相同等節，既均表示並不爭執（見不爭執事項（三）至（五）），則被上訴人依勞基法第55條、第84條之2規定，請求上訴人給付納入系爭夜點費後計算平均工資之退休金差額及法定遲延利息，即無不當。

最高法院 100 年度台上字第 801 號民事判決摘錄：

主文：

原判決除假執行部分外廢棄，發回台灣高等法院。

（按：本件爭點係年終（中）獎金是否應納入平均工資？）

理由（摘錄）：

……勞動基準法第二條第三款規定：「工資，謂勞工因工作而獲得之報酬，包括工資、薪金及按計時、計日、計月、計件以現金或實物等方式給付之獎金、津貼及其他任何名義之經常性給與均屬之」。該**所謂「因工作而獲得之報酬」者，係指符合「勞務對價性」而言，所謂「經常性之給與」者，係指在一般情形下經常可以領得之給付。判斷某項給付是否具「勞務對價性」及「給與經常性」，應依一般社會之通常觀念為之，其給付名稱為何？尚非所問**。是以雇主依勞動契約、工作規則或團體協約之約定，對勞工提供之勞務反覆應為之給與，乃雇主在訂立勞動契約或制定工作規則或簽立團體協約前已經評量之勞動成本，無論其名義為何？如在制度上通常屬勞工提供勞務，並在時間上可經常性取得之對價（報酬），即具工資之性質而應納入平均工資之計算基礎，此與同法第二十九條規定之獎金或紅利，係事業單位於營業年度終了結算有盈餘，於繳納稅捐、彌補虧損及提列股息、公積金後，對勞工所為之給與，該項給與既非必然發放，且無確定標準，僅具恩惠性、勉勵性給與非雇主經常性支出之勞動成本，而非工資之情

123

形未盡相同，亦與同法施行細則第十條所指不具經常性給與且非勞務對價之年終獎金性質迥然有別。……

……本件由上開 offeringletter 或公告內容觀之，上訴人繼續工作滿半年以上，且於六月三十日或十二月三十一日仍然在職，被上訴人即有依上訴人當時本薪給付上訴人各一個月獎金之義務，則被上訴人之給付，是否非依勞動契約或工作規則之給與？是否在制度上不具勞務對價性？是否在時間上不具反覆經常性？是否屬勞動基準法第二十九條之獎金或同法施行細則第十條之「年終獎金」？均有未明。原審未予深究，徒依戴〇媛之證詞及被上訴人之工作規則第八十三條約定為由，遽認系爭年終（中）獎金非經常性及勞務性之給付，而為不利上訴人之認定，亦嫌速斷。……

最高法院 85 年度台上字第 246 號民事判決摘錄：

主文：

上訴駁回。

第三審訴訟費用由上訴人（按：即雇主）負擔。

理由（摘錄）：

……勞動基準法第二條第三款：「工資謂勞工因工作而獲得之報酬，

包括工資、薪資及按時、計日、計月、計件以現金或實物等方式給付之獎金、津貼及其他名義之經常性給與均屬之」。**所謂經常性，與固定性給與不同，僅須在一般情況下經常可領取，即屬經常性給付。**被上訴人薪資、津貼、獎金支付清單中所列之上開假出津貼、加班津貼、應稅加班津貼、應稅假出津貼、徹（夜）加班津貼，及Ｌ９獎金既係在一個相當時間內，一般情形下經常可得領取，即屬於工資之一部，為原審確定之事實，原審將之列為平均工資之一部，核算其退休金，難認係違背法令。……

相 關
法 條

勞動基準法第 55 條

勞工退休金之給與標準如下：

一、按其工作年資，每滿一年給與兩個基數。但超過十五年之工作年資，每滿一年給與一個基數，最高總數以四十五個基數為限。未滿半年者以半年計；滿半年者以一年計。

二、依第五十四條第一項第二款規定，強制退休之勞工，其心神喪失或身體殘廢係因執行職務所致者，依前款規定加給百分之二十。

前項第一款退休金基數之標準，係指核准退休時一個月平均工資。

第一項所定退休金，雇主應於勞工退休之日起三十日內給付，如無法一次發給時，得報經主管機關核定後，分期給付。本法施行前，事業單位原定退休標準優於本法者，從其規定。

勞動基準法第 84 條之 2

勞工工作年資自受僱之日起算，適用本法前之工作年資，其資遣費及退休金給與標準，依其當時應適用之法令規定計算；當時無法令可資適用者，依各該事業單位自訂之規定或勞雇雙方之協商計算之。適用本法後之工作年資，其資遣費及退休金給與標準，依第十七條及第五十五條規定計算。

颱風假出任務，兩倍薪水？

　　小武自 90 年 11 月 23 日起受雇於大學擔任推廣教育部職員，雙方成立勞動契約，94 年 1 月 1 日起調至安全服務組擔任警衛工作。該大學曾於農曆春節、國定假日及颱風日均未讓小武休息，要求值班，為此小武請求大學給付加倍工資，請問有沒有道理呢？

律師貼心話：

　　員工於颱風假應雇主要求出勤，當日是否可領取兩倍薪水一直係勞工朋友關心的議題。依主管機關解釋，工資如何發給及應否補假休息，可由勞雇雙方自行協商。至於法院的看法，颱風假當日若屬上班日，勞工照常出勤可領取當日工資，但該日並非勞基法所規範得加倍發給之日，因此除非勞工能提出證據證明與雇主間有加發薪資之特別約定或慣行，否則將無法向雇主請求加倍發給薪資。

臺灣高等法院 101 年度勞上字第 55 號民事判決摘錄：

主文：

上訴駁回。

第二審訴訟費用由上訴人（按：即勞工）負擔。

理由（摘錄）：

……僅 97 年 9 月 12 日、9 月 28 日、98 年 8 月 7 日部分，核與出勤紀錄相符，被上訴人亦不否認前揭 3 日係颱風日，惟抗辯依行政院勞工委員會（80）臺勞動二字第 17564 號函釋天然災害發生時（後），勞工如到工時，是否加給工資，可由雇主斟酌情形辦理，並提出前揭函釋為佐，兩造不爭執對於颱風天工資是否加倍給付一節並無任何約定，**且依勞動基準法第 39 條規定雇主應發給加倍薪資之範圍僅限於同法第 36 條所定之例假、同法第 37 條所定之休假及同法第 38 條所定之特別休假出勤工作者，並不包含颱風天出勤**，而上訴人對於颱風天出勤應加發薪資部分，**並未提出任何證據證明兩造有何特別約定或慣行**，因此，上訴人此部分主張亦無法邊採。

颱風天待在家錯了嗎？怎麼扣了全勤獎金呢？

阿良於颱風期間因擔心出勤上班有危害生命安全之虞，向老闆告知後便乖乖躲在家裡避風頭，嗣後卻無端遭公司苛扣薪全勤獎金。阿良可以向公司請求遭公司扣發之全勤獎金嗎？

律師貼心話：

依照勞動部的解釋函令及「天然災害發生事業單位勞工出勤管理及工資給付要點」，颱風發生時，如工作地、居住地或上班必經途中任一轄區首長已通告各機關停止上班時，勞工可不出勤。未出勤的勞工，雇主不宜扣發工資，亦不得視為曠工、遲到或強迫勞工以事假或其他假別處理，且不得強迫勞工補行工作、扣發全勤獎金、解僱或為其他不利之處分，所以阿良是可以向公司請求遭公司扣發之全勤獎金的喔！

勞動部勞動條 2 字第 1070130380 號函：

主旨：

雇主使勞工於勞動基準法第 36 條所定休息日出勤工作，遇有天災、事變或突發事件之工資及工時計算疑義，請查照轉知。

說明：

一、天然災害發生時（後），勞工是否出勤，應以安全為首要考量，

本部改制前之行政院勞工委員會業訂定「天然災害發生事業單位勞工出勤管理及工資給付要點」，以作為勞工出勤管理及工資給付相關事項之規範。爰勞工縱原同意於勞動基準法（以下簡稱本法）第 36 條所定休息日出勤，**嗣遇有天然災害發生，並經勞工工作所在地、居住地或其正常上（下）班必經地區之該管轄區首長，依「天然災害停止辦公及上課作業辦法」規定通報停止辦公，勞工可不出勤，雇主不得視為曠工、遲到或強迫勞工以事假或其他假別處理，且不得強迫勞工補行工作、扣發全勤獎金、解僱或為其他不利之處分。**復因天然災害之發生不可歸責於勞工，勞工已於休息日出勤工作者，勞雇任一方如基於安全考量停止繼續工作，已出勤時段之工資及工時，仍應依本法第 24 條第 2 項及第 36 條第 3 項本文規定辦理。

二、至雇主如係因天災、事變或突發事件之發生，有使勞工於本法第 36 條所定休息日出勤工作之必要者，除出勤工資應依本法第 24 條第 2 項規定計給，並依本法第 36 條第 3 項但書規定，其工作時數不受本法第 32 條第 2 項規定之限制。

三、次依本法施行細則第 20 條之 1 規定略以：「本法所定雇主延長勞工工作之時間如下：…二、勞工於本法第 36 條所定休息日工作之時間。」茲因休息日工作之時間，性質為延長工作時間，爰雇主因天災、事變或突發事件，有使勞工在休息日工作之必要者，並應依本法第 32 條第 4 項規定，於工作開始後 24 小時內通知工會；無工會組織者，應報當地主管機關備查，並應於事後補給勞工適當之休息。

四、本部 106 年 7 月 28 日勞動條 2 字第 1060131624 號函（如附），
自即日停止適用。

加班費的領取

外派員工應向原雇主或外派公司請領加班費呢？

　　茜茜主張自 95 年起受公司僱用，並調派至上海之關係企業工作。然公司給付茜茜的加班費有短少之情事，故茜茜主張應得向公司請求加班費。惟公司主張茜茜應屬上海關係企業之員工，請問茜茜請求加班費之對象應為其工作之上海關係企業或原公司？

律師貼心話：

一、本件法院認為茜茜受公司人事命令派駐於上海關係企業，且茜茜提供勞務之成果實際上是歸屬於原公司、茜茜提供勞務之地點及對象均係受原公司之指派。縱然茜茜勞務給付之地點係在上海關係企業，但茜茜之加班費係由原公司給付，堪認兩造間確有勞動契約關係存在。而茜茜在上海所支領之工資，應認為原公司給付予原告工資之一部分，故茜茜應向原公司請求加班費。

二、給雇主之建議：

　　雇主欲確認與勞工間之雇傭關係是否存在時，應確認兩造是否有簽立勞動契約。若無簽立勞動契約，並以人事異動表、加班費之核算標準及發放權限是歸屬於原公司或外派公司等相關文件舉證為判斷。

臺灣士林地方法院 101 年度勞訴字第 58 號民事判決摘錄：

主文：

被告應給付原告（按：即勞工）新臺幣壹佰柒拾萬肆仟陸佰貳拾玖元，及附表「給付之加班費差額欄」所示金額各自附表「遲延利息起算日欄」內所示之日起至清償日止，按週年利率百分之五計算之利息。

原告其餘之訴駁回。

訴訟費用由被告負擔十分之八，其餘由原告負擔。

理由（摘錄）：

…四爭執事項

（一）原告得否以被告公司為請求加班費之對象？

…五原告得以被告公司為請求加班費之對象。

（一）原告主張其自 95 年 2 月 20 日起受雇於被告公司，於同日由被告公司派駐大陸地區上海英〇達公司工作乙節，業據原告提出大陸就業證（發證日期為 95 年 11 月 29 日，期限至 97 年 8 月 31 日）（本院

133

卷第 125 頁）、97 年 6 月 27 日英在字第 080436 號在職證明書（本院卷第 130 頁）、派駐申請表（本院卷第 131 頁）、回任通知書（本院卷第 132 頁）可據，並有被告公司提出之兩造於 95 年 2 月 20 日簽定之不定期勞動契約書 1 份在卷可憑（本院卷第 99-101 頁）。（二）依被告公司核發 97 年 6 月 27 日任職證明書之記載（本院卷第 130 頁），原告之到職日期為 95 年 2 月 20 日可悉，被告公司於 97 年 6 月 27 日之時點，確實承認原告自 95 年 2 月 20 日起為被告公司僱用之勞工。再觀諸上開派駐申請表之內容（本院卷第 131 頁），申請日期為 97 年 12 月 26 日，派駐任期為 98 年 2 月 21 日起至 99 年 2 月 20 日止共 1 年，派駐原因為延長派駐（第 3 年），並記載有派駐前後之服務廠區、部門、單位及職級。又被告公司行政管理處人力資源發展部於 101 年 5 月 18 日所發予原告之回任通知書，內容為：「台端之延長派駐契約（期間為自 2012 年 2 月 21 日至 2012 年 5 月 20 日止，約定派駐地為中國大陸上海）即將屆滿，本公司將於 2012 年 5 月 20 日結束台端之派駐任務，並調回任至 TAO 製造中心測試工程處，請於 2012 年 5 月 21 日 9：AM 至英○達桃園廠報到。」（本院卷第 132 頁）。綜觀前揭派駐申請表及回任通知書所使用之文字及辭句，參酌被告公司陳稱：原告派駐至上海每年皆需填寫派駐申請表，其上記載每次派駐任期為一年等語，輔以兩造定有不定期勞動契約書等節，原告係受被告公司之人事命令而派駐至大陸地區任職之事實，至為灼然。

（三）上海英○達公司及上海英順○公司均為被告公司之關係企業，

此為被告所不爭執,再依被告公司之100年及99年12月31日之年報,上海英〇達公司及上海英順〇公司為被告公司百分之百所持股,足見被告公司對該等公司具有完全之控制監督能力。雖原告與上海英順〇公司另簽訂有書面之勞動契約,並約定工作期間為自98年5月1日起至101年4月30日(本院卷第126-128頁),原告並據此向大陸地區主管機關提出就業申請,有被告公司提出之臺灣、香港、澳門人員就業申請表就業在卷可佐(本院卷第162頁),但查:上開原告與上海英順〇公司簽訂之勞動契約及就業申請表上所載職務「半制二部主管」,與前揭派駐申請表上所列派駐後之工作職位完全相同,且上海英順〇公司為被告公司百分之百控股之公司,況原告雖係與上海英順〇公司簽訂書面之勞動契約,但原告於96年2月起赴大陸地區任職時,即是在上海英〇達公司提供勞務,此有原告提出之台港澳人員就業證可據(本院卷第121-124頁),被告公司也坦稱:原告實際工作地點是在上海英〇達公司等語(本院卷第110頁反面),甚且原告自95年2月起每月支領之人民幣12,000元,亦係由上海英〇達公司發放乙節,亦為被告公司所不爭執。則由原告實際工作地點及領取工作報酬之對象,均為上海英〇達公司,而非簽立勞動契約之相對人即上海英順〇公司以觀,原告主張:原告與上海英順〇公司間並無受前揭勞動契約拘束之真意乙節,應屬真正。

(四)原告提供勞務之成果實際上係歸屬於被告公司,原告提供勞務之地點及對象均係受被告公司之指派,再由原告勞務給付之地點係在

上海英〇達公司，但原告之加班費係由被告公司給付，其計算方式亦受被告公司所定給付方法之限制，另依原告提出之主旨為「董〇宗派駐延長申請（3個月）之備忘錄（本院卷第205頁），記載有原告近兩次考績為「2011/H2（3）2010/H2（3）」等事項，被告公司仍對原告具有獎懲考核權限甚明。則原告與上海英順〇公司簽訂之勞動契約，應係基於被告公司之指示後所為，對於被告公司而言，原告受被告公司派駐在上海英〇達公司提供勞務，並與上海英順〇公司訂立勞動契約，均是在被告公司為經營效率及業務擴展之需求下所為，堪認兩造間確有僱傭契約關係存在，而原告在大陸地區所支領之工資，應認為被告公司給付予原告工資之一部分。原告主張：自95年2月20日起受被告公司僱用並派駐至大陸地區工作，兩造間存有僱傭契約乙節，應屬真實有據。

（五）被告公司固抗辯：原告自始均由上海英順〇公司面試，前揭兩造間不定期勞動契約書之簽訂，係因使原告保有臺灣地區之勞健保福利，故上海英順〇公司向被告公司提出任用申請。原告若有加班之需要，則需向上海英順〇公司申請，由該公司核備及認定加班費時數，被告公司充其量僅係代上海子公司招募員工，故原告若認加班費有短發之情，自應向上海英順〇公司請求，且原告拒絕回任，可認原告主觀上亦認與被告公司無僱傭關係等語。然查：依被告公司抗辯之原告求職經過，原告係直接與上海子公司人員為謀職之接洽，並非應被告公司之招募而來。再雇主依勞動相關法令，為勞工之利益，負有各種

義務，如職業災害補償、提撥退休準備金、提繳退休金及負擔勞工之全民健康保險保險費。被告公司基於追求最大利潤之商業考量，應力求人事費用之簡省，且由上海英順○公司雇用原告即可達為被告公司集團創造效益之目的，殊無必要由被告公司與原告另行簽訂不定期限之勞動契約。況由上海英順○公司欲雇用原告尚應向被告公司提出人事異動表乙節可悉（本院卷第 191 頁），被告公司對於原告享有任用權甚明。又加班費之核算標準及發放權限，均繫諸於被告公司，至於同意原告加班與否之核准權限以及原告加班時數之核算，因原告工作地點在上海地區，自需在上海地區上班之處所使用該處設置之出勤管理設備以表明其確有於申請加班之時間到職，該出勤管理系統既為上海公司所掌控，故由上海公司為原告申請加班與否之准駁及核算加班時數，此係因原告提出勞務給付之地點在上海公司，以及延長工作時間之資料均在上海公司之員工出勤資料庫中所致。再審酌被告公司是認：上海公司會回報原告加班時數給被告公司等語（本院卷第109頁），則由上海公司應回報原告加班時數與被告公司，被告公司再給付加班費給原告之事實，可徵被告公司握有發放加班費數額之最終決定權，上海公司僅為被告公司計算加班費金額之工具，不能以加班時數由上海公司核算，即認原告之加班費應適用大陸地區之勞動基準法計算，並應向上海公司請求。又原告拒絕回任被告公司所持理由為：被告公司之回任通知有違兩造約定及勞動基準法法令等語，有原告致被告公司之律師函一份在卷可憑（士勞調卷第16-18號）。於該函中，原告尚依兩造間之勞動契約請求被告公司應依法給付資遣費及加班費，足

徵原告主觀上仍係認定原告係受被告公司僱用之勞工，並非認定兩造間無勞僱關係存在。被告公司以原告拒絕回任即係認被告公司非屬原告雇主等語資為抗辯，顯屬無據。

（六）依上開認定，原告係因受被告公司派駐至大陸地區工作，兩造間仍存在有勞動契約關係。原告自得向被告公司請求加班費。

相　關 法　條	**勞動基準法第 24 條** 雇主延長勞工工作時間者，其延長工作時間之工資，依下列標準加給： 一、延長工作時間在二小時以內者，按平日每小時工資額加給三分之一以上。 二、再延長工作時間在二小時以內者，按平日每小時工資額加給三分之二以上。 三、依第三十二條第四項規定，延長工作時間者，按平日每小時工資額加倍發給。 雇主使勞工於第三十六條所定休息日工作，工作時間在二小時以內者，其工資按平日每小時工資額另再加給一又三分之一以上；工作二小時後再繼續工作者，按平日每小時工資額另再加給一又三分之二以上。

雇主與員工約定薪資已包含加班費是否合法？

阿平承攬土石公司的工程，並於工程中擔任水車駕駛，每月薪資為 6 萬元。土石公司要求阿平從上午 7 時至晚上 7 時，中午未休息，共工作 12 小時，每日延長工時 4 小時，卻未給付加班費，甚於 104 年 1 月 1 日違法解僱阿平。阿平並已於同年 3 月 18 日以土石公司未依法給付加班費為由，終止兩造之勞動契約，請問阿平是否得請求給付加班費及資遣費共 147 萬 5,329 元？

律師貼心話：

一、本件法院認為承攬工程，於工程結束承攬工作即終了，自屬非繼續性之工作，故兩造間之勞動契約應於 103 年 12 月 31 日期滿後失其效力，所以阿平嗣於 104 年 3 月 18 日所為終止契約之意思表示，不生效力；且阿平於任職期間從未向土石公司詢問加班費，足認阿平於任職之初即知悉其工作內容、上班時間與薪資條件，且於訂約時無任何不平等地位，不得主張契約無效。

法院審酌阿平的職位為司機，並非從事高技術或專業性職務，具可替代性，並高於同時期土石工司其他職員之薪資，因此土石公司與阿平約定之薪資已包含加班費，阿平不得另外請領加班費，兩造的勞動契約並未違反勞基法第 24 條第 1 項第 1、2 款強制規定，應為合法有效。

二、給雇主之建議：

雇主與勞工簽定之**僱用人員契約書或勞動契約書**，應就勞務給付之工作內容及標準、僱用期間等明文約定，以杜絕日後爭議。

最高法院 107 年度台上字第 1794 號民事判決摘錄：

主文：

上訴駁回。

第三審訴訟費用由上訴人（按：即勞工）負擔。

理由（摘錄）：

……原審審理結果，以：被上訴人於 101 年 4 月間承攬系爭工程後，分別於同年 5 月 1 日、同年 10 月 17 日僱用王○豐、林○欣，擔任水車駕駛、工地現場人員，每月薪資王○豐原為 5 萬元，自 101 年 6 月起調整為 6 萬元，林○欣原為 5 萬 1,300 元（含交通、伙食津貼、全勤獎金），自 103 年 1 月起調整為 5 萬 4,252 元，其於 103 年有特別休假 7 日；上訴人於 104 年 3 月 18 日函知被上訴人終止勞動契約之事實，為兩造所不爭。被上訴人為商業同業公會，非屬營利事業之公司行號，主要財源來自會員之入會費及年會，承攬系爭工程非其主要經濟活動，且該工程為僅係第 1 期之特定性工程，工程結束承攬工作即終了，自屬非繼續性之工作。觀諸被上訴人與王○豐先後於 101 年 5 月 1 日、102 年 1 月 1 日、102 年 12 月 25 日簽訂之僱用人員契約書或勞動契約書，已就勞務給付之工作內容（台北商港物流倉儲區填海造地第 1 期造地工程－土方交換管制及推整委託專業服務）及標準、僱用期間（依序為 8 月、12 月、自 103 年 1 月 1 日起至 103 年 12 月 31 日止）明文約定。且系爭工程為特定非繼續性工作，在該工程完工期

間內所簽訂因該工程需要之勞動契約，自屬定期契約，於該工程完成前約定之期限屆至或約定之工作完成或系爭工程結束後，勞動契約即得終止。被上訴人僱用王○豐係因應系爭工程所需之勞務給付，且上開 3 份勞動契約均明定僱用期間，核其性質，顯屬為特定性工作而簽訂之定期契約。依證人即被上訴人公會副總幹事張廖○鴻之證述，及被上訴人與林○欣 102 年 12 月 25 日之勞動契約書明定契約期間自 103 年 1 月 1 日起至同年 12 月 31 日止及工作項目，可知被上訴人僱用林○欣亦係因應系爭工程所需，同屬定期勞動契約。上訴人主張兩造之勞動契約為不定期契約，並無足取。再據張廖○鴻之證述，足見被上訴人於兩造定期勞動契約屆期後未再續僱上訴人，且已為終止契約之意思表示，兩造間之勞動契約應於 103 年 12 月 31 日期滿後失其效力，上訴人嗣於 104 年 3 月 18 日為終止契約之意思表示，不生效力。審酌證人即被上訴人法定代理人廖○富，及張廖○鴻之證述，再對照王○豐所陳，及其於任職期間從未向被上訴人詢問加班費，可見王○豐任職之初即知悉其工作內容、上班時間與薪資條件，且於訂約時無任何不平等地位。再佐以王○豐嗣於 102 年 12 月 25 日之勞動契約約明工作時間每日 12 小時、月薪 6 萬元，較其前受僱於新北市樹林區公所每日工作 8 小時，月薪 2 萬 6,400 元高出甚多，且非從事高技術或專業性職務，為可替代，並高於同時期被上訴人其他職員之薪資等各情，堪認被上訴人所辯伊與王○豐約定之薪資包含例休假及超過 8 小時之延時工資，為可採信。稽諸王○豐 101 至 103 年受領之工資（依序為 47 萬元、72 萬元、72 萬元）均逾依據各該年度基本工資加計延

「工作時間」的定義

工資的計算

加班費的領取

資遣費的規範

退休金的約定

長工時及例假日之工資（依序為 31 萬 5,504 元、47 萬 8,309 元、35 萬 6,371 元），被上訴人與王○豐約定之薪資包含加班費，顯有利於王○豐，並未違反勞基法第 24 條第 1、2 款強制規定而合法有效，王○豐應受其拘束，其更行請求被上訴人給付 101 年 5 月至 103 年 11 月之加班費共 139 萬 5,582 元，為無所據。另觀之林○欣 102 年 12 月 25 日之勞動契約載明工作時間每日 12 小時，並佐以張廖○鴻之證述，被上訴人抗辯伊於 102 年 12 月間因營運虧損，告知員工日後恐裁員，員工表示願共體時艱，乃與林○欣約定工作時間變更為每日 12 小時，且為免計算延長工作時間加班費之繁雜，合意 103 年 1 月起之薪資 4 萬 6,752 元（未加計津貼、獎金）包含每日 4 小時之加班費，為可採信。稽諸林○欣 103 年受領之工資為 56 萬 1,024 元，逾該年度基本工資加計延長工時之工資 33 萬 1,503 元，被上訴人與林○欣約定之薪資包含延時之加班費，有利於林○欣，同無違反上開強制規定而為合法有效，林○欣應受其拘束，其更行請求被上訴人給付 103 年之加班費共 28 萬 8,240 元，亦無所據。兩造間之勞動契約為定期契約，且勞動條件優於勞基法之標準，無違反勞基法第 84 條之 1 規定，及司法院大法官釋字第 494 號、第 726 號解釋意旨之情形。此外，依勞基法第 18 條第 2 款規定，上訴人不得向被上訴人請求給付資遣費。被上訴人不爭執林○欣 103 年有 7 日特別休假，而依其年假單及薪資單所載，可證林○欣已於該年 12 月間請求特別休假 7 日，並經被上訴人核准，其請求該 7 日之工資 1 萬 2,656 元，尚屬無據。上訴人非因勞基法第 14 條規定而終止勞動契約，不符非自願離職之情形，其等請求被上訴人發給非自

願離職證明書，仍乏所據。綜上，上訴人依勞基法第 39 條、第 24 條、第 17 條及第 19 條規定，（擴張及追加）請求被上訴人給付加班費、資遣費、特別休假未休之工資及發給非自願離職證明書，均不應准許，為其心證之所由得，並說明上訴人其餘攻擊方法及舉證於判決結果不生影響，毋庸逐一論述之理由，因而維持第一審所為上訴人敗訴之判決，駁回其上訴及其餘追加之訴。

按取捨證據、認定事實及解釋契約屬於事實審法院之職權，若其取捨、認定及解釋並不違背法令及經驗、論理或證據法則，即不許任意指摘其採證認事或解釋契約不當，以為上訴第三審之理由。原審本於認事、採證及解釋契約之職權行使，並綜合一切事證，認定兩造之勞動契約屬定期契約，於 103 年 12 月 31 日期滿後失其效力，雙方約定之薪資包含加班費，優於勞基法之標準，未違反勞基法第 24 條第 1、2 款強制規定而合法有效，且無違勞基法第 84 條之 1 規定，及釋字第 494 號、第 726 號解釋意旨之情形，因以上述理由，為上訴人不利之判決，經核於法並無違背。上訴意旨，係以原審取捨證據、認定事實及解釋契約之職權行使，暨其他與判決基礎無涉之理由，指摘原判決違背法令，聲明廢棄，非有理由。

相　關 法　條	**勞動基準法第 24 條** 雇主延長勞工工作時間者，其延長工作時間之工資，依下列標準加給： 一、延長工作時間在二小時以內者，按平日每小時工資額加給三分之一 　　以上。 二、再延長工作時間在二小時以內者，按平日每小時工資額加給三分之 　　二以上。 三、依第三十二條第四項規定，延長工作時間者，按平日每小時工資額 　　加倍發給。 雇主使勞工於第三十六條所定休息日工作，工作時間在二小時以內者， 其工資按平日每小時工資額另再加給一又三分之一以上；工作二小時後 再繼續工作者，按平日每小時工資額另再加給一又三分之二以上。

資遣費的規範

合意終止勞動契約還可以拿資遣費嗎？

　　阿順自 95 年 3 月 17 日起受僱於蕭小龍經營之餐廳，擔任副理職務。99 年 10 月 4 日同受僱於該餐廳之新進員工因不服阿順管理，致雙方發生口頭爭執。蕭小龍隨於同年月 5 日凌晨 4 時許，發送簡訊通知阿順，「這個月從今天起你可以不用到店裡上班了，薪水我會幫你算到月底。」阿順因此主張蕭小龍之解僱違法，且應給付阿順資遣費，阿順的主張有沒有道理呢？

律師貼心話：

一、依勞基法第 11 條至 18 條之規定，勞動契約合法終止之情形，可分為單方片面終止與合意終止，而在合意終止之情形，除雙方協議給付資遣費及預告期間工資，否則勞工並無資遣費及預告期間工資之請求權。

二、另經店內另一員工作證，阿順曾與蕭小龍發生爭執，並告訴蕭小龍：「今天不是他走就是我走。」而後蕭小龍方寄簡訊給阿順告知：「這個月從今天起你可以不用到店裏上班了，薪水我會幫你算到月底。」因此法院

認為，阿順與蕭小龍雙方均有終止勞動契約的合意，並非蕭小龍片面解僱阿順，因此蕭小龍無庸給付阿順資遣費。

臺灣臺北地方法院 100 年度勞訴字第 85 號民事判決摘錄：

主文：

被告（按：即雇主）應給付原告新臺幣肆仟肆佰元及自民國一百年一月八日起至清償日止，按年息百分之五計算之利息。

原告其餘之訴駁回。

訴訟費用由被告負擔二分之一，餘由原告負擔。

本判決第一項得假執行；但被告如以新臺幣肆仟肆佰元供擔保，得免為假執行。

原告其餘假執行聲請駁回。

理由（摘錄）：

……（一）被告是否於 99 年 10 月 5 日終止兩造間勞動契約關係？

1、原告主張被告於 99 年 10 月 5 日寄發之簡訊有終止兩造間勞動契約之意，業據提出被告寄發之簡訊為據（見司北勞調卷第 10 至 11 頁），應可採信。被告雖否認該簡訊有終止勞動契約關係之意，惟該簡訊內容記載：「...在眼前面臨的難關上面，如果跟我沒有百分之百的信賴度，

恐怕只是會破壞了大家的感情，而解決不了困難。謝謝你這幾年鼎力相挺，無論後面是好是壞，都不會改變這份感謝！這個月從今天起你可以不用來到店裡上班了，薪水我會幫你算到月底，如果有需要你協助的事，我會找你。過一陣子再聊了，多保重。」，果被告確無終止兩造勞動契約關係之意，何以在說明雇主與員工間百分百信賴之重要性後，即感謝原告這些年的付出，並要求原告不要到店裡上班？況如被告辯稱簡訊內容並無終止勞動契約之意，只是要原告暫時休息，何以休息時間長

短未見被告詳載？薪水僅算至月底？足見被告確有以簡訊終止兩造勞動契約之意，原告主張，信屬有據，被告抗辯簡訊無終止兩造勞動契約之意，非為可採。

2、原告主張被告本件違反無勞基法第 11 條規定，被告則否認之，抗辯原告於 99 年 10 月 1 日下班前曾表示「我不做了。」，隨即於 10 月 2、3 日曠職，縱認原告並未於 10 月 1 日表達辭職之意，其於 10 月 4 日與員工吳曾珍衝突後，亦向被告表示：「今天不是他走就是我走。」，則被告於 10 月 5 日寄發上開簡訊，兩造意思合致終止勞動契約，自非違法本件。經查：

（1）證人吳○珍於 99 年 10 月 4 日雖曾聽聞被告表示原告 10 月 1 日說要離職，惟僅目擊兩造在餐廳外起爭執，對於原告是否曾為辭職之意思表示未親自見聞等情，業據證人到庭證述屬實，原告復否認曾於

147

10 月 1 日向被告辭職，被告抗辯原告曾於 10 月 1 日請辭，要非可採。

（2）證人另證稱原告於 99 年 10 月 4 日晚間發覺伊因工作忙碌請同事幫忙點菜之事後，向伊說「你不要做阿，你走。」，伊乃撥打電話向被告報備，被告抵達時，原告情緒不穩地問伊：「你講夠了沒，趕快走。」，又跟被告表示：「今天不是他走就是我走。」，伊乃於向被告表示願意繼續工作後下班離去等語在卷，足見原告係以要求被告在其與證人間擇一為員工之方式表達辭職之意，被告抗辯原告於於 99 年 10 月 4 日請辭，應可採信。原告雖主張其於 99 年 10 月 5 日仍前往上班，可見其無辭職之意，惟原告於 99 年 10 月 5 日並未打卡簽到，

有 Employee Login Report 在卷可查（見本院卷第 37 頁），原告就此有利於己主張復未舉證以實其說，要難信為真實。原告既於 99 年 10 月 4 日要求被告在其與證人間選擇一位任職，而證人又向被告表達任職意願，則被告於 99 年 10 月 5 日寄發簡訊與原告，據以終止兩造勞動契約，兩造意思表示一致，應可認定，原告主張遭被告片面無預警本件，不足採信。

3、綜上，兩造勞動契約關係應已於 99 年 10 月 5 日因雙方合意而終止，原告主張被告違反勞基法第 11 條予以本件，為無理由。

（二）原告請求被告給付預告期間工資、資遣費、99 年 10 月 1 日至 4 日薪資、特別休假未休工資及開立非自願離職證明書有無理由？如有，數額為若干？

1、預告期間工資、資遣費及開立非自願離職證明書部分：按依勞基法第11條至18條之規定，勞動契約合法終止之情形，可分為：（1）單方片面終止：又可區分為由雇主一方終止契約及由勞工終止契約之情形：由雇主終止契約之情形：依勞基法第11條之規定，須經預告且須發給資遣費；依同法第12條之規定，不須預告且不須發給資遣費；依同法第13條但書之規定：須經預告且須發給資遣費。由勞工終止契約之情形：依同法第14條規定，勞工不須經預告且可請求資遣費；依同法第15條規定，勞工須經預告，但不得請求資遣費。（2）合意終止：可分為勞工自請辭職經雇主同意，或勞工同意雇主所提出終止勞動契約之要求，而在合意終止之情形，除雙方協議給付資遣費及預告期間工資，否則勞工並無資遣費及預告期間工資之請求權。查兩造於99年10月5日合意終止勞動契約，已見前述，原告當係自願離職，從而原告請求被告給付資遣費、預告期間工資及非自願離職證明書，即屬無據。

2、99年10月1日至4日薪資部分：原告99年9月薪資為3萬3,000元，已見前述，且被告並未發放99年10月1日至4日薪資與原告，而被告就此復未加以爭執，則原告主張依據兩造間勞動契約，請求被告給付99年10月1日至4日積欠之薪資，計4,400元【計算式：$33,000 \div 30 \times 4 = 4,400$】，為有理由。3、特休假未休工資部分：（1）按勞基法第38條規定，雇主經徵得勞工同意於休假日工作者，工資應加倍發給。因季節性關係有趕工必要，經勞工或工會同意照常工作者，

亦同；勞基法施行細則第 24 條則規定，本法第 38 條之特別休假，特別休假日期應由勞雇雙方協商排定之。特別休假因年度終結或終止契約而未休者，其應休未休之日數，雇主應發給工資。據此，可知特別休假雇主加倍發給工資，須以該休假日工作係出於雇主之需求要求勞工加班為要件。若勞工並未表示欲休特別休假，雇主自無從表示同意，縱因而導致年度終了或契約終止時仍有未休畢之特別休假，亦無從遽認係屬雇主徵得勞工同意於特別休假日工作。是以勞工應休之特別休假日於年度終結時，如有未休完日數，如係可歸責於雇主之原因，雇主應發給未休完日數之工資。至於特別休假未休完之日數，如係勞工個人之原因而自行未休時，則雇主可不發給未休日數之工資（行政院勞工委員會 79 年 9 月 15 日台勞動二字第 21827 號函釋參照）。是勞工應休之特別休假日於年度終結時，如有未休完日數，雇主非必發給勞工未休完日數之工資，端視其原因而定。則原告請求被告給付不休假工資，即應就其債權發生之事實，即不休假原因之所在，負舉證之責。

（2）原告主張被告自 96 年 3 月 16 日起至 99 年 10 月 4 日間並未給予特別休假，應給付特別休假未休工資，被告則則否認之，並以原告初任職時係擔任兼職人員，未要求修年假，並未規定原告每月最低上班時數，休假均由原告自行排定抗辯。經查，原告自 95 年 3 月 17 日起受僱於被告，擔任副理職務，原採時薪制，嗣於 99 年 8 月起薪資改採底薪制，每月薪資 3 萬 3,000 元，為兩造所不爭執，且原告對其是否

曾於 96 年、97 年、98 年間向被告要求休特別休假遭被告拒絕一事，並未舉證以實其說，該等特別休假未休之情形，既無法證明係可歸責於被告之原因而未休，揆之前開說明，原告主張被告應給付 96 年、97 年及 98 年特別休假未休工資，要無可採。至原告於 99 年未休之特別休假，係因原告於 99 年 10 月 4 日向被告請辭，經被告於翌日以簡訊通知終止雙方勞動契約，而無從於當年度休畢，非屬於可歸責於被告之事由所致，自無從僅以原告未休畢休假之事實，逕行課被告以給付不休假獎金之義務。從而，原告依勞基法施行細則第 38 條請求被告給付 96 年至 99 年應休特別休假之工資 2 萬 2,890 元，亦屬無據。

五、按給付有確定期限者，債務人自期限屆滿時起，負遲延責任。遲延之債務，以支付金錢為標的者，債權人得請求依法定利率計算之遲延利息。應付利息之債務，其利率未經約定，亦無法律可據者，週年利率為 5%。民法第 229 條第 1 項、第 233 條第 1 項前段、民法第 203 條分別定有明文。本件原告請求被告給付工資，係以支付金錢為標的，被告迄未給付上開工資，是原告請求該部分金額加計自 100 年 1 月 8 日起至清償日止，按年息 5% 計算之利息，亦屬有據，應予准許。

六、綜上所述，兩造於 99 年 10 月 5 日因意思表示一致而合意終止勞動契約，原告依勞動基準法第 17 條、第 18 條反面解釋、第 19 條、勞退金條例第 12 條及勞基法施行細則第 38 條等規定，請求被告給付預告期間工資、資遣費、特休假未休工資及開立非自願離職證明書，為無理由，應予駁回。又兩造勞動契約合意終止前，被告並未給付 99 年

10月1日至4日之薪資，原告依勞動契約請求被告給付99年10月1日至4日工資4,400元，及自100年1月8日起至清償日止，按年息5%計算之利息，為有理由，應予准許。

退休金的約定

我是你的員工，也是他的董事，
退休時如何計算年資？

　　小芳自 78 年 7 月 1 日起受僱於鴻鴻公司，嗣於 104 年 7 月 9 日提出退休申請，並於 104 年 11 月 1 日退休生效，是其工作年資共計 26.3 年，符合勞基法自請退休之規定，並據此請求鴻鴻公司依其年資給付退休金。沒想到鴻鴻公司認為小芳自 100 年 3 月 15 日起至 104 年 10 月 31 日止，受鴻鴻公司指派以法人股東（即大大公司）代表人身分，擔任鴻鴻公司之董事並登記在案，則該段擔任董事期間應已無勞工身分，自不得計入勞工工作年資，小芳或鴻鴻公司之主張是否有理由？

律師貼心話：

一、小芳在鴻鴻公司兼任董事期間，是否仍具勞工身分並得計入勞工工作年資，法院認為爭點在於公司之員工與公司間究屬「僱傭關係」或「委任關係」，即若小芳在鴻鴻公司兼任董事期間，與鴻鴻公司間仍存在僱傭

　　關係而具勞工身分，則不受其身兼董事而另成立委任關係之影響。

二、針對員工與公司間究屬「僱傭關係」或「委任關係」之判斷，法院歷來見解多認應以勞動契約之實質關係為判斷，不得因員工職務名稱而逕予推認，即勞動契約係指當事人之一方，在從屬於他方之關係下提供職業上之勞動力，而由他方給付報酬之契約，重點特徵在於具有從屬性，與委任契約之受任人，以處理一定目的之事務，具有獨立之裁量權或決策權者有別，況且縱同時有委任的性質，惟既有部分從屬性存在，基於保護勞工之立場，仍應從寬認定係屬勞基法所規範之勞雇關係。

三、本件中，勞工係以舊制作為退休金計算之基礎。因雇主在二審開庭時未出席（本件為一造辯論判決），法院便以雇主從前到庭之陳述、勞工之陳述、兩造之不爭執事項即「勞工……以法人股東即億大公司之代表人名義擔任雇主董事期間，仍任職雇主財務部協理，繼續為雇主提供勞務，雇主並發給勞工財務部協理之薪資之事實」，及大大公司表示「勞工任職董事期間，大大公司並未配發董事酬勞之情」之函文為基礎，認定勞工與雇主間仍具有僱傭關係，則勞工兼任公司董事期間之服務年資，自仍應計入勞工計算退休金時之勞工工作年資，並命雇主應給付勞工 518 萬 3,516 元。

臺灣高等法院 105 年度勞上字第 79 號民事判決摘錄：

主文：

原判決關於命上訴人（按：即雇主）給付逾新臺幣伍佰壹拾捌萬參仟伍佰壹拾陸元本息，及該部分假執行之宣告，暨訴訟費用之裁判均廢棄。

上開廢棄部分，被上訴人（按：即勞工）在第一審之訴及假執行之聲請均駁回。

其餘上訴駁回。

第一、二審訴訟費用由被上訴人負擔百分之二，餘由上訴人負擔。

理由（摘錄）：

……（一）被上訴人於 100 年 3 月 15 日至 104 年 10 月 31 日擔任上訴人公司財務部協理期間，另以法人股東即億〇公司之代表人名義兼任上訴人公司董事，則被上訴人於前揭兼任上訴人公司董事期間，是否仍具勞工身分，並得計入勞工工作年資？

按稱僱傭者，謂當事人約定，一方於一定或不定之期限內為他方服勞務，他方給付報酬之契約。民法第 482 條定有明文。參酌勞基法規定**之勞動契約，指當事人之一方，在從屬於他方之關係下，提供職業上之勞動力，而由他方給付報酬之契約。**可知僱傭契約乃當事人以勞務之給付為目的，受僱人於一定期間內，應依照僱用人之指示，從事一

定種類之工作，且受僱人提供勞務，**具有繼續性及從屬性之關係**（最高法院 94 年度台上字第 573 號民事判決意旨參照）。次按依公司法第 29 條第 1 項及第 127 條第 4 項之規定，固可認經理人與公司間為委任關係。但**公司之員工與公司間究屬僱傭或委任關係？仍應依契約之實質關係以為斷，初不得以公司員工職務之名稱逕予推認。且勞基法所定之勞動契約，係指當事人之一方，在從屬於他方之關係下提供職業上之勞動力，而由他方給付報酬之契約，與委任契約之受任人，以處理一定目的之事務，具有獨立之裁量權或決策權者有別**（最高法院 97 年度台上字第 1510 號民事判決意旨參照）。再按勞動契約之勞工與雇主間具有使用從屬及指揮監督之關係，勞動契約非僅限於僱傭契約，**關於勞務給付之契約，其具有從屬性勞動性質者，縱兼有承攬、委任等性質，自應屬勞動契約**（最高法院 89 年度台上字第 1301 號民事判決意旨參照）。復按公司之員工與公司間屬僱傭關係或委任關係，應**以契約之實質關係為判斷。勞動契約之特徵在於從屬性，當事人間成立以供給勞務為內容之契約，縱兼有委任之性質，惟既有部分從屬性存在，基於保護勞工之立場，仍應從寬認定係屬勞基法所規範之勞雇關係**（最高法院 96 年度台上字第 160 號民事判決意旨參照）。況公司**之員工與公司間究屬僱傭關係或委任關係，乃屬法官依據法律獨立審判之職責，本不受行政機關認定事實之影響，自仍得依調查證據、本於辯論之結果，以其自由心證而為認定。**經查：

……3. 另被上訴人於 100 年 2 月 25 日任職上訴人公司財務部協理後，

因被上訴人為上訴人公司資深員工，故受上訴人指派以法人股東即億〇公司之代表人名義擔任上訴人公司董事，被上訴人並未領取董事報酬，純屬義務幫忙等情，已據被上訴人陳明在卷（見本院卷第 22 頁背頁）。上訴人亦稱：係因公司高層決策考量，所以指派被上訴人以法人股東身分擔任伊公司董事等語（見本院卷第 28 頁）。而被上訴人於 100 年 3 月 15 日至 104 年 10 月 31 日以法人股東即億〇公司之代表人名義擔任上訴人公司董事期間，億〇公司並未配發董事酬勞予被上訴人之情，亦有億〇公司 105 年 11 月 22 日（105）億字第 10511001 號函在卷可按（見本院卷第 50 頁）。是**被上訴人主張伊受上訴人指派以法人股東即億大公司之代表人名義擔任上訴人公司董事，伊並未領取董事報酬**等語，堪予採信。再者，**被上訴人受上訴人指派於** 100 年 3 月 15 日至 104 年 10 月 31 日，**以法人股東即億〇公司之代表人名義擔任上訴人公司董事期間，仍任職上訴人公司財務部協理，繼續為上訴人提供勞務，上訴人並發給被上訴人財務部協理之薪資之事實**，為上訴人所不爭執（見本院卷第 28 頁）。顯見**被上訴人於前述擔任上訴人公司董事期間，與上訴人間仍具有繼續性及人格上、經濟上從屬性之僱傭關係，縱其因擔任上訴人公司董事，而與上訴人間另成立委任關係，亦不影響兩造間之僱傭關係。**

4. 綜上，**被上訴人於上開受上訴人指派以法人股東擔任上訴人公司董事期間，與上訴人間之僱傭關係既不受影響，則其於** 100 年 3 月 15 日至 104 年 10 月 31 日，**受上訴人指派以法人股東擔任上訴人公司董事**

期間之服務年資，自應計入被上訴人之勞工工作年資，勞動部 105 年 11 月 23 日勞動福 3 字第 1050136441 號函之說明三亦為相同之認定（見本院卷第 51 頁正、背頁）。上訴人上揭所引臺北市政府勞動局 104 年 12 月 9 日北市勞資字第 10440044200 號函釋意旨認為被上訴人以法人股東擔任上訴人公司董事期間，與上訴人間成立委任關係，故其擔任上訴人公司董事期間不得計入勞工工作年資云云；及勞動部前開函文之說明四謂：「另勞工如為公司法第 27 條第 2 項規定之法人股東代表人，擔任事業單位董事，則勞工與事業單位間為委任關係，該段年資不計入勞動基準法第 53 條退休年資……」云云，顯係忽略兩造間之僱傭關係，並不受被上訴人兼任上訴人公司董事之影響，而為不利於被上訴人之解釋，自難憑採。是上訴人前開辯詞，無可採信。

相　關 法　條	**勞動基準法第 53 條** 勞工有下列情形之一，得自請退休： 一、工作十五年以上年滿五十五歲者。 二、工作二十五年以上者。 三、工作十年以上年滿六十歲者。 **勞動基準法第 55 條** 勞工退休金之給與標準如下： 一、按其工作年資，每滿一年給與兩個基數。但超過十五年之工作年資，每滿一年給與一個基數，最高總數以四十五個基數為限。未滿半年者以半年計；滿半年者以一年計。

「工作時間」的定義

工資的計算

加班費的領取

資遣費的規範

退休金的約定

二、依第五十四條第一項第二款規定，強制退休之勞工，其身心障礙係
　　因執行職務所致者，依前款規定加給百分之二十。

前項第一款退休金基數之標準，係指核准退休時一個月平均工資。

第一項所定退休金，雇主應於勞工退休之日起三十日內給付，如無法一
次發給時，得報經主管機關核定後，分期給付。本法施行前，事業單位
原定退休標準優於本法者，從其規定。

已簽署給付退休金契約，老闆能賴帳嗎？

易先生自 77 年 3 月 1 日起擔任世忠公司之總經理，世忠公司於 94 年 1 月 7 日經全體董事書面同意，與易先生簽訂契約書，約定世忠公司同意易先生於符合勞基法所定退休要件時，比照該法相關規定給付易先生退休金。另為慎重起見，由世忠公司監察人胡先生，於同年月 12 日代表世忠公司再與易先生簽訂內容相同之契約書。然易先生於符合勞基法所定之退休要件後，於 98 年 3 月 17 日向世忠公司提出退休之申請，並於同年 4 月 28 日請求給付退休金 547 萬 5,000 元，竟遭世忠公司藉詞推託，拒不給付。易先生不服，請求世忠公司給付退休金 547 萬 5,000 元及遲延利息，法院會怎麼看呢？

律師貼心話：

法院認為易先生雖為世忠公司之總經理，惟其同時具有世忠公司之董事身分，經理人與公司間屬於委任關係，並無勞基法有關退休規定適用之餘地。所以公司和董事另外就退休金為特別約定時，屬於公司法第 223 條「其他法律行為」，須由監察人為公司之代表。而且本條係規定監察人之代表權，而非監察權之行使，公司之監察人若有數人時，應由全體監察人共同代表公司。法院基於上述理由判決世忠公司無庸給付易先生退休金，最高法院最後維持二審判決，全案定讞。

臺灣高等法院 99 年度勞上字第 37 號民事判決摘錄：

主文：

原判決廢棄。

被上訴人（按：即勞工）在第一審之訴及假執行之聲請均駁回。

第一、二審訴訟費用均由被上訴人負擔。

理由（摘錄）：

……五、兩造之爭執事項如下（見本院卷 176 頁反面、177 頁）：

（一）上訴人於 94 年 1 月 7 日、同年月 12 日與被上訴人各簽訂一份契約書，該二份契約書是否未經過上訴人之董事會決議而無效？

（二）上訴人於 94 年 1 月 7 日、同年月 12 日與被上訴人各簽訂一份契約書，該二份契約書內關於退休條款之約定（包括英文文義 in accordance with 及中文）如何解釋？

（三）如認為準用勞基法之退休規定時，被上訴人之年資是自 77 年 3 月 1 日起算（21 年又 17 日）？或自 94 年 1 月 7 日起算（4 年 2 月又 10 日）？

（四）被上訴人得請領之退休金為何？

（五）上訴人以 1,395,000 元主張抵銷，有無理由？

六、本院得心證之理由：

（一）查被上訴人為 38 年 12 月 31 日出生，自 77 年 3 月 1 日開始擔任上訴人之總經理，上訴人於 94 年 1 月 7 日經全體董事書面同意，與被上訴人簽訂系爭契約，另由監察人胡○邦代表公司於同年月 12 日再與被上訴人簽訂契約書，被上訴人於 98 年 3 月 17 日向上訴人申請退休，其在上訴人之服務年資為 21 年又 17 日等情，為兩造所不爭執，且有被上訴人所提之系爭契約、退休申請書、退休金請領、聘書、公司設立登記事項卡、身分證影本【見原審 41 號卷 10 頁至 14 頁、原審 98 年度勞訴字第 67 號卷（下稱原審 67 號卷）41 頁至 43 頁、58 頁】為證，堪信為真實。

（二）按「董事為自己或他人與公司為買賣、借貸或其他法律行為時，由監察人為公司之代表」，公司法第 223 條定有明文。究其立法意旨，在於避免利害衝突，損及公司利益，又本條係規定監察人之代表權，而非監察權之行使，公司之監察人若僅有一人，由該監察人行使代表權，若監察人有數人時，則由全體監察人共同代表公司與董事為買賣、借貸或其他法律行為（參見本院卷 216 頁、217 頁、222 頁）。**查被上訴人雖為上訴人之總經理，惟其同時具有上訴人之董事身分，經理人與公司間屬於委任關係，並無勞基法有關退休規定適用之餘地，本件被上訴人就其退休時之退休金，另外與上訴人簽訂契約為特別約定，要求上訴人應比照勞基法之規定給付退休金，此屬於公司法第 223 條所定之董事與公司為「其他法律行為」，依前揭條文之規定，自應由**

監察人代表公司，簽訂契約，始為適法。另依卷附之上訴人公司變更登記表所示，上訴人自 93 年 3 月 31 日至 96 年 3 月 30 日止，該公司之監察人有陳○祥（RaymondTing）、胡○邦二人（見原審 67 號卷 35 頁、36 頁），應由該二人共同代表上訴人簽署契約，始可對上訴人發生效力。惟觀之被上訴人所提 94 年 1 月 12 日契約書，僅由監察人胡○邦一人代表上訴人簽署契約書（見原審 41 號卷 12 頁），此外，被上訴人復未能舉證證明另一名監察人陳○祥有無法行使代表權之情事，亦未能舉證證明上訴人事後已承認該份契約書之效力，故該份 94 年 1 月 12 日契約書未由上訴人之二名監察人共同行使代表權，上訴人抗辯對其不發生拘束力，即屬可採。被上訴人依系爭契約主張上訴人應比照勞基法之規定給付退休金云云，並無可取。

（三）被上訴人另提出 94 年 1 月 7 日簽署之系爭契約，主張上訴人應給付退休金云云（系爭契約見原審 41 號卷 10 頁、11 頁），然觀之系爭契約，代表上訴人簽約者為 MohamardAriffBinPuteh（艾瑞夫）、EdwardLeeKahWai（李○偉）、WongHonChyi（黃○棋）、FrankWang（汪○宗）及被上訴人，該 5 人均為上訴人之董事（上訴人之公司變更登記表見原審 67 號卷 35 頁、36 頁），並非監察人，而股份有限公司之董事及監察人，於公司法明定其權責及義務，各司其職，監察人之監察權及代表權，並非董事所得踐越，縱使前揭 5 名董事同意簽署系爭契約，仍不符合公司法第 223 條之規定，故上訴人辯稱系爭契約對之不生效力等語，亦屬可採。

「工作時間」的定義

工資的計算

加班費的領取

資遣費的規範

退休金的約定

（四）從而，被上訴人任公司之總經理，其與上訴人間之法律關係為委任關係，非屬於勞基法所稱之勞動契約，並無勞基法所定給付退休金之問題，而被上訴人於 94 年 1 月 7 日及同年月 12 日所簽訂之二份契約，均與公司法第 223 條之規定不合。故被上訴人依契約之約定，要求上訴人應比照勞基法給付退休金 5,475,000 元本息，並無理由。

公司與員工間互相負債能否以員工的退休金抵銷？

　　婉婉於 72 年 10 月 6 日起就在方方有限公司工作，並於 101 年 1 月 9 日退休，依照勞基法第 55 條規定，方方有限公司應給付婉婉 210 萬元退休金。但是婉婉在工作期間曾經對公司欠下 214 萬元債務，那方方有限公司可不可以直接就婉婉的退休金與債務相互抵銷呢？

律師貼心話：

一、法院認為婉婉在方方有限公司工作年資達 25 年，符合勞基法第 55 條請領退休金的規定，得向方方有限公司請求給付 210 萬元退休金。但是也確認，婉婉對方方有限公司負有 214 萬元的債務，在什麼情形下退休金與債務可以互相抵銷，就要區分婉婉的退休金是適用何種法規的提撥方式。

二、勞工退休金條例是在 93 年 6 月 30 日公布，94 年 7 月 1 日施行，依勞工退休金條例第 9 條規定，「雇主應自本條例公布後至施行前一日之期間內，就本條例之勞工退休金制度及勞動基準法之退休金規定，以書面徵詢勞工之選擇。勞工屆期未選擇者，自本條例施行之日起繼續適用勞動基準法之退休金規定。」所以如果勞工沒有就退休金提撥選擇適用勞工退休金條例的話，退休金的提撥就會繼續適用勞動基準法的規定。

三、而適用勞工退休金條例與勞動基準法有什麼不同呢？依照勞工退休金條例第 29 條第 1 項規定，「勞工之退休金及請領勞工退休金之權利，不得讓與、扣押、抵銷或供擔保。」勞工之退休金是不能被雇主抵銷的，**所以如果適用勞工退休金條例的話，婉婉就能完整的拿到退休金而不會**

被方方有限公司抵銷；但是如果是適用勞動基準法，就沒有跟勞工退休金條例一樣的規定。所以法院就認為適用勞動基準法提撥退休金的勞工退休金，可以與對雇主所負的債務互相抵銷，在本件中婉婉就是適用勞動基準法，因此退休金就與對雇主所負的債務互相抵銷。

最高法院 103 年度台上字第 974 號民事判決摘錄：

主文：

上訴駁回。

第三審訴訟費用由上訴人（按：即勞工）負擔。

理由（摘錄）：

原審斟酌全辯論意旨及調查證據之結果，以：上訴人自七十七年三月五日起受僱於被上訴人。受僱期間經被上訴人指派擔任聚○公司之法定代理人；關於以聚○公司名義收受之貨款，上訴人均須交回被上訴人，為兩造所不爭。依上訴人於第一審及原審之陳述，其工作內容除負責被上訴人之會計業務或廠務相關工作外，尚須依被上訴人指示以聚○公司法定代理人名義處理聚○公司之業務。台灣新北地方法院檢察署一○○年度偵字第二四二四三號、台灣高等法院檢察署一○一年度上聲議字第一九二二號處分書，亦認定聚○公司係附屬於被上訴人公司之人頭公司。足見上訴人須依被上訴人之指示，以聚○公司法定

代理人名義處理聚○公司的業務，屬於兩造僱傭契約所約定之工作內容一部分。上訴人於原審雖更異其詞，抗辯伊非由被上訴人指派到聚○公司擔任代表人，聚○公司係獨立之法人云云；然聚○公司除上訴人及曾○亮二位股東外，並無其他員工，且其等二人均係以被上訴人為雇主而投保勞工保險。證人陳○秀於刑事案件偵查中證稱：保○公司本來都是跟方○公司往來，後來方○公司表示要節稅，就由聚○公司開立部分發票。就伊之認知，這兩家公司是同一家人。證人李○臻亦證稱：伊負責幫聚○公司、方○公司記帳、報稅，伊之報酬是由聚○公司、方○公司一起匯一筆錢給伊。這兩家公司是同一家人各等語。被上訴人抗辯曾○文係為被上訴人公司節稅而設立聚○公司，應可採信。上訴人並未證明此部分之自認有何與事實不符之情事，其於事後空言否認，並無可採。上訴人自承拒絕依被上訴人於一○○年四月間之要求，繳回聚○公司之存摺及印章，即有未依被上訴人指示處理聚○公司事務之違反勞動契約情事。被上訴人其後於同年六月十二日出具委任書，委託訴外人曾○年代為處理被上訴人公司之一切業務及財務事宜。上訴人於同年六月中、下旬以後，復多次拒不依被上訴人指示將保○公司應收貨款交付被上訴人，且明確表示不依被上訴人指示處理聚○公司事務，足認上訴人多次故意違反系爭勞動契約，拒絕依被上訴人或曾○年之指示處理聚○公司業務，對於被上訴人產生之危害及損失難以估量，嚴重影響兩造間之信賴關係，致勞雇關係之緊密程度受有影響，應認上訴人違反兩造勞動契約之情節重大。被上訴人依勞基法第十二條第一項第四款規定，於一○○年七月十一日不經預

告終止兩造勞動契約，洵非無據。上訴人自七十二年十月六日起受僱於宏○塑膠廠，並以宏○塑膠廠為雇主而為上訴人投保勞工保險。嗣宏○塑膠廠於七十八年一月十一日申報變更投保單位名稱為被上訴人，由被上訴人承受宏○塑膠廠之勞工保險證號，包括上訴人在內之員工，均隨同轉以被上訴人為雇主而投保勞工保險。上訴人自受僱於宏○塑膠廠起至受被上訴人留用期間，其工作地點、內容及時間均未變更，足見被上訴人係受讓宏○塑膠廠之資產及營業，且對上訴人於宏大塑膠廠工作之年資予以承認。上訴人之工作年資自七十二年十月六日起算至一○○年七月十一日被上訴人終止兩造勞動契約止，已達二十五年以上，依勞基法第五十三條第二款規定，符合自請退休要件，上訴人以起訴狀繕本送達日即一○一年一月九日自請退休，並無不合。上訴人於被上訴人終止勞動契約前，已工作滿二十五年以上，符合法定退休要件，其請求退休金之權利，不因被上訴人終止勞動契約之意思表示生效在前而受影響。上訴人並未選擇依勞工退休金條例所定退休金制度之退休金，應繼續適用勞基法之退休金規定。經計算結果，上訴人得請求之退休金額為二百十萬元及自一○一年二月六日起按法定利率計算之遲延利息，逾此，則屬無據。又上訴人於受僱期間，經被上訴人指派擔任聚○公司法定代理人，關於以聚○公司名義收受之貨款，上訴人須交回被上訴人。訴外人保○公司於一○○年四月間，將扣除利息後之貨款二百十四萬八千零九十元匯入聚０公司名下之台灣中小企業銀行林口分行帳戶內，惟上訴人並未將該貨款交回被上訴人，為上訴人所不爭。應由上訴人對被上訴人負償還二百十四萬八千

零九十元之責，被上訴人主張以該金額與上訴人得請求之退休金額為抵銷，於法自無不合。上訴人之系爭退休金請求權經全數抵銷而消滅，其本於勞基法第五十五條規定，求為命被上訴人給付退休金二百十二萬五千元本息之判決，洵非有據，為其心證之所由得，並說明兩造其餘攻擊防禦方法之取捨意見。因而廢棄第一審就該部分所為上訴人勝訴之判決，改判駁回上訴人在第一審之訴，經核於法並無違背。**按勞工退休金條例施行後，勞工請領退休金之權利得否抵銷，因其選擇適用勞工退休金條例之退休金制度或勞基法之退休金規定，而有不同。前者因勞工係依勞工退休金條例第二十八條規定向勞工保險局請領退休金，雇主縱對於勞工有其他請求權，不符合「二人互負債務」要件，本不能主張抵銷；同條例第二十九條並已明定不得抵銷。後者因勞工係依勞基法第五十五條規定向雇主請求給與退休金，勞基法僅於第五十六條第一項及第六十一條第二項分別規定勞工退休準備金及勞工受領職業災害補償之權利，不得抵銷，對於勞工請領退休金之權利，則無禁止抵銷之明文，倘雇主對於勞工有其他請求權，且合於抵銷之要件，自非不得主張抵銷。**本件上訴人自七十二年十月六日受僱於宏○塑膠廠之日起至一○○年七月十一日止，已工作達二十五年以上，上訴人並未選擇適用勞工退休金條例之退休金制度，依該條例第9條規定，應繼續適用勞基法之退休金規定，自係依勞基法規定請求被上訴人給付退休金二百十萬元；而上訴人應對被上訴人負償還二百十四萬八千零九十元之責，為原審依法認定之事實。是被上訴人主張以該金額與上訴人之請領退休金之權利抵銷，依上說明，並無不合。原審因

而為不利於上訴人之判斷，難認有何違背法令。上訴論旨指摘原判決違背法令，復就原審取捨證據、認定事實之職權行使，指摘原判決不當，求予廢棄，非有理由。據上論結，本件上訴為無理由。依民事訴訟法第四百八十一條、第四百四十九條第一項、第七十八條，判決如主文。

相 關
法 條

勞工退休金條例第 9 條

雇主應自本條例公布後至施行前一日之期間內，就本條例之勞工退休金制度及勞動基準法之退休金規定，以書面徵詢勞工之選擇；勞工屆期未選擇者，自本條例施行之日起繼續適用勞動基準法之退休金規定。

勞工選擇繼續自本條例施行之日起適用勞動基準法之退休金規定者，於五年內仍得選擇適用本條例之退休金制度。

雇主應為適用本條例之退休金制度之勞工，依下列規定向勞保局辦理提繳手續：

一、依第一項規定選擇適用者，應於本條例施行後十五日內申報。

二、依第二項規定選擇適用者，應於選擇適用之日起十五日內申報。

三、本條例施行後新成立之事業單位，應於成立之日起十五日內申報。

勞工退休金條例第 29 條

勞工之退休金及請領勞工退休金之權利，不得讓與、扣押、抵銷或供擔保。

勞工依本條例規定請領月退休金者，得檢具勞保局出具之證明文件，於金融機構開立專戶，專供存入月退休金之用。

前項專戶內之存款，不得作為抵銷、扣押、供擔保或強制執行之標的。

雇主能請求員工預先拋棄部分退休金？

瑪莎於 78 年 5 月 23 日起，就在熊有限公司擔任業務部課長，至 101 年 8 月 10 日退休，工作年資 23 年 2 月 17 日。退休前 6 個月內每月工資 75,700 元，瑪莎之退休金基數為 38.5 個，退休金應為 2,882,423 元（75,700 元 X6 月 ÷182 日〔自 101 年 2 月 11 日起至 101 年 8 月 10 日止〕X30 日 X38.5 個基數）。但是在 101 年 8 月 10 日退休時，瑪莎與雇主簽屬同意書，內載「舊制退休應給基數 39.5」、「核准月薪 $45,500」、「其年資係按勞基法規定計算，另公司再多優惠 1 年的年資，其退休核准金額亦經雙方同意並達成共識」、「經雙方同意辦理退休後，如無重大過失，雇主保證繼續聘僱」、「以上條件係經雙方自願同意，如未違反約定，雙方均不得提出訴訟」。其後雇主依上述約定，給付退休金 1,797,250 元予瑪莎，瑪莎簽完同意書後，可以再請求雇主給付依照原始計算方式的退休金差額 1,085,173 元（計算式：2,882,423-1,797,250=1,085,173）嗎？

律師貼心話：

一、法院認為瑪莎是主動提出希望提前於 101 年 8 月 10 日退休，由雇主給付退休金 1,797,250 元之要求，經雇主同意，雇主顯然沒有有濫用經濟上的優勢地位去影響瑪莎的決定跟選擇，瑪莎是在有締約自由的情況下，自己決定簽署同意書，並無違反勞基法第 1 條第 2 項、第 55 條之情況。所以瑪莎應該受到同意書的拘束，不可以再依勞基法第 55 條的規定，請求雇主給付退休金的差額。

二、給雇主之建議：

雇主與勞工簽定變更退休金基數、核准月薪之同意書時，應該要有

171

證人在場作證，確保勞工簽定時是在有締約完全自由之情況下，以免將來勞工翻臉不認帳。

三、給勞工之建議：

　　勞工在與雇主簽定變更退休金基數、核准月薪之同意書時，應找其他勞工一起陪同前往，並且與於簽立同意書時需要仔細查看條款內容，必要時應該勇敢拒絕簽署。

臺灣高等法院 104 年度勞上字第 63 號民事判決摘錄：

主文：

上訴駁回。

第二審訴訟費用由上訴人（按：即勞工）王○石負擔百分之七十三，餘由上訴人周淑媚負擔。

理由（摘錄）：

……六關於周○媚請求給付退休金差額部分，得心證之理由：（一）周○媚主張：伊自 78 年 5 月 23 日起受僱於被上訴人，擔任業務部課長，迄 101 年 8 月 10 日退休，工作年資 23 年 2 月 17 日，退休前 6 個月內每月工資 75,700 元，被上訴人已付退休金 1,797,250 元等語，業據提出存摺、勞工退休金給付通知書為證（原審調解卷第 12 至 14、16 頁），並為被上訴人所不爭執，堪予信實。依前揭五之（一）所載各規定，周○媚之退休金基數為 38.5 個，退休金為 2,882,423 元【75,700 元 X6

月÷182日（自101年2月11日起至101年8月10日止）X30日 X38.5個基數】，扣除被上訴人已付1,797,250元，差額為1,085,173元。（二）被上訴人陳稱：101年8月9日王○石等已符合自請退休條件之員工同意辦理於101年8月10日自請退休及簽署系爭同意書，周○媚雖不符合自請退休條件，但因其夫王○石自請退休，乃要求伊同意其提前於101年8月10日退休，並適用同一退休金給付方式計算退休金，經伊同意，周○媚即簽署系爭同意書，內載「舊制退休應給基數39.5」、「核准月薪$45,500」、「其年資係按勞基法規定計算，另公司再多優惠1年的年資，其退休核准金額亦經雙方同意並達成共識」、「經雙方同意辦理退休後，如無重大過失，雇主保證繼續聘僱」、「以上條件係經雙方自願同意，如未違反約定，雙方均不得提出訴訟。」，其後伊依上開約定，給付退休金1,797,250元予周○媚完竣等語，業據提出**同意書為證**（原審勞訴卷第61頁）。又**證人許○證稱**：系爭會議召開當時，周○媚不符合自請退休條件，其夫王○石向社長要求讓周○媚提前退休，適用同一退休方案，經社長同意，周○媚即簽署系爭同意書，並感謝社長照顧等語（原審勞訴卷第127至129頁）。足見周○媚係主動提出其提前於101年8月10日退休，由被上訴人給付退休金1,797,250元之要約，經被上訴人同意，被上訴人顯未有濫用經濟上之優勢地位，影響周○媚決定及選擇可能之行為，周○媚係在有締約完全自由之情狀下，自主決定簽署系爭同意書，尚無違反勞動基準法第1條第2項、第55條之情事，則周○媚應受系爭同意書之拘束，不得再依勞動基準法第55條規定，請求被上訴人給付退休金差額。

相　關
法　條

勞動基準法第 1 條

為規定勞動條件最低標準，保障勞工權益，加強勞雇關係，促進社會與經濟發展，特制定本法；本法未規定者，適用其他法律之規定。

雇主與勞工所訂勞動條件，不得低於本法所定之最低標準。

勞動基準法第 55 條

勞工退休金之給與標準如下：

一、按其工作年資，每滿一年給與兩個基數。但超過十五年之工作年資，每滿一年給與一個基數，最高總數以四十五個基數為限。未滿半年者以半年計；滿半年者以一年計。

二、依第五十四條第一項第二款規定，強制退休之勞工，其身心障礙係因執行職務所致者，依前款規定加給百分之二十。

前項第一款退休金基數之標準，係指核准退休時一個月平均工資。第一項所定退休金，雇主應於勞工退休之日起三十日內給付，如無法一次發給時，得報經主管機關核定後，分期給付。

本法施行前，事業單位原定退休標準優於本法者，從其規定。

第三部

離職後的契約終止及職業災害

經濟性解僱

公司組織變更即可不經預告終止勞動契約？

　　阿明本來為科科公司的工程部專案經理，阿惠則是科科公司的工程部業務助理。然而科科公司於美國的總公司有鑑於工程部的特定業務 A 之業務量逐年下滑，因此下達指示要求台灣的科科公司將特定業務 A 部門分割。科科公司則藉此，依據勞基法第 11 條的第 4 款「因業務性質變更，有減少勞工之必要，又無適當工作可供安置」為由終止雙方的勞動契約。阿明和阿惠感到不服氣，認為特定業務 A 部門分割出去不等於業務性質變更，則阿明和阿惠的訴求是否有理由？

律師貼心話：

一、本件法院認為阿明和阿惠的主張有理由，法官依據公司的組織圖發現，公司組織儘管經過變更將 A 部門分割，但是其下的子部門仍然存在，只是分散至其他部門，無論結構如何變化，實際運作結果仍然相同。縱使 A 部門業務量逐年下滑，這也僅是業務量減少而非業務性質的變更，而

阿惠的行政職務內容，無論組織如何改變，其業務性質皆不會變更。因此法院確認阿明、阿惠與科科公司的勞動契約繼續存在。

二、給雇主之建議：

組織結構的調整，並非當然造成業務本質的變動，其尚須按照經驗法則及論理法則，參考工商業發展與勞動市場之條件與變化，企業經營決策與人員管理方式，及實際運作之狀況等綜合考量下，才得視是否構成勞基法第 11 條第 4 款之規定。

三、給勞工之建議：

勞工在面對雇主聲稱依據勞基法第 11 條第 4 款，業務性質變更而終止勞動契約時，得向雇主要求其提供適當工作以安置之，而不得對勞工任意終止勞動契約。

臺灣高等法院 105 年度重勞上字第 35 號民事判決摘錄：

主文：

上訴駁回。

第二審訴訟費用由上訴人（按：即雇主）負擔。

理由（摘錄）：

……（二）關於上訴人以勞基法第 11 條第 4 款為由，終止兩造間之勞動契約，是否合法之部分：

經濟性解僱

懲戒性解僱

合意終止

競業禁止

時效

1.按雇主非有業務性質變更,有減少勞工之必要,又無適當工作可供安置時,不得預告勞工終止勞動契約,勞基法第 11 條第 4 款定有明文。所謂業務性質變更,除重在雇主對於全部或一部分之部門原有業務種類(質)之變動外,最主要尚涉及組織經營結構之調整,舉凡業務項目、產品或技術之變更、組織民營化、法令適用、機關監督、經營決策、預算編列等變更均屬之(最高法院 98 年度台上字第 652 號判決參照)。故**「業務性質變更」之範圍雖廣,非侷限於變更章程所定之事業項目或從登記之事業範圍中之一項改變,惟仍應本於經驗法則及論理法則,參考工商業發展與勞動市場之條件與變化,企業經營決策與人員管理方式,及實際運作之狀況等綜合考量。**

……上訴人復辯稱其將所屬 8 個部門調整為 7 個部門,已無林〇明原服務之工程部,核屬業務性質變更云云。惟上訴人於資遣被上訴人後,依其公司組織圖所示,林〇明所屬工程部之子部門即專案部門依然存在(見原審卷(一)第 72 頁),縱上訴人於 105 年 4 月再次變更組織,內部雖就 8 個部門調整為 7 個部門,惟原屬工程部轄下之 4 個子部門僅係分散至「全廠維護部」(機電工程、設備可靠性暨原料倉庫管理)、「研究發展暨技術部」(資本投資精算)、「環保衛生安全部」(合約工管理),亦有該次變更後之組織圖可按(見原審卷(一)第 297 頁),參以上訴人於資遣被上訴人前後,**無論內部組織結構如何分合,實際運作結果,所屬各部門轄下子部門總數均維持相同之 23 個,且其業務項目亦未改變,仍繼續生產二氧化鈦,已如前述(見前述 3.),**

堪認被上訴人主張上訴人於資遣伊等 2 人時，**其營業項目、生產產品、組織結構並未進行實質調整，致有業務性質變更情形等情，尚非無據。**……，惟縱屬實，僅屬林○明所屬部門業務量是否減少而已，仍難認符合勞基法第 11 條第 4 款「業務性質變更」之規定。

……5. 上訴人另抗辯朱○慧之工作主要在支援工程部，工程部之組織改造後，朱○慧職位即無須存在云云，……林○明**所司行政職務無論在公司內部單位合併或裁撤，甚或人員縮編時，其業務性質均無變更，**上訴人仍有祕書職缺及應為事務，是則上訴人以勞基法第 11 條第 4 款業務性質變更為由終止與朱○慧之勞動契約，於法亦有未合。

相　關
法　條

勞動基準法第 11 條
非有左列情事之一者，雇主不得預告勞工終止勞動契約：
一、歇業或轉讓時。
二、虧損或業務緊縮時。
三、不可抗力暫停工作在一個月以上時。
四、業務性質變更，有減少勞工之必要，又無適當工作可供安置時。
五、勞工對於所擔任之工作確不能勝任時。

雇主可否以景氣不佳、營收減少為由資遣勞工？

小敏於 92 年 11 月起任職於松松公司，在松松公司汽車電子開發部門擔任電子地圖開發之職務。小敏曾於 97 年 8 月起至 98 年 2 月止，向松松公司申請育嬰假獲准，並於 98 年 3 月回到松松公司上班。然松松公司卻於 98 年 3 月 9 日因受景氣影響，近 5 年之公司營業額及員工人數均呈現逐年下降之情況為由，通知小敏於 98 年 3 月 31 日終止勞動契約。小敏認松松公司乃違法資遣，遂向法院請求確認兩造間之僱傭關係存在，小敏的主張有道理嗎？

律師貼心話：

一、舉證方法：

有關勞基法第 11 條第 2 款之「虧損或業務緊縮」及其「應具備最後手段性」之要件部分，應由雇主就虧損或業務緊縮等事實之存在，負舉證之責。如雇主不能證明，則應認雇主之終止勞動契約不生效力（臺灣臺北地方法院 96 年度勞訴字第 14 號民事判決意旨參照）。本件雇主提出自 93 年度至 97 年度即近 5 年之損益計算表、勞工保險局保險費繳費單之計費清單、在籍人數統計表等，以舉證其業務緊縮之狀態已持續一段時間，且無其他方法可資使用，並符合最後手段性。

至於兩造是否有合意終止勞動契約部分，法院則係由勞工提出其與雇主公司開發中心課長、人事經理間之離職座談會錄音譯文、雇主提出勞工所簽立之「松松公司徵詢函」影本，及雙方所提出勞工離職前與雇主公司人事部門懇談時所填載之「員工懇談書」影本，查知雙方是否有合意終止契約之意思。

二、本件中法院審酌雇主公司於 98 年 3 月資遣勞工時，其近 5 年之營收及生產能量均有下降之情形，且其業務規模、範圍及員工人數亦已減縮，甚至勞工任職之關連部門（AS 汽車電子）亦已發生虧損，認定雇主業務緊縮之狀態已持續一段時間，是其資遣勞工無違最後手段性原則，雇主已依勞動基準法第 11 條第 2 款、性別工作平等法第 17 條第 1 項第 1 款合法終止勞動契約。

三、退步言，縱無前述合法終止情況，法院由前開離職座談會錄音譯文、松松公司徵詢函、員工懇談書中，以雙方往返之內容加以判斷，認勞工已同意雇主以資遣之方式終止兩造間之勞動契約，即兩造乃合意終止勞動契約，自已發生終止之效力。

臺灣高等法院 99 年度勞上字第 18 號民事判決摘錄：

主文：

上訴駁回。

第二審訴訟費用由上訴人（按：即勞工）負擔。

理由（摘錄）：

【按：以下為勞動基準法第 11 條第 2 款之合法終止事由部分】

……四、上訴人主張：被上訴人公司並無業務緊縮之情形，嗣於 98 年 3 月 31 日終止兩造間之勞動契約，違反勞動基準法第 11 條第 2 款之

規定，應不生效力等語，為被上訴人所否認，並以前揭情詞置辯。經查：

（一）按勞動基準法第 11 條第 2 款規定雇主因業務減縮時可經預告終止勞動契約，係企業經營因景氣下降、市場環境變化等情事而須緊縮業務，以致產生多餘人力，雇主為求經營之合理化必須解僱勞工時，得以業務緊縮為由終止勞動契約。基於憲法第 15 條工作權應予保障之規定，雇主資遣勞工時，既涉及勞工工作權行將喪失之問題，法律上自可要求雇主於可期待範圍內，捨資遣而採用對勞工權益影響較輕之措施，且勞重基準法第 11 條對雇主終止勞動契約之事由採取列舉之立法目的，以限制雇主解僱權限，及民法第 148 條第 2 項所規定行使權利履行義務，應依誠實及信用方法，若當事人之一方行使其原所擁有之權利，已明顯偏離法律規定原先所預期之利益狀態，逾越法律所定該權利之目的時，法律即應否定該權利之行使。是以應認**雇主依勞動基準法第 11 條第 2 款規定以虧損或業務緊縮為由終止勞動契約，應具備最後手段性之要件，即必須雇主業務緊縮或虧損之狀態已持續一段時間，且無其他方法可資使用，雇主為因應景氣下降或市場環境變化，方可以虧損或業務緊縮為由終止勞動契約。**

（二）經查，○○ Taiwan 集團（包括被上訴人公司、台○電器販賣股份有限公司、廈門建○電器有限公司），近五年全集團營業額自 93 年度（計算期間為當年度 4 月 1 日至翌年 3 月 31 日）之 32,817 百萬元，至 97 年度之營業額下降至 27,509 百萬元，而全集團汽車電子部門之營業額自 93 年度之 5,705 百萬元，降至 97 年度之 2,607 百萬元；另全

經濟性解僱

懲戒性解僱

合意終止

競業禁止

時效

集團之員工人數亦自 94 年 3 月之 2,517 人，逐年下降，迄於 98 年 3 月底已減少為 1,642 人。而被上訴人公司近五年之營業額亦呈現逐年下降之情形，93 年度之營業額為 22,155 百萬元，94 年度降為 20,786 百萬元，95 年度續降為 18,040 百萬元，96 年度再降為 17,216 百萬元，97 年度則繼續降為 16,074 百萬元；被上訴人公司之員工人數亦自 94 年 3 月之 2,242 人逐年下降，95 年 3 月為 1,889 人，96 年 3 月為 1,619 人，97 年 3 月為 1,551 人，迄於 98 年 3 月已減少為 1,350 人等情，有被上訴人公司 93 年度至 97 年度之損益計算表、勞工保險局保險費繳費單之計費清單附卷可稽（見原審勞訴字卷第 36 至 50 頁）。其次，上訴人所任職地圖業務之關連部門（AS 汽車電子）於 94 年度之營業額為 5,865 百萬元，95 年度之營業額則降為 4,728 百萬元，96 年度再降為 4,451 百萬元，97 年度則降為 1,955 百萬元；97 會計年度之稅後損益為負 1 億 1,213 萬 6,668 元；該部門員工人數亦從 94 年 3 月之 402 人逐年下降，95 年 3 月為 383 人，96 年 3 月為 277 人，97 年 3 月為 224 人，迄於 98 年 3 月已減少為 150 人，而上訴人任職之 R & D 部門員工人數則自 94 年 3 月之 63 人，至 98 年 3 月份已降為 50 人等情，有被上訴人任職部門 93 年度至 97 年度之損益計算表、在籍人數統計表在卷可參（見原審勞訴字卷第 51 至 65 頁），足見**被上訴人公司於 98 年 3 月資遣上訴人時，除公司營收及生產能量均有下降之情形外，業務規模、範圍及員工人數亦已減縮，甚且，上訴人任職關連部門（AS 汽車電子）並已發生虧損之情形**，則被上訴人辯稱其公司營業額、員工人數逐年減少，致該公司業務確有緊縮之情形，且此並非一時之情

形，而係長期之趨勢等語，信而有徵，堪予採取。

……又按性別工作平等法第 17 條第 1 項第 1 款規定：「**前條受僱者於育嬰留職停薪期滿後，申請復職時，除有下列情形之一，**並經主管機關同意者外，雇主不得拒絕：一、歇業、虧損或**業務緊縮**者…」，上訴人雖為育嬰假期滿之員工，惟被上訴人有業務緊縮之情形，仍得終止兩造間之勞動契約，是上訴人主張被上訴人終止勞動契約欠缺少會正當性，要難採取。

（六）綜上所述，被上訴人之業務確有減縮之情形，其資遣上訴人無違最後手段性原則，是上訴人主張被上訴人無業務緊縮，且有違反解僱最後手段性原則之情事云云，自無足取，被上訴人之抗辯尚屬可採。是被上訴人依勞動基準法第 11 條第 2 款規定對上訴人預告於 98 年 3 月 31 日終止雙方勞動契約，尚無不法之處。

【按：以下為兩造合意終止勞動契約部分】

五、按當事人互相表示意思一致者，無論其為明示或默示，契約即為成立，民法第 153 條第 1 項定有明文。又依現行法規，並無明文禁止勞雇雙方以資遣之方式合意終止勞動契約，而**雇主初雖基於一方終止權之發動，片面表示終止勞動契約資遣勞方，但嗣後倘經雙方達成共識，就該終止勞動契約之方式，意思表示趨於一致時，可認為雙方合意終止勞動契約（按：最高法院 95 年度台上字第 889 號判決要旨可資參照）**。上訴人主張被上訴人係以勞動基準法第 11 條第 2 款之事由，

第三部
離職後的契約終止及職業災害

經濟性解僱

懲戒性解僱

合意終止

競業禁止

時效

單方面終止與上訴人之勞動契約，伊並無任何同意之行為云云，雖據提出其與被上訴人公司開發中心課長陳〇誠、人事經理楊〇慧間之離職座談會錄音譯文為證（見原審勞訴字卷第 75 至 78 頁），惟為被上訴人所否認，並以前開情詞置辯，經查：

……（三）經查：**原告雖提出其與被告公司開發中心課長陳〇誠、人事經理楊〇慧間之離職座談會錄音譯文**（原證 4；見本院卷第 75 至 78 頁），以證明被告公司並未有因虧損而業務緊縮、裁減員工之情事。惟依該錄音譯文內容，原告曾向被告公司表示：「經理，希望在 4 月 31 日拿到錢，不要再拖了，不然我還到公司來一趟嗎，是領支票嗎？」（按上開譯文中所載之「員工」即原告本人，業經原告陳明在卷；見本院卷第 111 頁反面）。另依被告所提，**原告於 98 年 3 月 19 日所簽立之「台灣松下電器（股）公司徵詢函」影本**（見本院卷第 102 頁），原告就被告公司依該函所詢「是否願意擔任外籍勞工所從事之工作」一事，勾選「不願意調派至任何單位擔任外籍勞工所從事之工作，將依勞動基準法第 11 條辦理終止勞動契約」，並簽名於其上。再依**兩造所提出**，原告離職前與被告公司人事部門懇談時，所填載之「員工懇談書」影本（按原告所提「原證 5」為尚未填載完成之書面，見本院卷第 106 頁、第 111 頁反面；被告所提「被證 10」則為已填載完成之書面，見本院卷第 119 頁），其上「原因」一欄記載：「地圖室工作變革，原擔任數位化管理將轉為外注，工作需調整成機種開發之技術擔當」，「員工意見」一欄記載：「因公司組織變革，故不得不配合

公司規定」，並經原告簽章，「懇談紀錄、綜合評語」一欄記載：「配合公司變革：地圖體制變革，數化人力縮減，懇請公司以最優惠的方式處理」並經面談幹部陳○誠蓋印，及記載面談日期為98年3月19日。

是本件雖係由被告以其公司業務緊縮為由，依勞動基準法第11條第2款通知原告終止兩造間之勞動契約，惟原告於上開離職座談中，已表明希望於98年4月底前領到資遣費；於98年3月19日與被告公司懇談時，亦表示配合被告公司規定，且於上開「台灣松○電器（股）公司徵詢函」勾選「不願意調派至任何單位擔任外籍勞工所從事之工作，將依勞動基準法第11條辦理終止勞動契約」。而依上開原告所提離職座談會錄音譯文內容，原告就上開「台灣松○電器（股）公司徵詢函」曾表示：「因為外籍勞工，我又不是外籍勞工，問我要不要 ... 要，也要寫是本籍勞工。因為我們公司有牽涉到外籍勞工的申請，吸收不到本國勞工才可申請外籍勞工，因為通常看到這張才不願意的，才算是非自願的，你看到這張有寫說：為保障本國勞工的權益 ... 等」等語（見本院卷第76頁），然其仍願勾選簽署上開「台灣松○電器（股）公司徵詢函」交被告公司收執，足認原告已同意被告以資遣之方式終止兩造間之勞動契約。因此，本件被告初雖基於其一方終止權之發動，片面表示終止勞動契約資遣原告，但嗣後經兩造溝通、協調結果，原告亦已表示同意，即兩造乃合意終止勞動契約，自發生終止之效力。

老闆何時才可以「不能勝任」為理由開除員工呢？

　　小黃於 78 年起任職於毛毛公司，惟於 102 年 3 月 19 日突然接獲毛毛公司持資遣單通知小黃，以小黃於 101 年 10 月擔任旗下好康超市業務之負責人後，有能力不足或溝通不良等情事，致好康超市於 101 年 12 月、102 年 1 月清潔用品旺季檔期之營業額，由 101 年度之 40 餘萬元因好康超市退貨而降至負數。認為小黃對於所擔任工作確不能勝任為理由，告知小黃自 102 年 4 月 30 日起終止雙方間之勞動契約。小黃認毛毛公司乃違法資遣，遂向法院請求確認兩造間之僱傭關係存在。小黃的主張有道理嗎？

律師貼心話：

一、舉證方法：有關勞基法第 11 條第 5 款之「不能勝任」及其應具備「解僱最後手段性原則」要件，應由雇主就「勞工無法達成雇主透過勞動契約所欲達成客觀合理之經濟目的」負舉證責任，包含勞工**客觀上**之工作能力、身心狀況、學識品行等，及**主觀上**雇主是否有通知改善後勞工仍拒絕改善情形。或勞工已直接告知雇主不能勝任工作，或故意怠忽工作，或故意違背忠誠履行勞務給付之義務等情形，綜合判斷之。

二、本件中，法院認為：（1）縱使勞工在工作表現上有所缺失，但雇主既未曾給予改善之通知或機會，逕以「不能勝任工作」事由，終止勞動契約，不符合解僱最後手段性之要求。此外，（2）復以雇主所提出勞工之 101 年 11 月至 102 年 4 月之薪資明細與勞工所提出之平均薪資計算表互核對照，勞工於這段期間仍領取與過往金額相當之業務獎金，並參酌（3）證人即好康超市之採購人員之證詞，認定好康超市營業帳面呈

現負數情形，係肇因於好康超市於 101 年 12 月間尚在與雇主談年度合作，所以好康超市未進貨，又 102 年 1 月有退貨要處理，所以進貨金額變成「負」。據此，尚難推論勞工有何工作能力不足情事。故雇主依勞基法第 11 條第 5 款規定終止勞動契約，並無理由，進而認定兩造間勞動契約關係仍屬存在。

三、承前所述，兩造間勞動契約關係既尚存在，且勞工自 102 年 4 月 30 日連續 3 天欲進入雇主公司遭拒，亦未為雇主否認，可認勞工於雇主片面終止勞動契約之 102 年 4 月 30 日後，仍欲提供勞務，爰依民法第 487 條前段，雇主拒絕受領而為受領遲延，勞工自無補服勞務之義務，復查無勞工在此段期間至他處服勞務，應扣除利益之情事，則雇主仍應按月給付自 102 年 5 月 1 日起至復職之日薪資予勞工。

最高法院 104 年度台上字第 1710 號民事裁定摘錄：

主文：

上訴駁回。

第三審訴訟費用由上訴人（按：即雇主）負擔。

理由（摘錄）：

……**上訴人雖以被上訴人不能勝任工作，終止兩造僱傭關係，惟所舉證據均不足以證明被上訴人因能力不足或怠惰致不能勝任工作，且未**

積極督促其改善即遽予解僱，有違「解僱最後手段性原則」。上訴人
依勞動基準法第十一條第五款規定終止勞動契約，尚屬無據，**被上訴
人主張兩造間勞動契約關係仍屬存在，即屬可採**……。

臺灣高等法院 103 年度重勞上字第 8 號民事判決摘錄：

主文：

原判決廢棄。

確認上訴人（按：即勞工）與被上訴人間之僱傭關係存在。

被上訴人應自民國一〇二年五月一日起至上訴人復職之日止，按月給
付上訴人新臺幣柒萬陸仟佰捌拾元。

本判決第三項所命給付，上訴人就已到期部分，各月以新臺幣貳萬伍
仟元供擔保後得假執行；但被上訴人如各以新臺幣柒萬陸仟佰捌拾元
為上訴人預供擔保，得免為假執行。

第一、二審訴訟費用由被上訴人負擔。

理由（摘錄）：

……（一）、系勞動契約是否合法終止部分。

1、按勞工對於所擔任之工作確不能勝任時，雇主得預告勞工終止勞

動契約，觀諸勞動基準法第 11 條第 5 款規定至明。按雇主得否以勞工**對於所擔任之工作確不能勝任為由，依勞動基準法第 11 條第 5 款規定，預告終止與勞工間之勞動契約，應就勞工之工作能力、身心狀況、學識品行等積極客觀方面；及其主觀上是否有「能為而不為」，「可以做而無意願」之消極不作為情形，為綜合之考量**，方符勞動基準法在於「保障勞工權益，加強勞雇關係，促進社會與經濟發展」之立法本旨（最高法院 98 年度臺上字第 1198 號判決意旨、95 年度臺上字第 916 號判決意旨參照）。次按勞動基準法第 11 條第 5 款規定勞工對於所擔任之工作確不能勝任時，雇主得預告勞工終止勞動契約。揆其立法意旨，重在**勞工提供之勞務，如無法達成雇主透過勞動契約所欲達成客觀合理之經濟目的，雇主得解僱勞工。其原因固包括勞工客觀行為及主觀意志，舉凡勞工客觀上之能力、學識、品行及主觀上違反忠誠履行勞務給付義務均應涵攝在內，惟仍須雇主於其使用勞基法所賦予之各種手段，仍無法改善之情況下，始得終止勞動契約，庶符「解僱最後手段性原則」**（最高法院 101 年度臺上字第 1546 號判決、100 年度臺上字第 800 號判決、98 年度臺上字第 1088 號判決意旨參照）。再按雇主必於其使用勞動基準法所賦予保護雇主之各種手段後，仍無法改善情況下，始得終止勞動契約，此乃解僱最後手段性原則。故勞工主觀上是否有怠忽所擔任之工作，致不能完成，或有違反勞工應忠誠履行勞務給付之義務等不能勝任工作情形時，仍應兼顧此解僱最後手段性原則，故於**判斷勞工是否有此主觀事由，即應就雇主是否有通知改善後勞工仍拒絕改善情形，或勞工已直接告知雇主不能勝任工作，**

第三部
離職後的契約終止及職業災害

經濟性解僱

懲戒性解僱

合意終止

競業禁止

時效

或故意怠忽工作，或故意違背忠誠履行勞務給付之義務等情形，綜合判斷之，以昭公允。至工作上偶爾疏忽，乃人情之常，⋯尚難僅因雇主主觀上片面認定勞工工作偶有疏忽，或工作品質比工作同仁低落，遽認不能勝任工作而准雇主終止勞動契約（最高法院95年度臺上391號判決意旨參照）。⋯⋯

3、再者，上訴人縱有被上訴人所辯稱之系爭楓○超市事件⋯惟被上訴人「在做出以不能勝任工作為由資遣上訴人黃○燿之決定前，並未先向上訴人黃○燿提出過應令其注意或改進之事項或通知」等情，業經證人即被上訴人公司副總經理陳逸弘證述明確（原審卷第82頁反面），職是之故，揆諸上開1之說明，**縱使上訴人在工作表現上有所缺失，被上訴人公司既未曾給予改善之通知或機會，嗣遽以「不能勝任工作」事由，終止系爭僱傭契約，因不符合解僱最後手段性之要求**而與勞動基準法第11條第5款規定不合而無理由。況：

⋯⋯被上訴人主張因上訴人於101年12月初與楓○超市溝通不良，導致楓○超市之業績下滑云云，惟查縱或如被上訴人所稱楓○超市於101年12月及102年1月營業帳面上呈現負數現象一事，惟依被上訴人所提出上訴人之101年11月至102年4月之薪資明細，上訴人之102年2月領月該月薪6萬1,500元及102年1月業績獎金1萬3,000元，有明細在卷可考（本院二卷第103頁），核與上訴人所提出之平均薪資計算表相符（原審卷第34頁），自堪信為真實。則在**被上訴人所辯稱之楓○超市之101年12月及102年1月營業帳面呈現負數情形，上**

訴人猶得領取 102 年 1 月之業績將獎金 1 萬 3,000 元，顯見上訴人除該事件外，在其他業務方面，自非被上訴人所指稱上訴人有不能勝任工作情事，況上訴人所領取之 102 年 1 月業績獎金除與 102 年 2 月之業績獎金（於 102 年 3 月領取之工作獎金）1 萬 3,000 元相同外，核與 101 年 11 月領取之工作獎金（101 年 9 月業績獎金）1 萬 5,000 元相去不多（本院二卷第 103 頁、原審卷第 34 頁），**益證被上訴人辯稱上訴人有不能勝任工作情事，洵屬無據**。再者，上訴人之績效或有未如其他業務員工之績效，惟被上訴人既未據為認定上訴人有不能勝任工作情事，被上訴人辯稱台中分公司業績較台北、高雄分公司為優，惟上訴人貢獻甚少云云，核不生影響於上開認定，附此敘明。

又於 101 年 12 月間因與被上訴人談年度合作，所以楓○超市未進貨，102 年 1 月有退貨要處理，所以進貨金額變成「負」等情，已據證人即楓○超市之採購人員鍾○江結證在卷（本院一卷第 111 頁反面），則楓○超市於 101 年 12 月及 102 年 1 月營業帳面上呈現負數現象，既是出自上開證人鍾○江所述原因，自不得據以推論上訴人有何工作能力不足情事。綜之，被上訴人辯稱楓○超市事件中可認上訴人有能力不足或溝通不良情事，即難採信。

（二）、上訴人請求自 102 年 5 月 1 日起至伊復職之日止按月給付上訴人 7 萬 6,383 元，是否有理由？

1、按僱用人受領勞務遲延者，受僱人無補服勞務之義務，仍得請求

報酬，民法第 487 條前段定有明文。又**債權人於受領遲延後，需再表示受領之意，或為受領給付作必要之協力，催告債務人給付時，其受領遲延之狀態始得認為終了，在此之前，債務人無須補服勞務之義務，仍得請求報酬**（最高法院 96 年台上字第 2630 號民事判決要旨參照）。

2、查被上訴人以 102 年 3 月 19 日資遣通知兩造間僱傭關係於 102 年 4 月 30 日終止，顯見其自 102 年 4 月 30 日即拒絕受領上訴人提供勞務之意。再者，**上訴人主張自 102 年 4 月 30 日連續 3 天欲進入被上訴人公司遭拒，亦未為被上訴人否認。**可認上訴人於被上訴人片面終止勞動契約之 102 年 4 月 30 日後，仍欲提供勞務，惟**上訴人拒絕受領而為受領遲延，揆諸上開法條規定與說明，上訴人自無補服勞務之義務，復查無上訴人在此段期間至他處服勞務，應扣除利益之情事**，揆諸上揭說明，**被上訴人仍應給付薪資予上訴人。**

上班不小心犯錯，老闆可以資遣你嗎？

　　汪小偉自 102 年 3 月 7 日起受僱於台台證券股份有限公司，擔任管理部副理，職掌督導及人事管理。於 104 年 4 月 13 日，台台證券公司突然以汪小偉在工作時有諸多疏失，不能勝任工作為理由，終止勞動契約。台台證券公司這麼做合法嗎？

律師貼心話：

一、法院認為汪小偉在工作時，確實有許多工作上疏失，例如：未依法向經濟部變更登記導致公司被處以罰鍰、傳送錯誤照片導致分公司設立延誤。但即便如此，汪小偉平時如有不能勝任工作的情形，公司應該立即與汪小偉具體進行溝通討論，並限期改進。

二、汪小偉於 103 年的工作績效為 71 分，考績乙等，總經理考評內容為「凡事要獨立思考，主動出擊，非一推而天下平，如何做得更好，才是工作重點」。但汪小偉是在考核後不久後的 104 年 2 月 13 日被通知資遣，公司並沒有給汪小偉相對應的改善期間，直接以汪小偉不能勝任工作為理由，終止雙方的勞動契約，不符合「解僱最後手段性原則」。所以，汪小偉與公司間的僱傭關係仍然存在喔！

臺灣臺北地方法院 104 年度重勞訴字第 26 號民事判決摘錄：

主文：

確認原告（按：即勞工）與被告間僱傭關係存在。

被告應自民國一百零四年三月一日起至原告復職之日止，按月於次月五日給付原告新臺幣伍萬肆仟捌佰元。

訴訟費用由被告負擔。

本判決第二項所命被告各期應為給付，於原告每期以新臺幣壹萬捌仟元供擔保後得假執行；惟如被告每期以新臺幣伍萬肆仟捌佰元為原告預供擔保，得免為假執行。

理由（摘錄）：

……系爭人事管理規則及員工考核辦法既規定被告得對員工為平時考核及年度考核，並進而為相應之獎懲，則原告平時如有不能勝任工作情事，**被告即應與原告就各項考核具體內容進行溝通討論，並限期改進，亦即原告於接受考核後如考核結果欠佳，被告應賦予其於一定期限內改進之機會**，或依員工管理規則第 55 條為懲處處分，年度考核亦應與以工作表現相等之等第。

……被告於 103 年 12 月間評列原告 103 年度工作績效為 71 分，考績乙等，總經理考評為「凡事要獨立思考，主動出擊，非一推而天下平，如何做得更好，才是工作重點」等語，有 103 年年度考核表在卷可稽

別讓勞資爭議損害你的權益

（見卷第 97 頁），此固可認被告認為原告擔任主管仍有需改進之處，但本件被告係於考核後未久之 104 年 2 月 13 日通知原告於同年 3 月 1 日資遣，顯見**被告並未給與原告相對應之改善期間，其逕以原告不能勝任工作為由，終止兩造勞動契約，自難謂符合解僱最後手段性原則。**

……是由前述可知，原告並無不能勝任工作情事，縱有，被告逕自資遣亦不符合本件最後手段性原則，被告以勞基法第 11 條第 5 款規定終止兩造間僱傭契約，為不合法，不生終止之效力，**兩造間僱傭關係仍然存在，應堪認定。**

相　關　**勞動基準法第 11 條**
法　　條　非有左列情事之一者，雇主不得預告勞工終止勞動契約：
一、歇業或轉讓時。
二、虧損或業務緊縮時。
三、不可抗力暫停工作在一個月以上時。
四、業務性質變更，有減少勞工之必要，又無適當工作可供安置時。
五、勞工對於所擔任之工作確不能勝任時。

196

公司為降低虧損而裁撤我的工作部門，以此資遣我，請問合法嗎？

　　文文在「熊熊公司」辛苦工作了將近三十年，一路從基層員工打拚到如今的部門高階主管。某日，董事長突然告知文文，熊熊公司業績近年來虧損嚴重，為了長久經營，決定將文文工作的部門裁撤，文文也因此被資遣。請問熊熊公司的行為合法嗎？

律師貼心話：

一、勞基法第 11 條第 2 款的適用，必須虧損的情形已經持續一段時間，不能公司一出現虧損就以該條款資遣員工。本件法院以財政部臺灣省北區國稅局新竹縣分局所檢送熊熊公司的「營業人銷售額與稅額申報書」觀察，發現熊熊公司之營業銷售額並無逐月降低趨勢。另外，法院參考了財政部北區國稅局檢送之營利事業所得稅結算申報書損益表、資產負債表，發現熊熊公司並沒有虧損的問題，自不能依上開條款終止勞動契約。

　　其次，是資遣文文是否合乎該條款的「最後手段性」。法院認為文文工作年資長，已將屆退休年齡，且資歷甚為完整，並非適合優先解僱之人，但熊熊公司完全未考慮上述條件，恣意解僱文文，其解僱行為自屬違法。

二、給雇主之建議：

　　在事業經營上如果出現困難，而必須透過裁撤部門或資遣員工來維持經營時，必須確定虧損情形已維持一段時間，可以透過所得稅結算申

197

報書損益表、資產負債表等資料呈現，再以勞基法第 11 條第 2 款資遣員工，以避免可能出現的爭議。

三、給勞工之建議：

當被雇主以上開條款資遣時，必須收集自己在受雇期間的年資、資歷等資料，證明自己的條件，不應該在被資遣之列，否則將有違誠信原則及該條款的「最後手段性」。

臺灣新竹地方法院 98 年度勞訴字第 14 號民事判決摘錄：

主文：

確認原告（按：即勞工）與被告間僱傭契約關係存在。

被告應給付原告新臺幣捌仟零肆拾陸元，及其中新臺幣貳仟陸佰肆拾元自民國九十八年一月六日起，其餘新臺幣伍仟肆佰零陸元自民國九十八年二月二十一日起，均至清償日止，按年息百分之五計算之利息。

被告應自民國九十八年一月一日起至原告復職之日止，按月於每月五日給付原告新臺幣肆萬玖仟貳佰參拾肆元。

原告其餘之訴駁回。

訴訟費用由被告負擔百分之九十五，餘由原告負擔。

理由（摘錄）：

……（二）被告以勞動基準法第 11 條第 2 款「雇主虧損或業務緊縮」事由將原告解僱，為不合法：1、按勞動基準法第 11 條第 2 款規定雇主因業務減縮時可經預告終止勞動契約，係企業經營因景氣下降、市場環境變化等情事而須緊縮業務，以致產生多餘人力，雇主為求經營之合理化必須解僱勞工時，得以業務緊縮為由終止勞動契約。基於憲法第 15 條工作權應予保障之規定，雇主資遣勞工時，既涉及勞工工作權行將喪失之問題，法律上自可要求雇主於可期待範圍內，捨資遣而採用對勞工權益影響較輕之措施，且勞動基準法第 11 條對雇主終止勞動契約之事由採取列舉之立法目的，以限制雇主解僱權限，及民法第 148 條第 2 項所規定行使權利履行義務，應依誠實及信用方法，若當事人之一方行使其原所擁有之權利，已明顯偏離法律規定原先所預期之利益狀態，逾越法律所定該權利之目的時，法律即應否定該權利之行使。是以應認雇主依勞動基準法第 11 條第 2 款規定以虧損或業務緊縮為由終止勞動契約，應具備最後手段性之要件，即必須雇主業務緊縮或虧損之狀態已持續一段時間，且無其他方法可資使用，雇主為因應景氣下降或市場環境變化，方可以虧損或業務緊縮為由終止勞動契約。2、經查，被告抗辯其公司 97 年 11 月營業額驟減至 2,500 萬元，且此後各月均呈現營運負成長走勢，有虧損及業務緊縮情事云云，固據提出被告公司 97 年 8 月至 98 年 3 月之營業額及機車銷售量表為證（見卷一第 72 頁）。惟姑不論上開文書乃被告片面所製作之文書，且

為原告所堅決否認，已難遽信；且所謂虧損，係指雇主之營業收益不敷企業經營成本，致未能因營業而獲利，且虧損之狀態已持續一段期間，無其他方法可資運用，始可以虧損為終止勞動契約之最後手段。而被告所提出之前揭營業額及銷售量表，本不足以反映被告公司營業收益與經營成本間之關係，且企業營運本有淡、旺季之分，是單月或單季之營業額、銷售量減少，亦不能遽認被告即有虧損或業務緊縮情形。再者，被告公司於 97 年 1、2 月營業銷售額為 96,789,781 元、97 年 3、4 月營業銷售額為 100,506,357 元、97 年 5、6 月營業銷售額為 95,641,086 元、97 年 7、8 月營業銷售額為 103,946,741 元、97 年 9、10 月營業銷售額為 105,788,245 元、97 年 11、12 月營業銷售額為 73,594,319 元，有財政部臺灣省北區國稅局新竹縣分局所檢送之被告公司營業人銷售額與稅額申報書附卷可稽（見卷二第 33 至 40 頁），固顯示被告於 97 年年底營業銷售額確有減少，唯以全年度觀之，並無逐月降低趨勢。參以被告公司 96 年度之營業毛利為 92,530,963 元、營業淨利為 32,566,042 元；而 97 年度營業毛利仍有 89,787,136 元、營業淨利亦達 26,979,366 元；另其公司實收資本為 50,000,000 元，而 97 年度淨值總額則高達 260,092,139 元，此有財政部北區國稅局檢送之營利事業所得稅結算申報書損益表、資產負債表份在卷可參（見卷三第 8 至 11 頁），被告亦不否認其公司 98 年股東仍有分配盈餘（見卷三第 52 頁反面），則被告辯稱其係因業務減縮及虧損而終止系爭勞動契約，顯非有據。再參以被告公司於 97 年 1 月至 12 月全年無人非自願離職，98 年 1 月僅原告 1 人非自願離職，98 年 3 月雖有 13 人非自願離職而

退保，惟全部均為外籍勞工（另有本籍勞工 1 名為適用不合格資遣），有被告所提之加退保人數表及被保險人加退保基本資料影本在卷可按（見卷一第 149 至 160 頁），而原告自 78 年 6 月起即受僱於被告，歷任助理工程師、製造課課長、品管課課長、研發課課長、開發課課長、資材課課長、業務課課長、管理部副理、業務部副理、生產部助理等職，已如前述，則以原告之工作年資長、已將屆退休年齡，且資歷甚為完整等情考量，亦非符合優先解僱之列，惟被告全未考慮上述條件，恣意解僱原告，實已違反社會正當性及誠信原則，其解僱行為應非合法。至於被告又辯稱其公司自 97 年 12 月迄至 98 年 5 月，已連續虧損長達 6 個月，自可行終止契約云云，並提出損益表為證（見卷二第 185 頁）。惟被告於 97 年 12 月 20 日已資遣原告，是其所提 98 年 1 月以後之營業虧損，自不應列入審酌因素，附此敘明。

相關
法條

勞動基準法 第 11 條

非有左列情事之一者，雇主不得預告勞工終止勞動契約：

一、歇業或轉讓時。

二、虧損或業務緊縮時。

三、不可抗力暫停工作在一個月以上時。

四、業務性質變更，有減少勞工之必要，又無適當工作可供安置時。

五、勞工對於所擔任之工作確不能勝任時。

經濟性解僱

懲戒性解僱

合意終止

競業禁止

時效

女人懷孕了就不能繼續工作嗎？

　　琳琳於 101 年 10 月 15 日起受僱於勝利股份有限公司，職稱為北區業務人員。而琳琳於 103 年 3 月 30 日因妊娠 20 週合併早產現象，經醫師診斷應臥床休息 4 週為宜，當日琳琳即按公司規定之請假方式，寄發電子郵件告知主管與公司全體員工，說明個人因妊娠不適，經醫師診斷須申請安胎假 4 週，即自 103 年 4 月 1 日起至 4 月 30 止。琳琳後來亦使用通訊軟體再行告知主管請安胎假一事，並得其確認及同意。結果主管在得知琳琳係因妊娠不適而請安胎假時，竟於 103 年 4 月 1 日以電話口頭向琳琳單方面終止僱傭關係，更要求琳琳自請離職，並以「業務業績無法達到公司最低標準」為由向主關機關通報資遣琳琳。請問這樣合理嗎？

律師貼心話：

一、法院認為琳琳於 102 年 10 月至 103 年 3 月期間每月業績之達成率依序為 69.34％、87.24％、104.25％、69.06％、62.16％、58.05％，可見琳琳自 102 年 10 月至同年 12 月之業績達成率逐月增高並於 102 年 12 月達成業績目標，僅自 103 年 1 月起業績達成率出現滑落情形，且經與同區之業務人員穎穎之業績達成率相較，琳琳於 102 年 11 月之業績達成率 87.24％甚且高於業務人員穎穎之業績達成率 79.23％。琳琳於 102 年 12 月之業績達成率 104.25％，亦與業務人員穎穎之業績達成率 104.59％相當，另外再參考證人彤彤證稱，「我覺得很難說明琳琳業績明顯不好，因為每個月業務人員情況不同，要瞭解其他因素。」等語，自難單憑琳琳此 6 個月之業績達成率，遽謂琳琳長期業績不佳而不能勝任工作。

二、給雇主之建議：

　　雇主要依照業務達標率來資遣員工時，要同時考量該員工是否長期都未能達到業績標準，並且要比較該員工與其他員工間業績標準達成率有沒有顯著的差異。

三、給勞工之建議：

　　勞工要避免被以長期業績未達到標準資遣，需要適時的達成業績標準，中斷業績連續未達到標準的紀錄。

臺灣士林地方法院104年度勞訴更一字第1號民事判決摘錄：

主文：

確認原告（按：即勞工）與被告間之僱傭關係存在。

訴訟費用由被告負擔。

理由（摘錄）：

……被告公司依勞動基準法第11條第5款規定，對原告終止勞動契約，為不合法：（一）按勞動基準法第11條第5款規定勞工對於所擔任之工作確不能勝任時，雇主得預告勞工終止勞動契約，揆其立法意旨係因勞工所提供之勞務無法達成雇主透過勞動契約所欲達成之客觀上合理經濟目的，乃允許雇主得解僱勞工。而造成此項合理經濟目的不能達成之原因，應就勞工之工作能力、身心狀況、學識品行等積極客觀

經濟性解僱

懲戒性解僱

合意終止

競業禁止

時效

203

方面，及其主觀上是否有「能為而不為」，「可以做而無意願」之消極不作為情形，為綜合之考量。次按雇主必於其使用勞動基準法所賦予保護勞工之各種手段後，仍無法改善情況下，始得終止勞動契約，此乃「解僱最後手段性」原則。尚難僅因雇主主觀上片面認定勞工工作偶有疏忽，或工作品質較同仁低落，遽認勞工不能勝任工作而准雇主終止勞動契約（最高法院 95 年度台上字第 391 號、95 年度台上字第 916 號、98 年度台上字第 1198 號判決意旨參照）。又按當事人主張有利於己之事實者，就其事實有舉證之責任，民事訴訟法第 277 條本文定有明文。本件被告公司抗辯原告有長期業績表現不佳、與客戶溝通及解決客訴問題之態度與方法不佳、自行填載申報之拜訪客戶日期表不實及浮報油資之不能勝任所任工作之情形，而依勞動基準法第 11 條第 5 款規定，終止與原告間之僱傭契約關係，為原告所否認，自應由被告公司就此有利於己之事實負舉證責任。（二）關於被告公司所指原告長期業績表現不佳乙節：被告公司抗辯原告於被告公司終止勞動契約前 6 個月即 102 年 10 月至 103 年 3 月之業績表現不佳，長期無法達成業務人員共同訂定每月總低標責任額 33 萬元之業績目標，被告公司屢次透過直屬主管甲○○予以協助輔導並給予口頭警告，原告仍未見改進，被告公司復於 103 年 3 月 7 日開會討論業績改善方案，並要求原告提出改善方案，然未見原告就本身執行業務之問題提出實質之改善內容，故原告對於所擔任之工作確實不能勝任云云；原告則否認有不能勝任工作之情。經查：1. 被告公司雖援引 101 年 11 月 4、5 日會議記錄（見本院卷第 132 頁）、102 年 10 月至 103 年 3 月各區

業務人員業績表（見本院卷第 49、110 頁），抗辯原告自 102 年 10 月起至 103 年 3 月止長期無法達成業務人員每月總低標責任額 33 萬元業績標準云云。然查，觀諸被告所提出各區業務人員業績表（見本院卷第 110 頁），**原告於 102 年 10 月至 103 年 3 月期間就每月總低標責任額 33 萬元業績之達成率依序為 69.34 ％、87.24 ％、104.25 ％、69.06 ％、62.16 ％、58.05 ％，可見原告自 102 年 10 月至同年 12 月之業績達成率逐月增高，並於 102 年 12 月達成上開總低標責任額 33 萬元之業績目標，僅自 103 年 1 月起業績達成率出現滑落情形；且經與同屬北區之業務人員卓○坤之業績達成率相較，原告於 102 年 11 月之業績達成率 87.24％甚且高於業務人員卓○坤之業績達成率 79.23％，原告於 102 年 12 月之業績達成率 104.25％亦與業務人員卓○坤之業績達成率 104.59％相當**，復參以證人即原告任職被告公司期間擔任北區業務主管而嗣已離職之甲○○在庭證稱：「我覺得附件 10（即本院卷第 110 頁之 102 年 10 月至 103 年 3 月各區業務人員業績表）很難說明原告業績明顯不好，因為每個月業務人員情況不同，因為要瞭解其他因素。」等語（見本院卷第 100 頁反面），**自難單憑原告此 6 個月之業績達成率，遽謂原告長期業績不佳而不能勝任工作。**2. 況且，證人甲○○於本院審理時證述：「原告離職前半年的工作情形，當時原告業績的確比之前 2 位業務人員還要好…。」、「因為原告沒有接觸這一行，所以一開始業績不好，但是原告有努力，業績有上來，他的工作態度和業績有比之前已經離職的業務人員好很多。」、「原告業績算不錯，業績沒有起色應該是原告後期部分。」、「原告業績和同樣

經濟性解僱

懲戒性解僱

合意終止

競業禁止

時效

北區業務人員比較，不算我的話，北區以臺北市和新北市的業務人員有3人，他大約第2名左右，最後一名是張〇維，張〇維在原告被資遣以前就已經自行離職」、「附件10這張表列6個月份，每個月原告業績這樣還可以接受。後面達成率還可以接受，因為如我說每個月情況不同。如果連續6個月業績都不好這是不正常的，但原告在102年10、11、12月的業績都還不錯，也有陸續成長，雖然沒有達到業績標準百分之百，但是有業績都有陸續成長。至於103年1、2、3月的業績，我會先問原告怎麼會下滑，才會去判斷，然後向公司反應。」、「半年以內業績無法達到公司標準或是沒有達到最低標的業績額度，我才會認為他不適合當業務人員。半年以內如果有一個月達到業績標準，那我就會再觀察，做後續評估。」、「公司跟我反應原告業績不好時，印象中我有提過原告業績比之前好很多。」、「原告任職被告公司期間工作態度積極。」等語綦詳（見本院卷第184頁反面、第189頁正反面、第190頁反面、第191頁正反面、第192頁），可徵原告任職被告公司期間，工作態度積極，業績表現在北區業務人員中雖非最好，但亦非最差，且原告於103年1月至3月之業績雖未達到總低標責任額33萬元，然並非連續6個月業績均未達成該業績目標，應可再作後續之觀察、評估甚明。是原告於102年10月至103年3月之業績表現雖非優異，惟仍有繼續觀察、評估之空間，不能因其103年1月至3月業績下滑，即率爾認定原告主觀上或客觀上有不能勝任工作之情事。

3. 被告公司又辯稱其透過直屬主管甲〇〇予以協助輔導並給予口頭警告，原告之業績仍未見改進，被告公司復於103年3月7日開會討論

業績改善方案，並要求原告提出改善方案，然未見原告就本身執行業務之問題提出實質之改善內容，故原告對於所擔任之工作確實不能勝任云云，並提出被告公司 103 年 3 月 7 日會議記錄及主管甲○○ 103 年 5 月 29 日台北市政府勞動局訪談紀錄為證（見本院卷第 61、66 頁）。查，依被告公司所提出 103 年 3 月 7 日會議記錄（見本院卷第 61 頁），僅記載自鎖矯正器各區銷售數量及各區業務報告內容，其中並無牽涉對於原告個人業務表現之改善要求，再參諸證人甲○○於 103 年 5 月 29 日在台北市政府勞動局訪談紀錄雖陳稱：103 年 3 月 7 日公司開會討論業績改善方案之前，有請原告提出業績改善方案，但原告業績仍然沒有起色等語（見本院卷第 66 頁），然證人甲○○到庭乃證述：「原告業績後期不好時，被告公司先口頭警告，透過我轉告原告，就這樣。」、「原告業績不好，公司沒有要求我輔導，只是要我去瞭解情況。」、「改善方案是公司請原告提出，應該是原告當時業績不好。且改善方案不是只有原告一人有寫，其他業務人員也有寫。」等語（見本院卷第 191 頁反面、第 192 頁），足見被告公司對於原告未達業績目標，並未積極督促、輔導，另參以原告所提出其於 103 年 3 月 21 日提交被告公司之業績改善方案（見本院卷第 89 頁），可知原告對於 102 年 10 月至 103 年 3 月期間業績發生下滑現象，已自行檢討並提出改善方案，並非毫無改進業績之意願或作為。由上述各情可知，被告公司並未就其所指原告業績仍未改善之情形，而為再進一步之處置，且在長期勞僱關係中，因工作缺失遭直屬長官促請改善之情形亦屬常見，尚不足以憑此證明原告已達不能勝任工作之程度。因此，縱使原

告自 102 年 10 月至 103 年 3 月期間有部分月份業績未達總低標責任額 33 萬元之業績目標，然原告主觀上並非毫無改進業績之意願或作為，客觀上亦難謂原告工作能力不能勝任，且亦未見被告公司積極對原告加以督促、輔導、訓練，使其能達成績效目標，則被告公司於 103 年 3 月命原告提出業績改善方案後，在未給予原告任何改善機會，亦未進行後續觀察、評估，且在原告於同年 3 月 30 日向被告公司申請 4 週安胎假後，即於同年 4 月 1 日逕予解雇，實有違最後手段性原則，是被告公司據此終止與原告間之勞動契約，顯非適法。

相 關　**勞動基準法第 11 條**
法 條　非有左列情事之一者，雇主不得預告勞工終止勞動契約：
一、歇業或轉讓時。
二、虧損或業務緊縮時。
三、不可抗力暫停工作在一個月以上時。
四、業務性質變更，有減少勞工之必要，又無適當工作可供安置時。
五、勞工對於所擔任之工作確不能勝任時。

外商公司撤點後終止勞動契約合法嗎？

凡凡自 80 年 5 月 1 日起就受雇於 S 外商公司，為 S 公司臺灣分公司貨運部門之資深業務人員。S 公司之營收自 94 年起大幅下滑，94 年之全球營運獲利約美金 6 億 4,800 萬元，95 年獲利僅約美金 6,500 萬元，96 年則出現鉅額虧損逾美金 8 億 8,300 萬元。S 公司在面臨重大財務壓力及營運危機下，董事會為求經營合理化，不得已而決定緊縮業務範圍，就全球營業據點及營運模式進行調整，包括裁撤臺灣、巴黎、阿姆斯特丹、蘇黎士、及米蘭等地之營業據點。S 公司臺灣分公司於 96 年 12 月 21 日通知凡凡該分公司將於 97 年 2 月 29 日停止營業，並預告於 97 年 2 月 29 日終止兩造間之勞動契約，S 公司因為撤離臺灣分公司而終止與凡凡間的僱傭關係，合法嗎？

律師貼心話：

一、法院認 S 公司既為外國公司，依我國公司法規定申請認許，並在我國辦理分公司登記，以臺灣分公司名義在我國營業，則其因巨額虧損而向我國經濟部申請撤回認許及註銷臺灣分公司登記，並向原法院聲請呈報清算人，且與出租臺灣分公司營業處所之出租人合意提前終止租賃關係，提早返還該租賃標的，並將其臺灣區「客運」總代理業務，委由○達公司負責，足見 S 公司臺灣分公司至遲自 97 年 3 月 1 日起事實上已無營業行為，終局地停止其臺灣分公司業務之進行，揆諸前開說明，自合於勞基法第 11 條第 1 款規定之「歇業」事由。是 S 公司依勞基法第 11 條第 1 款「歇業」之規定終止兩造間之勞動契約，即屬有據。

二、給雇主之建議：

經濟性解僱

懲戒性解僱

合意終止

競業禁止

時效

外商公司在臺灣之分公司經申請撤回認許即註銷分公司登記後，若事實上已無營業行為，則得依勞基法第 11 條第 1 款之事由終止與勞工間之勞動契約。

三、給勞工之建議：

在外商公司工作的勞工遭外商公司終止勞動契約時，應該要確認是否有收到符合法律規定的資遣費，並且可以提起勞工訴訟以保障權利。

臺灣高等法院 98 年度重勞上字第 20 號民事判決摘錄：

主文：

上訴及追加之訴均駁回。

第二審及追加之訴訴訟費用均由上訴人（按：即勞工）負擔。

理由（摘錄）：

……次按雇主有歇業情形者，得預告勞工終止勞動契約，勞基法第 11 條第 1 款定有明文。又勞基法第 11 條第 1 款所稱「歇業」，係指事實上歇業，勞工已無工作可做而言；換言之，乃雇主實際上終局地停止其業務之一部或全部之進行，並不以經辦理歇業登記為必要，祇須雇主並非為逃避給付退休金，亦非故意不當資遣勞工，而基於事實上需要而歇業者，即得依法終止勞動契約。再勞基法第 11 條第 1 款係參照工廠法第 30 條第 1 款「工廠為全部或一部之歇業時得終止契約」之規

定而訂定，故所稱之歇業，自應包括一部歇業在內。另公司法所稱外國公司，謂以營利為目的，依照外國法律組織登記，並經中華民國政府認許，在中華民國境內營業之公司；外國公司非在其本國設立登記營業者，不得申請認許；非經認許，並辦理分公司登記者，不得在中華民國境內營業；外國公司經認許後，其法律上權利義務及主管機關之管轄，除法律另有規定外，與中華民國公司同；外國公司經認許後，無意在中華民國境內繼續營業者，應向主管機關申請撤回認許，但不得免除申請撤回以前所負之責任或債務；撤回、撤銷或廢止認許之外國公司，應就其在中華民國境內營業，或分公司所生之債權債務清算了結，所有清算未了之債務，仍由該外國公司清償之；前項清算，以外國公司在中華民國境內之負責人或分公司經理人為清算人，並依外國公司性質，準用公司法有關各種公司之清算程序，公司法第 4 條、第 371 條、第 375 條、第 378 條、第 380 條亦分別定有明文。是外國公司經依我國公司法規定核准認許得在我國境內營業，而在我國設立登記分公司者，其臺灣分公司結束營業即應撤回認許，不得再在我國境內營業，並應就其在我國境內營業，或臺灣分公司所生之債權債務清算了結，此情較勞基法第 11 條第 1 款所定之「歇業」事由有過之而無不及，該外國公司自得依勞基法第 11 條第 1 款所定「歇業」之事由，終止勞動契約。勞委會函示：「主旨：函詢某外商台灣分公司停止營運後該外商公司將部分業務委託我國第三人公司處理是否為歇業疑義案，復請查照。說明：……二……故案詢某外商台灣分公司停止營運，並向主管機關辦理撤銷認許登記及營利事業登記後若確無繼續營業之

經濟性解僱

懲戒性解僱

合意終止

競業禁止

時效

211

事實，即符合我國勞動基準法第 11 條歇業之終止契約事由。」等語，亦同此見解，有被上訴人提出之勞委會 98 年 2 月 24 日勞資 2 字第 0980003784 號函在卷可查（見原法院 97 年度勞訴字第 68 號卷第 236 頁，本院卷（一）第 72 頁）。經查：（一）被上訴人為依南非法律設立之外國公司，於 80 年 12 月 23 日經依我國公司法認許，並於 81 年 1 月 16 日在我國辦理分公司登記後，以被上訴人臺灣分公司名義在我國為營業行為，上訴人則任職於被上訴人臺灣分公司貨運部門，負責就承攬之貨物運送業務，處理貨物銷售、訂艙位之工作，該分公司除在臺總經理外，全部員工僅有上訴人及原審共同原告饒○明、孫○等 3 人（下稱上訴人等 3 人）；嗣被上訴人之營收於 96 年間出現虧損達南非幣 8 億 8,300 萬元，乃於 96 年 12 月 21 日發函予上訴人，預告該分公司將於 97 年 2 月 29 日停止營業，並依勞基法第 11 條第 1 款規定之歇業事由，於同日終止終止其與上訴人等 3 人間之僱傭契約，復於 97 年 1 月 22 日與出租臺灣分公司營業處所之出租人合意提前終止租賃關係，約定提早於 97 年 4 月 30 日返還該租賃標的；又被上訴人於 97 年 2 月 29 日經董事會決議撤回在臺灣之公司認許並辦理清算，並於 97 年 4 月 1 日向我國經濟部申請撤回認許，經濟部於同年月 3 日核准撤回認許及註銷臺灣分公司登記，被上訴人則於 97 年 9 月 22 日向原法院聲請呈報清算人；再被上訴人臺灣分公司自 97 年 2 月 29 日起全面停止營運，被上訴人另與飛達公司簽訂臺灣區客運總代理契約，由飛達公司自 97 年 3 月 1 日起負責被上訴人之臺灣區客運總代理業務等情，有資遣通知函、離職證明、書營業事業登記證、申請書、董事

會決議錄、經濟部函、勞工保險投保資料表、總代理契約、被上訴人2007年財務年報、財務摘錄、損益表、切結書、外國公司認許事項變更表、外國公司分公司變更登記表、公司基本資料、原法院民事庭函、提前終止租約書、健康保險投保資料、勞工保險投保資料表、加保及退保申報表等件附卷可稽（見原法院98年度北勞調字第32號卷第13、24、27、71、74、75、77、81頁，原法院97年度勞訴字第68號卷第17、87至102、118、193至223、256至258、260、261、277至282、291至300、344至386頁，本院卷（一）第57至59、81、182、183頁，本院卷（二）第19、34至36頁），且為兩造所不爭執，並經本院依職權調取原法院97年度審司字第112號呈報清算人卷核閱屬實，自堪信為真實。（二）本院綜合上情，並參酌上訴人係受僱於被上訴人臺灣分公司，及上訴人亦不爭執被上訴人迄今並未以任何公司、分公司、籌備處或其他所屬機構之形式在臺灣從事原有之客、貨運業務等情（見本院卷（二）第97頁，99年10月21日準備程序筆錄；原法院97年度勞訴字第68號卷第252頁背面，98年6月5日言詞辯論筆錄），認被上訴人既為外國公司，依我國公司法規定申請認許，並在我國辦理分公司登記，以臺灣分公司名義在我國營業，則其因巨額虧損而向我國經濟部申請撤回認許及註銷臺灣分公司登記，並向原法院聲請呈報清算人，且與出租臺灣分公司營業處所之出租人合意提前終止租賃關係，提早返還該租賃標的，並將其臺灣區「客運」總代理業務，委由飛達公司負責，足見被上訴人臺灣分公司至遲自97年3月1日起事實上已無營業行為，終局地停止其臺灣分公司業務之進行，

揆諸前開說明，自合於勞基法第 11 條第 1 款規定之「歇業」事由。是被上訴人依勞基法第 11 條第 1 款「歇業」之規定終止兩造間之僱傭契約，即屬有據。

相　關
法　條

勞動基準法第 11 條

非有左列情事之一者，雇主不得預告勞工終止勞動契約：

一、歇業或轉讓時。

二、虧損或業務緊縮時。

三、不可抗力暫停工作在一個月以上時。

四、業務性質變更，有減少勞工之必要，又無適當工作可供安置時。

五、勞工對於所擔任之工作確不能勝任時。

錄取後分派到不符自己專長的部門，
工作因而表現不佳遭資遣。請問合法嗎？

　　小博到「強強法律事務所」應徵，面試時強調自己在勞工法方面的專長。後來小博順利被錄取後，卻被派到小博不甚熟悉的家事法部門工作。小博因此工作績效低落，雖然主管給他安排訓練計畫卻仍無起色。短短三個月後，小博收到主管通知他被資遣了。

律師貼心話：

一、勞基法第11條第5款所謂的「不能勝任工作」，指勞工在客觀上之學識、品行、能力、身心狀況，不能勝任工作，或主觀上「能為而不為」，「可以做而無意願做」的情形。本件法院參酌了為小博提供教育訓練的主管所提供之證詞、主管間於小博教育訓練期間往來之電子郵件，認定小博確實有無法勝任該工作之情形。且強強法律事務所提供教育訓練，足以證明強強法律事務所已經盡其能力保護勞工之權益。

　　此外，法院認為第11條第5款的構成要件並無同條第4款「又無適當工作可供安置」的規定，雇主在適用該條款時，自然也不需要考量有無其他適當工作可供安置勞工。況且公司應對其員工擔任之工作有人事指揮之權限，並非員工可以任意選擇。

二、給雇主之建議：

　　雇主平時對勞工（尤其工作績效、能力不甚理想者）的工作及學習能力要建立公平且完備的考評制度，對於勞工工作、學習能力不足之處，也要有明確的紀錄。與勞工接觸較多的主管更要多多留意勞工的工作態度與學習能力，來日若發生糾紛，在主張上可以有所憑據。雇主也

應提供勞工必要的訓練教育機會，以證明自己已經盡力保護勞工之權益。

三、給勞工之建議：

除了平時要提升自己的工作能力外，如遇到自己實在無法勝任的工作內容或無法克服的困難時，應該迅速向雇主反應，甚至要求提供必要的教育訓練。平時，更要適當傳達自己的工作意願並保留紀錄，以證明自己並非「能為而不為」，「可以做而無意願做」的情形。

臺灣桃園地方法院 102 年度重勞訴字第 23 號民事判決摘錄：

主文：

原告之訴及假執行之聲請均駁回。

訴訟費用由原告（按：即勞工）負擔。

理由（摘錄）：

……（一）原告對於所擔任之工作，確有無法勝任之情事。……

2.……經查，負責對原告進行教育訓練之許○裕到庭證稱「（證人對於原告所施以之業務方面訓練，其內容為何？）大項的是說我會教導他去算 KPI 之定義還有數值，主要是機台量測時的誤差或是曝光劑量產生的量測誤差，還有量測的工作範圍為多少，再來就是有所謂的發展好的工具『DBF -TARGET DESIGN TOOL』，如何去使用工具，原

本是要繼續教導的，但因為原告學習的情形不佳，所以我們調整訓練計畫，重複教導前面有教導過的基礎事項，所以較深入的部分就沒有教授了。」、「（證人所述原告學習情形不佳，所指為何？）例如說有一個『FOCUS PRECISION』指數，重複教了二至三次，但仍沒有辦法瞭解其中含意，並講解給他人聽。」（見本院卷第 77 頁）……依據上開對原告進行教育訓練之主管所為之證詞，顯然原告並無法勝任其所擔任之工作。

3. 次查，依據上揭三位對原告進行教育訓練之主管，於教育訓練期間之電子郵件，分有如下之記載：

（1）許○裕於 102 年 7 月 30 日寄發予張○如、張○興、黃○群之電子郵件中表示，其認為原告的工作方式並無顯著的改善，關於「編修客戶報告」、「解釋客戶報告中的所有項目」、「對 FSS 內容的理解」之項目均為不合格（見本院卷第 45 頁、46 頁）……。

（2）張○如於 102 年 7 月 16 日寄發予黃○群之電子郵件表示原告「基本光學特性不瞭解，並且提供錯誤未經查證的訊息」；「同事已經將工作內容教授於他超過五次，卻無法清楚描述出來，到底要教幾次才懂？」……（見本院卷第 40 頁至第 42 頁）。

（3）張○興於 102 年 7 月 16 日寄發予黃○群之電子郵件表示原告「無法清楚的描述要報告的東西，用中文也講不清楚」；「對於別人教他的東西，無法全盤了解並加以融會貫通，導致無法清楚回答別人問的

問題，甚至常常聽不懂問題是甚麼」……（見本院卷第49頁）。

4. 依據上揭許○裕、張○如、張○興就原告於被告公司教育訓練中，對原告之觀察、考評所製作之電子郵件內容可知，原告對於工作客觀上能力、學識確有不能勝任工作之情形，益證許○裕、張○如、張○興上開證詞有所根據且可信，並無因證人為被告公司員工，而證詞有不可信之情形。

5. 原告雖主張其在疊對量測方面素有專業，且於面試之際即已向被告公司表明，被告公司竟仍將其安排在聚焦之工作領域……即使原告曾對被告公司為此表示，然兩造間既然就原告進入被告公司後之工作內容並無約定，原告自不能強令被告公司將其安排至疊對量測之部門工作，蓋被告公司應對其員工擔任之工作有人事指揮之權限，實無可能使員工有完全、任意選擇之權。

（二）被告公司依據勞基法第11條第5款解僱原告為合法，適用該條文時應無「最後手段性原則」之適用。

1. 按勞基法第11條各款規定屬於資遣解僱之情形，至勞基法第12條第1項各款規定則屬於懲戒解僱之情形，雇主就前者尚須經過預告期間，並給付勞工資遣費，就後者則均無，二者迥然不同。是懲戒解僱乃雇主最嚴重之懲戒手段，應符合解僱之最後手段性原則，惟資遣解僱則未必當然。又雇主依勞基法第11條各款終止勞動契約，固不得偏離法律規定原先預期之利益狀態，或逾法律所賦予該權利之目的，惟

因雇主係為達其特定經濟上之目的，而僱用勞工為其服勞務，是勞工之忠誠確實履行勞務給付義務，應屬勞工基於勞動契約之核心義務，難期雇主有任何工作職位，無需勞工忠誠履行此義務。而勞基法第 11 條第 4、5 款就雇主得預告勞工終止勞動契約之情形，分別規定為：「業務性質變更，有減少勞工之必要，又無適當工作可供安置時」、「勞工對於所擔任之工作確不能勝任時」，由字義觀之，明顯可見第 5 款之要件，未如第 4 款定有「又無適當工作可供安置」之情形，自應與第 4 款為不同之解釋，即不得據「又無適當工作可供安置」為雇主依勞基法第 11 條第 5 款規定行使終止權之限制（臺灣高等法院 100 年度勞上字第 4 號判決意旨參照）。是原告主張被告公司可將原告調動至客服支援部門，卻逕以解僱方式為之，而有違「解僱最後手段性原則」，並不足採。

……被告公司並非在原告工作表現不佳之初，即將其解僱，被告公司應有給予原告多次補救及改正之機會，復依據上揭證人許○裕、張○如、張○興於原告教育訓練期間對其所為之考核及於本院之證述，被告公司已多次教授、訓練原告工作上所必備之基本知識學能，然原告均無法達到被告公司之需求，被告公司於此情形下解僱原告，應可認已盡其保護勞工之手段。

4. 從而，被告公司依勞基法第 11 條第 5 款規定與原告於 102 年 9 月 1 日終止僱傭契約既於法無不合之處，自應生終止之效力，則原告請求確認兩造間之僱傭關係仍繼續存在，自無理由，應予駁回。

經濟性解僱

懲戒性解僱

合意終止

競業禁止

時效

相　關 法　條	**勞動基準法第 11 條** 非有左列情事之一者，雇主不得預告勞工終止勞動契約： 一、歇業或轉讓時。 二、虧損或業務緊縮時。 三、不可抗力暫停工作在一個月以上時。 四、業務性質變更，有減少勞工之必要，又無適當工作可供安置時。 五、勞工對於所擔任之工作確不能勝任時。

偶爾粗心犯錯而被認為不能勝任，
將我資遣，這樣合法嗎？

　　小傑在「大立公司」擔任公務車的司機，原本駕駛的是自用小客車，駕駛紀錄優良，從來沒有出過意外或車禍。後來公司因為業務繁忙，改用較為大型的九人座車。小傑由於不熟悉九人座車輛，導致五個月內，三度在停車場內擦撞車輛。雖然沒有造成重大傷亡或損失，公司卻以小傑「不能勝任工作」而突然宣布他被資遣了！小傑想問：這樣合理嗎？

律師貼心話：

一、勞基法第 11 條第 5 款所謂「對於所擔任之工作確不能勝任」，除了勞工之工作能力、身心狀況、學識品行等積極客觀因素外，勞工主觀上「能為而不為」、「可以做而無意願」之消極不作為情形，亦為考量之標準。本件法院認為身為專業駕駛，安全行駛應為勝任工作最基本的要求。小傑五個月內發生三次擦撞意外，已經可以認定其欠缺勝任工作的基本能力。法院並斟酌了車禍發生地點的照片及停車格、肇事車輛的長寬比例等資料，認為雖然小傑駕駛的車輛比自小客車體積更大，但是還沒有到難以停放的程度。此外，雇主也已經多次告誡小傑要小心，且給了小傑改善機會，仍然不見小傑改善，法院於是認為若非於停車時大意及漫不經心，即是駕駛能力有待增強，大立公司依上開條款資遣小傑，並無違反解僱之最後手段性原則。

二、給雇主之建議：

　　　　當發現勞工有不能勝任工作的現象出現時，應積極了解原因，究竟

是因為工作環境不適合，或是勞工欠缺工作能力或工作意願，並留下足以佐證的依據。此外，應與勞工充分溝通，使其了解問題所在，提供勞工改善的機會，才不會在資遣勞工的同時出現違反「解僱最後手段性原則」的疑慮。最後，也要考量勞工所欠缺的能力跟其所勝任的工作之間是否有足夠的關聯性，才會符合本條款的要件喔！

三、給勞工之建議：

　　除了平時要不斷提升自己的專業能力外，平時就應該保存自己的工作紀錄，以證明自己的能力並不至於不能勝任工作。最後，可以適當的方式表達自己對工作的積極態度並保存證據，以證明自己並無「可以做而不做」、「可以做而無意願」的情形。

最高法院 107 年度台上字第 784 號民事判決：

主文：

上訴駁回。

第三審訴訟費用由上訴人（按：即勞工）負擔。

理由：

本件上訴人主張：伊自民國 103 年 9 月 12 日起受僱於被上訴人擔任駕駛工作，負責接送被上訴人之客戶即大林電廠之日商主管上下班、外出行程以及協助搬移大林電廠之物品，每月底薪新臺幣（下同）2 萬

第三部
離職後的契約終止及職業災害

經濟性解僱

懲戒性解僱

合意終止

競業禁止

時效

7,000 元，每日上班時間自 7 時 30 分起至 18 時止，例假日上班加發加班費 1,000 元；如延長工時每小時均加發 150 元加班費。伊任職之初，駕駛豐田 ALTIS5 人座自小客車，嗣因客戶搭乘人數增加，自同年 10 月 8 日起改為駕駛福斯 9 人座小型巴士（車號 0000-00 號，下稱系爭車輛）。伊駕駛小客車期間，未曾發生擦撞事故，駕駛系爭車輛時，僅因大林電廠之停車場停車格過小，停車時偶有不慎擦撞旁車 3 次，仍足以勝任駕駛職務。詎被上訴人竟未先為警示或讓伊改駕駛小客車，即以不適任工作為由，於 104 年 2 月 5 日將伊解僱，違反最後手段性原則，自不合法。被上訴人片面終止兩造間僱傭契約，已預示拒絕受領伊所提供勞務，伊無補服勞務義務，仍得請求至復職日止之月平均工資 3 萬 8,276 元，並按月提撥 6% 之退休金至勞工保險局之勞工退休金專戶。此外，被上訴人尚欠伊 104 年 1、2 月薪資 4 萬 0,325 元、5,700 元以及任職期間之加班費 4,144 元，扣除被上訴人未聲明不服之 1 萬 6,000 元，尚不足 3 萬 4,169 元等語，爰依兩造僱傭關係，求為（一）確認兩造間之僱傭關係存在。（二）被上訴人應再給付伊 3 萬 4,169 元，及加計自起訴狀繕本送達翌日起算之法定遲延利息。（三）被上訴人應自 104 年 2 月 6 日起至伊復職日止，按月於次月 10 日給付伊 3 萬 8,276 元，及自各期應給付之翌日起算之法定遲延利息。（四）被上訴人應自 104 年 2 月 6 日起至伊復職日止，按月提繳 2,406 元至伊勞工退休金專戶之判決（上訴人逾此部分之請求，被上訴人於第一審受敗訴判決，未據其聲明不服，未繫屬本院，不予論述）。被上訴人則以：上訴人於任職期間即擦撞他車逾 3 次，造成公司管理及業務之重大損害，

223

屢經告誡未見改善。上訴人既無法維護車輛，更可能影響人身安全，已屬難以勝任工作，且伊現已無使用自小客車。伊既合法終止兩造僱傭契約，自無須再給付薪資及提撥勞工退休金。另上訴人尚應賠償伊因擦撞事故所生汽車維修費用、代步車費用等損失，爰以此與上訴人請求之 104 年 1、2 月薪資及加班費互為抵銷等語，資為抗辯。原審斟酌全辯論意旨及調查證據之結果，以：上訴人自 103 年 9 月 12 日起受僱於被上訴人擔任駕駛，月平均工資 3 萬 8,276 元。上訴人任職之初受指派駕駛自小客車，嗣於 103 年 10 月 8 日改派駕駛系爭車輛，為兩造所不爭執。上訴人於 103 年 10 月 29 日、12 月 23 日及 104 年 1 月 27 日，發生擦撞他車事故，其雖辯稱：係因停車位過小所致，惟職業駕駛人首求駕駛安全，以上訴人發生擦撞之地點，均係在他車輛未移動之停車場，並無其他行車干擾，已屬相對安全之駕車環境。上訴人所駕車輛雖有變為較大，然該停車格供停放系爭車輛尚無過小致難以停放，有照片可證。上訴人卻將近 1 個餘月即擦撞 1 次，車輛前後均曾碰撞，可見上訴人若非停車時大意、漫不經心，即是駕駛能力有待增強，依勞動基準法（下稱勞基法）第 11 條第 5 款規定，勞工對於所擔任之工作確不能勝任時，雇主得預告勞工終止勞動契約；所謂「勝任」與否，勞工之工作能力、身心狀況、學識品行等為積極客觀方面應予考量之因素，勞工主觀上能為而不為，可以做而無意願之消極不作為情形，亦不容忽視。上訴人擔任駕駛，應負責駕駛車輛之安全，避免發生事故，藉以保障乘客安全，上訴人漫不經心、能力不足，足認不能勝任駕駛工作，且受僱擔任駕駛，僅係駕車車型不同，縱將其

調整改駕駛小客車，其態度及能力不會因此不同。對於駕駛及乘客之安全性，仍存在危險性，雇主對於司機之駕駛能力、行車安全為最低限度之要求，焉能要雇主甘冒發生行車事故，造成人員死傷之風險，繼續聘用上訴人。上訴人於受僱5個月內，擦撞3次，被上訴人於第1次擦撞發生後，即予口頭告誡，猶未見改善，難期雇主採用解僱以外之手段而繼續其僱傭關係，上訴人主張被上訴人違反解僱最後手段性原則，尚不足採，被上訴人以上訴人不適任工作為由，表示欲終止兩造僱傭契約，要求上訴人工作至104年2月5日止，應為合法。上訴人請求給付自104年2月6日起之薪資及提繳退休金，即無所據。又上訴人原主張被上訴人尚積欠其104年1、2月之薪資以及任職期間之加班費共5萬0,169元，惟上開3次碰撞事故，被上訴人支付車輛維修費用及代步車費用，受有損失3萬8,400元，業據提出估價單為證，被上訴人以此為抵銷之抗辯後，本再給付上訴人1萬1,769元即可，惟兩造於訴訟中不爭執由被上訴人於扣除上訴人應負擔之費用後給付1萬6,000元，上訴人已無餘額可再請求。從而，上訴人請求如上所聲明，為無理由，為其心證之所由得，並說明上訴人其餘攻擊方法為不可採之理由，因而維持第一審所為上訴人關此部分敗訴之判決，駁回其上訴。按取捨證據、認定事實屬於事實審法院之職權，若其取證、認事及解釋並不違背法令及經驗法則、論理法則或證據法則，即不許任意指摘其採證或認定不當，以為上訴理由。原審本於採證、認事及解釋契約之職權行使，綜合相關事證，合法認定上訴人擔任被上訴人駕駛後，有難以勝任工作之情形。經被上訴人告誡，仍於到職5個月

225

內，頻繁擦撞靜止車輛 3 次，未見改善，難期雇主甘冒發生行車事故，造成人員死傷之風險，繼續聘用上訴人，被上訴人依勞基法第 11 條第 5 款規定，終止兩造間之僱傭契約，無違解僱最後手段性原則，而為上訴人敗訴之判決，經核於法洵無違背。上訴論旨，徒就原審採證、認事之職權行使及其他與判決基礎無涉之理由，指摘原判決違背法令，求予廢棄，非有理由。據上論結，本件上訴為無理由。依民事訴訟法第 481 條、第 449 條第 1 項、第 78 條，判決如主文。

相 關 法 條	**勞動基準法第 11 條**
	非有左列情事之一者，雇主不得預告勞工終止勞動契約：
	一、歇業或轉讓時。
	二、虧損或業務緊縮時。
	三、不可抗力暫停工作在一個月以上時。
	四、業務性質變更，有減少勞工之必要，又無適當工作可供安置時。
	五、勞工對於所擔任之工作確不能勝任時。

老闆，您怎能不說一聲就資遣我呢？

　　阿柏自 83 年 5 月間任職於雙捷公司，擔任文書處理工作，阿柏自認工作期間均能如期完成主管交辦事項，卻在 96 年 3 月間被雙捷公司以阿柏連續兩年考績均為丙等為理由，在同年 4 月 1 日將阿柏資遣。

　　阿柏認為雙捷公司並未對他考績不佳一事做出懲處，也沒有徵詢他有無調任其他部分之意願，即將他解僱，已經違反了勞基法第 11 條第 5 款的規定，所以雙捷公司的解僱不合法。於是阿柏發了一封存證信函給雙捷公司，表示自己隨時能提供勞務給雙捷公司，但是雙捷公司仍然不肯讓阿柏回來上班。無奈的阿柏能否透過法律爭取自己應有的權利呢？而雙捷公司在阿柏任職期間另外成立一間 B 公司，並將大部分的員工轉職到 B 公司，阿柏能否只主張自己也能轉任到 B 公司？法院究竟會如何判斷呢？

律師貼心話：

一、分手是一門藝術，不只適用於男女朋友之間，在老闆與員工間也是如此，老闆解僱員工，其解僱是否合法？須踐行哪些程序？員工提出辭呈，其提供勞務之義務何時終了，的確是一門重要的學問。

二、本件主要涉及公司業務變更，有減少勞工必要時，雇主應否善盡安置義務，而法院在審查員工所提出的確認僱傭關係存在之訴訟有無理由，就雇主主張其所營業務項目已大幅變更、減少，內容迥異，有減少勞工之必要等情，主要係以雇主提出之捐助章程、組織規程、營業登記證及捐助章程對照表等文件綜合判斷。

三、就雇主是否已盡安置義務部分，法院則認為「原雇主」法人與另成立之

他法人，即使在法律上之型態，名義上之主體形式不完全相同。但後成立法人之財務管理、資金運用、營運方針、人事管理暨薪資給付等，如為「原雇主」法人所操控，後成立法人之人格已「形骸化」而無自主權，並有適當工作可供安置勞工，二法人間之構成關係顯具有「實體同一性」者，所以當原雇主法人與後成立法人之間所構成關係具有實體同一性時，原雇主法人對員工即負有安置義務，所以本件雙捷公司解僱阿柏並不合法。

最高法院 98 年度台上字第 652 號民事判決摘錄：

主文

原判決關於駁回上訴人（按：即勞工）在第一審之訴及該訴訟費用部分廢棄，發回台灣高等法院。

理由（摘錄）：

……原審將第一審所命被上訴人給付逾五十九萬三千六百元本息部分之判決廢棄，改駁回上訴人該部分在第一審之訴，無非以：本件依被上訴人考績辦法第四條之規定，被上訴人考核員工考績丙等乃表示其工作表現平均水準為中等，以被上訴人經理羅○鴻對上訴人九十四年及九十五年度考績複評均為六十九分，堪認其表現猶屬中等偏上者，況上訴人組長王○齡於初評時尚給予乙等之七十二分及七十一分，顯

見上訴人長官間對其考績應否列丙等尚有歧見，自非得以其符合該考績辦法所定連續考績丙等之資遣規定，遽認其就擔任工作確已不能勝任，參諸上訴人九十四年度考績評分，直屬組長王○齡初評「知識技能」等項目，均在中等以上，羅○鴻於複評時各減其總分三分、二分，成為六十九分，因其未註記各項評分，難以知悉究為何項低劣，尚不足以證明上訴人已達不能勝任工作之程度。況被上訴人於上訴人九十五年度考績列丙等後即逕予解僱，並無考慮或詢問其他部門有無適合上訴人之工作，尤難認上訴人已該當於勞基法所指不能勝任之情形。被上訴人既未能證明上訴人客觀上智識、品行等工作能力不足，或有何違反勞工應忠誠履行勞務給付義務之情形，逕以上訴人連續二年考績丙等無法勝任工作，終止兩造間之僱傭契約，固屬無據。惟按雇主業務性質變更，有減少勞工之必要，又無適當工作可供安置時，得預告勞工終止勞動契約，勞基法第十一條第四款定有明文。查被上訴人主張其所營業務項目已大幅變更、減少，內容迥異，有減少勞工之必要等情，業據其提出捐助章程、組織規程、營業登記證及捐助章程對照表為證，而上訴人原從事文書工作，被上訴人變更組織後，整體員工員額縮減為十四人，處理文書事務者僅有行政組中一人，亦有人員組織表及員工工作職掌說明可參，堪認被上訴人確有因業務性質變更，業務部門減少，有減少勞工之必要。又被上訴人為因應業務性質變更，轉投資成立世○公司，該公司並無承諾必然全部接收被上訴人人員，被上訴人既是財團法人，與世○公司各具獨立人格，為不同之法人，世○公司如何聘僱員工、擬聘僱何人，均得自行為之。縱被上訴人文

書組除留任一人外，其餘皆轉至世○公司，該公司復自行聘僱一人，仍不得即謂被上訴人應將上訴人安置於該公司，被上訴人於九十六年十一月十四日另依勞基法第十一條第四款規定，以答辯狀繕本向上訴人終止兩造間之僱傭契約，自屬有據，兩造間僱傭契約自是日即告終止。從而，上訴人據以請求確認兩造間之僱傭關係存在，並命被上訴人給付除自九十六年四月一日起至同年十一月十四日止按月以七萬九千五百元計付五十九萬三千六百元本息外之其餘薪資本息，即非正當等詞，為其判斷之基礎。

查原審固認定被上訴人業於九十六年十一月十四日依勞基法第十一條第四款規定，以答辯狀繕本向上訴人表示終止兩造僱傭契約，惟核閱被上訴人是日之答辯狀係載曰：「被告茲依勞基法第十一條第四款及第十六條第一項第三款之規定，對於原告為三十日後終止兩造僱傭契約之意思表示，並以本答辯狀送達原告之時，作為上開終止僱傭契約之資遣預告」云云（見一審卷七三頁），該終止兩造僱傭契約，顯係對上訴人資遣之預告，並於三十日後（九十六年十二月十四日）終止契約之表示。原審逕認該僱傭契約已於九十六年十一月十四日終止，已有認定事實不依卷內所存資料之違法。次按雇主依勞基法第十一條第四款關於「業務性質變更，有減少勞工之必要，又無適當工作可供安置時」之規定，預告勞工終止勞動契約，因該款所謂「業務性質變更」，除重在雇主對於全部或一部分之部門原有業務種類（質）之變動外，最主要尚涉及組織經營結構之調整，舉凡業務項目、產品或技

術之變更、組織民營化、法令適用、機關監督、經營決策、預算編列等變更均屬之，故解釋該款末句所稱之「無適當工作可供安置時」，為保障勞工之基本勞動權，加強勞雇關係，促進社會與經濟發展，防止雇主以法人之法律上型態，規避不當解僱行為之法規範，杜絕雇主解僱權濫用之流弊，自可將與「原雇主」法人有「實體同一性」之他法人，亦無適當工作可供安置之情形併予考慮在內，即「原雇主」法人與另成立之他法人，縱在法律上之型態，名義上之主體形式未盡相同，但該他法人之財務管理、資金運用、營運方針、人事管理暨薪資給付等項，如為「原雇主」法人所操控，該他法人之人格已「形骸化」而無自主權，並有適當工作可供安置勞工，二法人間之構成關係顯具有「實體同一性」者，均應包括在內，始不失該條款規範之真諦，庶幾與誠信原則無悖。查原審既認定被上訴人因受限於法令規定，而將其部分部門業務轉移至新成立之世○公司，且上訴人於第一審即主張：被上訴人雖成立世○公司，然對原所屬員工均以全部轉移至新公司任職，並確保年資併計為最高指導原則，除非個別員工不願移轉，被上訴人除未盡事前徵詢伊是否有意至新公司任職之安置義務外，亦與勞基法第十一條第四款規定無適當工作可供安置之情形不同等語，並提出原證二三被上訴人公司化問答資料集節本為證，該節本復載明被上訴人是世○公司唯一股東，擁有百分之百股權，董事由被上訴人指派，自被上訴人移轉至世○公司之所有員工薪資、年資、福利等權益均予保障，延續銜接等情屬實（分見一審卷一一三、一一四、一三六、一三七頁）。苟非虛妄，世○公司之財務管理、資金運用、營運方針、

人事管理暨薪資給付等項，是否均為被上訴人所操控，其法人之人格已否「形骸化」而無自主權？該二法人在實質上是否具有上揭「實體同一性」關係？此與被上訴人有無適當工作可供安置上訴人所關頗切，亦與被上訴人可否依勞基法第十一條第四款規定終止本件僱傭契約相涉。原審未遑深究，徒以該二法人在形式上各具獨立人格等由，遽為上訴人不利之論斷，亦嫌速斷。上訴論旨，執以指摘原判決不利於己部分不當，求予廢棄，不能認為無理由。

懲戒性解僱

若違反工作規則或勞動契約在先，
老闆是否可以直接解僱我呢？

　　陳先生於 98 年 1 月間竊取同事的信用卡，並拿來消費使用。經陳先生所屬大通公司發現，調查屬實後，於同年 4 月底對陳先生作成停職處分。隨後，陳先生在 98 年 8 月底遭到司法機關起訴，大通公司直到 99 年 2 月中旬，方以陳先生違反工作規則中「員工有竊取他人財物，經查證屬實者，得不經預告逕予解僱」之約定，加以終止陳先生的勞動契約。陳先生主張大通公司早在 98 年 4 月底即知悉其有違反工作規則一事，故大通公司終止勞動契約顯已罹於除斥期間，故雙方間僱傭關係仍然存在，大通公司自應該要給付積欠工資予陳先生，陳先生的主張有理由嗎？

律師貼心話：

一、按照勞基法第 12 條第 1 項第 4 款規定，違反勞動契約或工作規則，情
　　節重大者，雇主得不經預告終止勞動契約。按照同條第 2 項規定，雇主

並應於知悉其情形之日起，30 日內為之。

二、本件舉證方法：

　　雇主於勞工竊盜事件發生時，業經調查，並作成停職處分，故法院認定自停職處分作成時起，雇主即知悉勞工之竊盜行為。

三、法院認定，雇主就該款規定之終止勞動契約事由，並無須等待司法機關之起訴或判決，**故當雇主確實知悉員工已違反勞動契約或工作規則時，法定之 30 日除斥期間即開始計算**。故本件雇主直到知悉員工違反工作規則十個月後方解僱員工，顯已罹於除斥期間規定，並不合法，員工仍得請求雇主給付積欠工資至其復職日止。（本件大通公司即應按月給付 27,900 元予陳先生，直到陳先生復職日止）

最高法院 102 年度台上字第 899 號民事裁定摘錄：

主文：

上訴駁回。

第三審訴訟費用由上訴人（按：即雇主）負擔。

理由（摘錄）：

……被上訴人原受僱上訴人擔任稽查員，於民國九十八年一月十九日竊用同事之信用卡消費，經上訴人調查認其案情節重大，於同年四月二十八日作成停職處分，堪認上訴人於該時即已知被上訴人之竊盜行

為。被上訴人嗣於同年八月二十八日遭起訴，其後判刑確定，上訴人則於九十九年二月二十五日以被上訴人違反工作規則第二十七條第八款：員工有竊取他人財物，經查證屬實者，得不經預告逕予解僱之約定，將其解僱。上訴人雖稱其至九十九年二月十二日始確信被上訴人受起訴云云，惟上開條款無須等待司法機關之起訴或判決，況上訴人曾於九十八年十一月回覆第一審法院調取相關資料之函文，應知悉被上訴人業遭起訴而由法院審理中，卻遲至九十九年二月二十四日始將被上訴人解僱，顯已逾勞動基準法第十二條第二項規定之三十日除斥期間，難認合法，被上訴人自得請求上訴人給付積欠工資至其復職日止。

經濟性解僱

懲戒性解僱

合意終止

競業禁止

時效

員工工作時挖苦老闆，被開除不是剛好而已嗎？

　　原任職哈哈旅行社部長的郭小姐，因嘲笑韓籍李姓負責人「你的中文不好，我們聽不懂」，又於兩韓有開戰之虞時，挖苦李姓負責人「要不要滾回去打仗」，於 102 年 4 月 30 日被公司寄發存證信函開除。理由除了上述嘲笑老闆的言語外，還包括郭小姐 2 年間遲到共 97 次、屢勸不聽，又利用公司上班打卡系統漏洞，在家以手機上網偽造準時到班紀錄共 78 天。郭小姐不服怒提告，法院會怎麼看呢？

律師貼心話：

　　一審法院判決郭小姐全部敗訴，主要是認為郭小姐連續多次故意利用手機亦可登錄 GNIS 系統起算上班時間之漏洞，已經違反雙方的勞動契約及員工之忠實及忠誠義務，所以解僱合法。二審法院則認為郭小姐雖然遲到次數頻繁，但每次約 5 分鐘到 15 分鐘，所以公司應從公開告誡、調職或罰薪等方式漸進糾正，而不是直接開除，否則違反「解僱最後手段性原則」。且二審法院另認為，郭小姐當眾對老闆出言不遜，雖非職場應有的態度，但仍不構成勞基法所定的重大侮辱，所以二審基於上述理由改判哈哈旅行社與郭小姐僱傭關係存在，且須按月支付郭小姐薪水 9 萬餘元直到復職，累積至今已逾 348 萬元，並分批依年利率 5% 計息，最高法院最後維持二審判決，全案定讞。最後由證人證述、工作時間表，可以證明郭小姐上班遲到及是否有侮辱老闆的事實，而聘僱人員契約書可以證明雙方間的勞動契約內容。

臺灣高等法院 103 年度重勞上字第 18 號民事判決摘錄：

主文：

原判決廢棄。

確認上訴人（按：即勞工）與被上訴人間僱傭關係存在。

被上訴人應自民國一百零二年四月三十日起至上訴人復職之日止，按月給付上訴人新臺幣玖萬壹仟陸佰拾陸元及各自次月二十五日起至清償日止，按年息百分之五計算之利息，第一次應給付日為民國一百零二年五月二十五日。

第一、二審訴訟費用均由被上訴人負擔。

本判決所命給付，於上訴人以新臺幣陸拾陸萬捌仟元供擔保後得假執行，但被上訴人如以新臺幣貳佰萬元預供擔保，得免為假執行。

理由（摘錄）：

……五、上訴人另主張被上訴人以情節輕微之事或虛構情節終止兩造間勞動契約為不合法，勞動契約仍然存在等節，則為被上訴人所否認，並以前詞置辯。是本件所應審酌者厥為：（一）被上訴人主張上訴人違反勞動契約情節重大，依兩造間所簽訂之聘雇人員契約書第 4 條第 1 項約定，及勞基法第 12 條第 1 項第 4 款規定，終止與上訴人間之勞動契約，有無理由？（二）被上訴人主張上訴人有重大侮辱被上訴人公司法定代理人李○官之行為，而以勞基法第 12 條第 1 項第 2 款終止

勞動契約，有無理由？茲分述如下：

（一）被上訴人主張上訴人違反勞動契約情節重大，依兩造間所簽訂之聘僱人員契約書第 4 條第 1 項約定，及勞基法第 12 條第 1 項第 4 款規定，終止與上訴人間之勞動契約，有無理由？

1. 按勞工違反勞動契約或工作規則，情節重大者，雇主得不經預告終止契約；雇主依前開規定終止契約者，應自知悉其情形之日起，30 日內為之，勞基法第 12 條第 1 項第 4 款、第 2 項分別定有明文。此所謂「自知悉其情形之日起 30 日內為之」，係指雇主於知悉勞工有該條規定情形時，自知悉之日起 30 日內得依法終止契約而言。而僱主對於違反紀律之勞工，施以懲戒處分，固係事業單位為維持其經營秩序所必須，惟所採取之方式，不可逾越必要之程度，此即懲戒處分相當性原則。且解僱具有最後手段性，亦即為雇主終極、無法避免、不得已之手段，且內容應合於比例原則中之必要性原則。懲戒性解僱手段之採取，須有勞基法第 12 條第 1 項各款所列情形，足認勞動關係受到嚴重干擾而難期繼續，而有立即終結之必要者，且雇主亦已無法透過其他懲戒方法，如記過、扣薪、調職等維護其經營秩序時，始得為之。故而，**勞基法第 12 條第 1 項第 4 款所謂「情節重大」，係屬不確定之法律概念，不得僅就雇主所訂工作規則之名目條列是否列為重大事項作為決定之標準，須勞工違反勞動契約或工作規則之具體事項，客觀上已難期待雇主採用解僱以外之懲處手段而繼續其僱傭關係，且雇主所為之懲戒性解僱與勞工之違規行為在程度上須屬相當，方符合上開勞基法**

規定之「情節重大」之要件。則勞工之違規行為態樣、初次或累次、故意或過失違規、對雇主及所營事業所生之危險或損失、勞雇間關係之緊密程度、勞工到職時間之久暫等，均為是否達到懲戒性解僱之衡量標準（最高法院 96 年度台上字第 631 號判決參照）。

2. 被上訴人以員工每日登錄 GNIS 時間認定員工到班時間，此經證人即被上訴人公司前會計人員陳○貞證稱：員工上班要用 GNIS 系統打卡，支社長會查看 GNIS 系統登入狀況，也會請伊每天負責看 GNIS 系統差勤狀況，伊每個月月初要列印上個月各個員工的差勤紀錄，支社長看完再發給各個員工看，員工上下班時間是以 GNIS 系統登入、登出的時間為準；及證人即被上訴人公司入境部門課長李○玲證稱：被上訴人公司有上班打卡制度，上班以 GNIS 系統登入為準。伊有看過每月**上班時間表**，是月初會計發給每個人一張，請伊等確認上班時間，沒有問題後簽名交回給會計，若有問題在上面寫下解釋再拿給自己的主管看；及證人即被上訴人公司出境部門業務人員羅○芳證稱：被上訴人規定以登錄 GNIS 系統做為上下班時間依據。**伊從來沒有用手機登入 GNIS 系統**等語在卷（見原審卷二第 45 至 47 頁、第 51 頁反面）。參以上訴人在其上班時間表於 101 年 4 月 26 日電腦登載「無故缺勤」處註記**「我有上班」**、於 101 年 11 月 23 日電腦登載「無故缺勤」處註記**「忘記打卡」**、於 100 年 7 月 22 日、101 年 1 月 5 日、101 年 1 月 9 日、101 年 2 月 23 日電腦登載「遲到」處註記**「忘記打卡」**並簽名（見原審卷一第 130、136、137、139、146 頁），足見被上訴人每

月確有以員工上班時間表管控員工出勤是否正常。至於上訴人雖主張被上訴人並未要求員工準時上班云云，惟李○官於 102 年 2 月 21 日 8 時 45 分曾勸誡上訴人「上班不要遲到」，有電腦頁面在卷可查（見原審卷一第 157 頁）；倘上訴人上開主張屬實，上訴人又何需於上班時間表上電腦登載「遲到」、「缺勤」處註記以向主管解釋其原因；參以證人羅○芳亦證稱：伊於 99 年 10 月應徵進來之前，上訴人有提過支社長不高興上訴人遲到這件事等語明確（見原審卷二第 52 頁），顯見上訴人確實知悉被上訴人要求員工按時出勤，是上訴人否認被上訴人以員工登錄 GNIS 系統時間作為員工上班時間云云，即非可採。

……4. 按兩造勞動契約第 5 條、第 16 條第 4 項約定：「給假、請假、例假、（特別）休假，依甲方（即被上訴人）相關規定辦理，並應辦妥請假程序始得離開工作崗位，...。」、「乙方（即上訴人）在工作時間內，非經主管（或有管理權人員）允許，不得擅離工作崗位。」，有聘僱人員契約書可查（見原審卷一第 31、32 頁）。上訴人固有多次遲到及打卡不實之情，然而就上訴人遲到之情形是否嚴重而影響及公司之勞資關係難以維持等情，依證人陳○貞於原審稱：大家都會遲到，上訴人也有遲到等語（見原審卷二第 46 頁反面），**且公司員工沒有因出勤記錄而受到公司處罰之情**（見原審卷二第 45 頁反面）；證人李○玲則稱：「（上訴人的遲到的狀況為何？）遲到大概 5 分鐘左右。」（見原審卷二第 48 頁反面），核與證人羅○芳證稱：「（是否知道上訴人上班會遲到？）會，就我印象，後期比較多一點，約莫 3、4 月份時，

壹個禮拜大約遲到一、兩次，事實上不會遲到很久，大概 5 至 15 分鐘左右。」（見原審卷二第 51 頁反面）大致相符，**可知縱使上訴人上班發生遲到情況之次數雖屬較多，然大概遲到時間係 5 至 15 分鐘左右，衡情並不嚴重。被上訴人公司如認遲到係屬重大影響公司秩序之事，惟就該等事由均並未加以處罰，亦未使用罰薪、降職等懲戒手段處理，自難認上訴人之遲到情形對被上訴人而言，已構成違反勞動契約情節重大之情事。被上訴人公司在解僱上訴人前，皆未先對上訴人為告誡、減薪等其他較輕微之懲戒手段，而遽將上訴人解僱，已違反解僱最後手段性原則。**

……（二）被上訴人主張上訴人有重大侮辱被上訴人公司法定代理人李濟官之行為，而以勞基法第 12 條第 1 項第 2 款終止勞動契約，有無理由？

1. 按勞基法第 12 條第 1 項第 2 款及第 2 項規定，勞工對於雇主或雇主之代理人有實施暴行或重大侮辱之行為者，雇主得於知悉其情形之日起 30 日內，不經預告終止勞動契約。**所謂侮辱，係指以言語或舉動使他人覺得難堪而言；而重大與否，則應就具體事件，衡量受侮辱者所受侵害之嚴重性，並斟酌勞工及受侮辱者雙方之職業、教育程度、社會地位、行為時所受之刺激、行為時之客觀環境及平時使用語言之習慣等一切情事為綜合之判斷，且基於憲法保障工作權，尚須該勞工之侮辱行為，已達於令雇主繼續勞動契約給付工資，甚至待預告期滿再終止勞動契約均已成為不可期待之狀況，或繼續勞動契約將造成雇主**

之損害，非採取此等非常手段不能防免之程度，始得謂符合該條所謂重大侮辱要件，而由雇主終止勞動契約。

2. 被上訴人稱上訴人出言「所長你的中文不好，我們聽不懂」、「所長你要不要滾回去打仗」等語對被上訴人法定代理人李○官造成侮辱云云。經證人羅○芳證稱：伊有聽過，是在南北韓緊張之後，約 4 月中，在 6 樓的辦公室聽到的，當時伊坐在座位上，伊覺得上訴人是用戲謔的口氣對支社長說的等語明確（見原審卷二第 52 頁），足認上訴人確有對李○官為上開言語。而李○官為上訴人之主管，上訴人向李○官所言「要不要滾回去打仗」一語，在用語上雖屬輕蔑而使人較為難堪之言語，然衡其在公司之地位，係屬僅次於李○官以下之高階主管，**該等發言僅能認為係同儕間不帶惡意之戲謔，尚難認已達公然侮辱之情**。上訴人恣意對李○官為上開言語，雖非在職場應有之態度，然尚未至重大或公然侮辱之程度，被上訴人主張依勞基法第 12 條第 1 項第 2 款規定終止勞動契約，尚非有據。

3. 至於被上訴人主張上訴人復於 Facebook 網頁上以李○官「沒良心」一語侮辱被上訴人之法定代理人，並提出上開 Facebook 網頁為證（見原審卷一第 172 頁），惟觀諸全文，**只是上訴人心情之發洩，上訴人既未明指為何人，縱認其間接暗指李○官沒良心，亦僅是一般員工對主管不體貼之抱怨，尚難逕認上訴人對被上訴人之法定代理人有何侮辱行為**。又上訴人縱與李○官在被上訴人公司內部 Ntalk 聊天室平台上對話時，表示李○官是「獨裁主義的管理」，有該網頁列印可查（見

原審卷一第 170 頁），**惟參諸其發言之前後詞語，應認其僅在表達其不滿由領導者決定一切之管理方式，尚難謂有何侮辱性**，被上訴人主張依勞基法第 12 條第 1 項第 2 款規定終止勞動契約，亦非有理由。

六、綜上所述，**上訴人縱有前揭有關遲到、偽打卡、產品下架爭議、和發言不遜之事實，然而衡諸其對公司之投入情形、工作性質係屬業務部門之工作，於公司之職位較高且所領受薪資不低，就前開不當之行為，本可於公開會議中加以告誡、調查究責求償、並以罰薪、減薪、降職或調職等合於比例原則之方式為漸進處理，但被上訴人均未為之，亦未證明為何無法為前開之漸進處理之情，其遂行於 102 年 4 月 30 日依勞基法第 12 條第 1 項第 4 款規定，公告於同日終止與上訴人間僱傭契約關係，該等終止顯然違反首揭之「解僱最後手段性」原則，自不生終止契約之效力**。從而，上訴人請求確認兩造間之僱傭關係存在，及請求被上訴人應自 102 年 4 月 30 日起至復職日止，按月給付上訴人 9 萬 1,636 元，及各自次月 25 日起至清償日止，按年息 5% 計算之利息，第 1 次給付日期為 102 年 5 月 25 日，即應予准許。從而原審為上訴人敗訴之判決，尚有未洽，上訴論旨指摘原判決不當，求予廢棄改判，為有理由，爰由本院廢棄改判如主文第 2 項所示。又兩造均陳明願供擔保宣告准免假執行，經核均無不合，爰分別酌定相當擔保金額准許之。

職場性騷擾一定能成為公司合法解僱的理由嗎？

　　謝阿勇自 85 年 1 月 4 日起受僱於華威公司擔任作業員，時至 105 年 1 月 30 日，謝阿勇與同事 A 女於工作場合間發生言語爭執，說出「A 女一下子跟著這個男生，一下子又是跟另外一個男生」等語，並用三字經辱罵 A 女，又以帶有性騷擾意涵之「出來給人幹」、「走……出來相幹」辱罵 A 女，甚至將鈔票塞進 A 女胸前口袋因而碰觸到 A 女胸部。於 105 年 2 月 1 日，華威公司成立專案調查小組（性平會）進行調查及約談相關人員。嗣後於 105 年 2 月 23 日，華威公司以謝阿勇在工作場所對女性同事為性騷擾情節重大為由通知解僱，謝阿勇此時還有機會嗎？

律師貼心話：

一、法院認為謝阿勇雖確有性騷擾之事實，惟解僱必須符合「最後手段性」，衡量謝阿勇已在公司工作 20 年，工作表現尚稱良好，且如將謝阿勇解僱可能使其中年失業而失經濟來源。另外華威公司工作規則第 61 條規定，被告對涉及性騷擾之員工懲戒方式，依情節輕重情形分別列有小過、大過、解僱三種類型，謝阿勇此次為初犯，且事後有道歉，選擇記大過已經可以讓謝阿勇心生警惕，知所悔改，亦足生嚴懲之效果而得以維持被告公司內部紀律。綜上，華威公司選擇以解僱之方式，已經違反解僱之最後手段性原則。

二、雇主基於誠信原則應有告知勞工其被解僱事由之義務，基於保護勞工之意旨，雇主不得隨意改列其解僱事由。所以華威公司於謝阿勇起訴後才增列勞基法第 12 條第 1 項第 2 款及工作規則第 61 條第 1 項第 3 款之規定（對共同工作之勞工有重大侮辱行為），自不合法。

三、雇主必須在知曉有解僱事由存在時，於 30 日內終止與勞工的勞動契約，
　　華威公司遲至 105 年 5 月 6 日始主張勞基法第 12 條第 1 項第 2 款，已
　　經超過除斥期間，故自不得再行主張。

臺灣桃園地方法院 105 年度勞訴字第 22 號民事判決摘錄：

主文：

確認原告（按：即勞工）與被告間之僱傭關係存在。

被告應給付原告新臺幣陸仟玖佰壹拾柒元及自民國一〇五年四月十六
日起至清償日止，按週年利率百分之五計算之利息。

被告應自民國一〇五年四月二十五日起至原告復職日止，按月於每月
二十五日給付原告新臺幣參萬肆仟捌佰伍拾參元，及自各期應給付日
之翌日起至清償日止，按週年利率百分之五計算之利息。

訴訟費用由被告負擔。

本判決第二項，於原告以新臺幣貳仟參佰元為被告供擔保後，得假執
行。但被告以新臺幣陸仟玖佰壹拾柒元為原告預供擔保，得免為假執
行。

本判決第三項到期部分，於原告每期以新臺幣壹萬貳仟元為被告供擔
保後，得假執行。但被告每期以新臺幣參萬肆仟捌佰伍拾參元為原告
預供擔保，得免為假執行。

經濟性解僱

懲戒性解僱

合意終止

競業禁止

時效

理由（摘錄）：

……四、原告主張被告終止兩造間勞動契約並非合法，兩造間僱傭關係仍然存在，被告應按月給付薪資 3 萬 4,853 元等語，惟為被告所否認，並以前揭情詞置辯。經查：

（一）按雇主為維護企業內部秩序，對於不守公司紀律勞工固得懲戒，而在各種懲戒手段中，以解僱而終止雙方間之勞動契約關係，因涉及勞工工作權之保障，因此在可期待雇主之範圍內，若有捨解僱而得採用對勞工權益影響較輕之措施者，應係符合憲法保障工作權之價值判斷，**故解僱係雇主終極、無法迴避、不得已的手段，即「解僱之最後手段性」。故勞基法第 12 條第 1 項第 4 款規定，勞工有違反勞動契約或工作規則，情節重大者，雇主得不經預告終止契約，上開「情節重大」，係屬不確定之法律概念，不得僅就雇主所訂工作規則之名目條列是否列為重大事項作為決定之標準，須勞工違反工作規則之具體事項，客觀上已難期待雇主採用解僱以外之懲戒手段而繼續其僱傭關係，且雇主所為之懲戒性解僱與勞工之違規行為在程度上須屬相當，符合比例原則，始構成上開「情節重大」之要件。是勞工之違規行為態樣、初次或累次、故意或過失違規、對雇主及所營事業所生之危險或損失、商業競爭力、內部秩序紀律之維護，勞雇間關係之緊密情況、勞工到職時間之久暫等，衡量是否達到懲戒性解僱之程度（最高法院 105 年度台上字第 1894 號判決意旨參照）。**

（二）……又依被告之工作規則第 61 條第 1 項第 40 款規定：「從業人員有下列情事之一，經查屬實或有事證者。（一）有下列行為之一而有具體事證或經查證屬實者，得予以解僱事由：… 對他人性騷擾，情節重大者。」（見本院卷第 24 頁背面至第 25 頁工作規則），亦明定有「情節重大」之要件，核與上開勞基法第 12 條第 1 項第 4 款之規定相呼應，依上開說明，被告自不得僅以勞工涉有違反工作規則所定情事，即逕認符合解僱之標準，尚應斟酌勞工違反系爭工作規則之具體行為，客觀上是否已難期待雇主採用解僱以外之懲戒手段，始得認為構成上開「情節重大」之要件。

……（四）次查，原告前開性騷擾行為，雖至屬不當，然尚難認係基於危險的性意圖所為，該行為客觀上尚不致對被告公司內之其他員工造成一般性之安全威脅或危害。且原告於事發後翌日隨即向 A 女道歉（見本院卷第 59 頁），足見原告非全無反省之意。另查，原告自 85 年起任職被告公司，迄至發生系爭性騷擾事件時之服務年資超過 20 年，其服務被告公司期間僅受 1 次申誡處分（事由為無正當理由開啟廠內安全門），此為兩造所不爭執，並有獎懲申報表在卷可佐（見本院卷第 104 至 107 頁），堪認原告任職期間之工作表現尚稱良好。斟諸原告於被告公司任職已超過 20 年，衡情原告之生活、經濟來源早已長期緊密依賴此份工作，此依賴關係，因時間長達 20 年已緊密難以切割，若忽遭解僱，可能使年逾四十之原告（不易再另覓新工作）失去長期仰賴之收入來源，並使原告將來退休生活之經濟來源堪虞。再者，

經濟性解僱

懲戒性解僱

合意終止

競業禁止

時效

依被告工作規則第 61 條規定，被告對涉及性騷擾之員工懲戒方式，依情節輕重情形分別列有小過、大過、解僱三種類型（見本院卷第 24 頁背面至第 27 頁之工作規則），而被告自承記一大過者減發年終獎金 30 日、績效獎金扣減 5,000 元、被懲戒者一年內不得晉升等節（見本院卷第 135、147、148 頁），足見被告尚可選擇以記大過等較嚴厲之方式懲處原告此次劣行，使原告心生警惕，知所悔改。本院審酌原告前述性騷擾違失行為之情節、原告違失行為後之態度、原告年資長達 20 年、工作表現尚稱良好等兩造間已達緊密程度之僱傭關係、該單一性騷擾事件對被告紀律之維護（若被告對原告以記 1 支或 2 支大過方式懲戒，亦足生嚴懲之效果而得以維持被告公司內部紀律）及原告此次不當行為僅係偶發且係針對單一個人為之，對被告公司整體營運所生危害尚非重大等各節綜合以觀，認被告不應僅憑上開偶發事件，而對原告採用最嚴厲之解僱懲戒手段，顯然過苛，已違反解僱之最後手段性原則。……綜上，被告依其工作規則第 61 條第 1 項第 40 款或勞基法第 12 條第 1 項第 4 款之規定，於 105 年 2 月 23 日通知原告終止兩造勞動契約，為不合法。

（五）再按勞基法第 11、12 條分別規定僱主之法定解僱事由，為使勞工適當地知悉其所可能面臨之法律關係的變動，僱主基於誠信原則應有告知勞工其被解僱事由之義務，基於保護勞工之意旨，僱主不得隨意改列其解僱事由，同理，僱主亦不得於原先列於解僱通知書上之事由，於訴訟上為變更再加以主張（最高法院 95 年度台上字第 2720 號

判決意旨參照）。查被告於解僱原告時所發給之離職證明書，係記載「性騷擾情節重大」（見本院卷第 13 頁），參以證人丙○○亦證稱：伊於 105 年 2 月 23 日告知原告因性騷擾情節重大予以解僱等語（見本院卷第 114 頁背面），再斟諸被告於桃園市勞資和諧促進會處理勞資爭議協調會議中，僅主張其係因原告違反系爭工作規則第 61 條第 1 項第 40 款（對他人性騷擾情節重大）之規定，終止勞動契約，有該會議紀錄可稽（見本院卷第 14、15 頁），足認被告解僱原告時所主張之解僱事由，僅係援引該工作規則第 61 條第 1 項第 40 款（勞基法第 12 條第 1 項第 4 款）之規定。是被告於本件訴訟中始就其於 105 年 2 月 23 日解僱行為增列解僱事由包括勞基法第 12 條第 1 項第 2 款之規定及工作規則第 61 條第 1 項第第 3 款之規定（對共同工作之勞工有重大侮辱行為），自不合法。**又依勞基法第 12 條第 2 項規定，雇主依同條第 1 項第 2 款之規定終止契約者，應自知悉其情形之日起 30 日內為之，而被告遲至 105 年 5 月 6 日始具狀主張勞基法第 12 條第 1 項第 2 款、工作規則第 61 條第 1 項第 3 款規定之終止事由（見本院卷第 45、46 頁答辯狀），亦已逾 30 日之除斥期間，自不得再行主張。**

相　關 法　條	**勞動基準法第 12 條**

勞動基準法第 12 條

勞工有左列情形之一者，雇主得不經預告終止契約：

一、於訂立勞動契約時為虛偽意思表示，使雇主誤信而有受損害之虞者。

二、對於雇主、雇主家屬、雇主代理人或其他共同工作之勞工，實施暴行或有重大侮辱之行為者。

三、受有期徒刑以上刑之宣告確定，而未諭知緩刑或未准易科罰金者。

四、違反勞動契約或工作規則，情節重大者。

五、故意損耗機器、工具、原料、產品，或其他雇主所有物品，或故意洩漏雇主技術上、營業上之秘密，致雇主受有損害者。

六、無正當理由繼續曠工三日，或一個月內曠工達六日者。

雇主依前項第一款、第二款及第四款至第六款規定終止契約者，應自知悉其情形之日起，三十日內為之。

公司可以用連續曠職三日為理由而合法解僱我嗎？

　　王莉莉於海綿寶寶公司擔任倉庫管理員，於 107 年 8 月間，莉莉因懷孕而有安胎休養的必要，因而於 8 月 31 日用通訊軟體向海綿寶寶公司之負責人謝老闆表示需請兩個月安胎假，並表示嗣後會提供醫師診斷證明。謝老闆因而同意莉莉於 9 月 1 日起至 10 月 31 日止請假在家休息，隨後莉莉即提出「9 月 1 日至 9 月 14 日」因妊娠需休養之診斷證明，後因更換醫師故提出「9 月 19 日至 10 月 31 日」因妊娠需休養之診斷證明，然謝老闆竟因莉莉無法提出 9 月 15 至 18 日需休養之診斷證明，即以莉莉連續曠職三日以上而將莉莉解僱，請問謝老闆的行為合法嗎？

律師貼心話：

一、法院認為依勞基法第 12 條 1 項第 6 款之規定，可知勞工需具備：1. 勞工無正當理由曠工，2. 繼續曠工三日之法定要件，雇主才可合法解僱勞工。若僅符合其中一要件，雇主上不得依此規定合法解僱勞工，而且「繼續曠工」是指勞工實際應為工作之日無故不到工者而言，其受核准請假之日，則仍不可併予計入繼續曠工之範圍，因此，本件王莉莉以先用通訊軟體向謝老闆表示需請兩個月安胎假，並補上證明，謝老闆也同意之，故莉莉雖無法提供 9 月 15 日至 18 日之醫師診斷證明，但莉莉請安胎假並非無正當理由，且亦事先請假，謝老闆對於此段期間莉莉無法到公司上班有預見性，而本件莉莉提出與謝老闆之通訊軟體對話紀錄即為莉莉勝訴之證據方法，故謝老闆將莉莉解僱之行為，並不合法。

二、給雇主之建議：

　　　建議公司應訂立請假流程及規範，並要求勞工提出必須請假之證

明，始完成請假手續，而非泛泛同意勞工請假之時間，若公司僅泛泛同意勞工請假，則法院即得認定雇主既已同意，且對勞工請假有預見可能，公司就此解僱勞工即不合法。

三、給勞工建議：

建議勞工用通訊軟體、簡訊等方式請假時，可截圖存檔，作為其有請假而公司亦有准假之證明。

臺灣高雄地方法院 105 年度勞訴字第 54 號民事判決摘錄：

主文：

確認兩造間之僱傭關係存在。

原告（按：即勞工）其餘之訴駁回。

訴訟費用由被告負擔二分之一，餘由原告負擔。

理由（摘錄）：

……七、本院得心證之理由：（一）原告於系爭四日未至被告處提供勞務部分，是否構成「無正當理由繼續曠工三日」之事由？1. 按勞工無正當理由繼續曠工三日者，雇主得不經預告終止契約，勞基法第 12 條第 1 項第 6 款定有明文。據此規定可知，雇主得不經預告終止契約者，必須具備：（一）勞工無正當理由曠工，（二）繼續曠工三日之法定要件，若僅符合其中之一者，尚不構成終止契約之事由。從而，

勞工雖繼續曠工三日，但其曠工非屬無正當理由者，雇主即不得據以終止契約（最高法院84年度台上字第1275號判決意旨參照）。次按所謂「繼續曠工」，係指勞工實際應為工作之日無故繼續不到工者而言，其受核准請假之日，不得併予計入繼續曠工之範圍（最高法院81年台上字第127號判例要旨可參）。又按經醫師診斷，懷孕期間需安胎休養者，其休養期間，併入住院傷病假計算；勞工請假時，應於事前親自以口頭或書面敘明請假理由及日數，勞工請假規則第4條第2項、第10條前段分別定有明文。再按受僱者經醫師診斷需安胎休養者，其治療、照護或休養期間之請假及薪資計算，依相關法令之規定，性別工作平等法第15條第3項亦有明文。2.原告主張系爭四日屬被告核准系爭安胎假期間之範圍，且已提供證明文件業完成請假程序，即便該四日因缺乏醫師之診斷證明，而認請假程序有瑕疵，亦得以法定產檢假方式處理，非無故不到工，未構成繼續曠工之行為，被告則執前詞為辯。經查，原告自104年5月24日起受僱於被告；原告於104年8月24日至同年11月6日，以Line通訊軟體與被告之法定代理人甲○○對話，其中原告代號係「瀅瀅兒」，甲○○代號係「阿性-老闆兒」，內容如附件一；被告因原告受僱期間發生妊娠之事實，初步同意原告於系爭安胎假期間請假安胎等節，為兩造所不爭執，且參諸原告與甲○○於104年8月31日之對話內容（見本院卷第7、8頁），記載「⋯⋯**瀅瀅兒（即原告）：因為我想休息一兩個月應該就可以比較穩定了。阿性-老闆兒（即甲○○）：你要留職多久呢？阿性-老闆兒：一兩個月嗎？那就定9/1-10/31。瀅瀅兒：我會補證明給kimi。阿性-**

經濟性解僱

懲戒性解僱

合意終止

競業禁止

時效

253

老闆兒：好。……」，可見原告於系爭四日之不到工，乃被告於 104 年 8 月 31 即得預見，且經被告首肯甚明，是原告之系爭四日應屬事先受被告同意請假之期間，堪予認定。……然勞工請假規則第 10 條之請假手續僅規定「勞工請假時，應於事前親自以口頭或書面敘明請假理由及日數」，另就其餘法定請假程序之具體內容、要件則付之闕如，毋寧應解為該程序之具體內涵與要件乃立法者有意保留予雇主自行定奪之權限。而被告所定請假手續，固要求受僱者之病假應檢附看診收據或診斷證明，惟就「安胎假」具連續請假可能之性質，並無明文規範受僱者於「安胎假」之請假期間應檢附含括該期間始日至終日之證明文件，徵諸勞基法令之基本精神在於保障勞工（即受僱人）之權益，於雇主所定請假程序出現要件不明時，自應以有利勞工之方式解釋，易言之，被告既無規定「安胎假」之證明文件應涵攝至整體請假期間，且原告因變更就診醫院致看診醫師所出具之證明文件出現系爭四日之落差，倘強迫原告必須提出系爭四日之證明文件始能完備系爭安胎假期間之安胎請假程序，對原告實屬過苛。況被告知悉原告之系爭四日具安胎休養必要，且原告對系爭四日前後之安胎請假均已檢附證明文件，業如前述，堪認原告已完成系爭安胎假期間之請假程序無誤。遑論，縱認原告因系爭四日缺乏安胎必要之證明文件而引發請假瑕疵之爭議，然依性別工作平等法第 15 條第 4 項規定「受僱者妊娠期間，雇主應給予產檢假五日」，原告尚得以法定產檢假填補上開瑕疵甚明，故被告抗辯原告未完成請假程序云云，亦無足採。至最高法院 97 年度台上字第 13 號判決意旨雖載明「勞工於有事故，必須親自處理之正當

理由時，固得請假，然法律既同時課以勞工應依法定程序辦理請假手續之義務。則勞工倘未依該程序辦理請假手續，縱有請假之正當理由，仍應認構成曠職」云云（見本院卷第 122 至 123 頁），然該案之原因事實與本件相距甚遠，且未具體指明辦理連續安胎假之法定請假程序，自無足為有利被告之認定，故被告援引前揭判決意旨，辯稱原告於系爭四日屬曠職云云，亦無可取。

相　關
法　條

勞動基準法第 12 條

勞工有左列情形之一者，雇主得不經預告終止契約：

一、於訂立勞動契約時為虛偽意思表示，使雇主誤信而有受損害之虞者。

二、對於雇主、雇主家屬、雇主代理人或其他共同工作之勞工，實施暴行或有重大侮辱之行為者。

三、受有期徒刑以上刑之宣告確定，而未諭知緩刑或未准易科罰金者。

四、違反勞動契約或工作規則，情節重大者。

五、故意損耗機器、工具、原料、產品，或其他雇主所有物品，或故意洩漏雇主技術上、營業上之秘密，致雇主受有損害者。

六、無正當理由繼續曠工三日，或一個月內曠工達六日者。

雇主依前項第一款、第二款及第四款至第六款規定終止契約者，應自知悉其情形之日起，三十日內為之。

黃粱一夢，夢醒失業？

　　孟霆於 96 年 3 月 26 日起受僱於宇和公司，擔任機台操作之工作，遭宇和公司以其於 105 年 11 月 4 日夜間值班時睡覺，造成機器生產之銲條，無法依據正常生產作業程序生產，使機台事後都必須重新開機，導致耗損電、氬器及天然氣，是孟霆所為已符合勞基法第 12 條第 1 項第 5 款前段，「故意損耗機器、工具、原料、產品，或其他雇主所有物品。」之情形。故宇和公司於 105 年 11 月 18 日以違反勞基法第 12 條第 1 項第 5 款之規定，造成宇和公司嚴重損失、情節重大為由，以書面通知孟霆終止勞動契約，且僅發放工資至 105 年 11 月 30 日，宇和公司終止與孟霆間的勞動契約合法嗎？

律師貼心話：

一、法院認為，孟霆雖然在 105 年 11 月 4 日夜間值班時睡覺，但是因為孟霆所操作之機台流程為，先在 A 機台送料，再將 A 機台製作好的產品放上天車，運送到放在隔壁之 B 機台進料口製作實心焊線，並於 B 機台收集已生產完成之實心焊線放上天車，載送到下 1 個製程。又該製程之兩種機器因關機降溫及開機升溫均需要長時間，若不待其降溫完畢即開機升溫，將導致材料耗損，無法製作出好產品，因此該 2 種機台需要 24 小時運轉開爐，僅每年春節期間停爐 2 天，並花 2 天時間開爐。而孟霆於 105 年 11 月 5 日凌晨至設備辦公室睡覺時，係將 A 機台及 B 機台送料的電源關閉停止送料，並非將兩種機台停爐及重新開機。且證人亦表示於事發當日巡視時，並未發現前揭兩機台有因孟霆停止送料導致線圈損壞，又如果員工突然要請假，但機台卻沒有辦法停下來時，若為早

班或中班，有其他單位可以支援，若為夜班及假日，因沒有支援，機台就直接停機等情，為宇和公司所自承。是可知宇和公司於 105 年 11 月 3 日及 105 年 11 月 4 日孟霆值大夜班時，並無因 A 及 B 機台停機，或孟霆將 A 及 B 機台轉盤關閉而導致線材受損之情形，是本件並無勞基法第 12 條第 1 項第 5 款前段之情形，宇和公司之主張並不可採。

二、給雇主之建議：

員工夜間輪班時，應該要有督察人員適時的查勤，督促員工以免員工藉夜間公司無人監督時胡作非為。

三、給勞工之建議：

如因身體不適等原因致使上班時精神不濟，應該直接向雇主反應請假休息，不應該強迫自己上班，以免造成自身或公司更多的損害。

臺灣台南地方法院 106 年度南勞簡字第 1 號民事判決摘錄：

主文（摘錄）：

被告（按：即雇主）應給付原告新臺幣壹拾柒萬玖仟貳佰陸拾捌元，及自民國一百零六年一月十一日起至清償日止，按年息百分之五計算之利息。

原告其餘之訴駁回。

訴訟費用新臺幣壹仟玖佰陸拾伍元由被告負擔，餘由原告負擔。

本判決第一項得假執行。但被告如以新臺幣壹拾柒萬玖仟貳佰陸拾捌

經濟性解僱

懲戒性解僱

合意終止

競業禁止

時效

元為原告預供擔保，得免為假執行。

理由（摘錄）：

……被告雖又辯稱：原告於 105 年 11 月 3 日值大夜班時無故曠職，另於 105 年 11 月 4 日值大夜班時，在隔日凌晨 3 時 20 分以前即將 Q1 及 S7 機台轉盤關機至設備辦公室睡覺，前者導致 Q1 及 S7 機台停機無法生產，後者導致當時 Q1 機台中生產重量已達 526 公斤及 472 公斤之 Q109 及 Q105 等 2 台退火爐所生產 MIG-308LSI 銲條，無法依據正常生產作業程序，由原告送至 S7 機台生產，使 Q1 及 S7 機台事後都必須重新開機，導致耗損電、氨器及天然氣，是原告所為已符合勞動基準法第 12 條第 1 項第 5 款前段：「故意損耗機器、工具、原料、產品，或其他雇主所有物品。」之情形云云。然原告在被告公司之工作，平日需要先在 Q1 機台送料，再將 Q1 機台製作好的退火線圈放上天車，運送到放在隔壁之 S7 機台進料口製作實心焊線，並於 S7 機台收集已生產完成之實心焊線放上天車，載送到下 1 個製程；又該製程之兩種機器因關機降溫及開機升溫均需要長時間，若不待其降溫完畢即開機升溫，將導致材料耗損，無法製作出好產品，因此該 2 種機台需要 24 小時運轉開爐，僅每年春節期間停爐 2 天，並花 2 天時間開爐；而原告於 105 年 11 月 5 日凌晨至設備辦公室睡覺時，係將 Q102 機台及 S7 機台送料的電源關閉停止送料，並非將兩種機台停爐及重新開機，而證人顏欽賢於事發當日巡視時，並未發現前揭兩機台有因原告停止送料導致線圈損壞，又如果員工突然要請假，但機台卻沒有辦法停下來

時，若為早班或中班，有其他單位可以支援，若為夜班及假日，因沒有支援，機台就直接停機等情，為被告所自承，核與證人顏○賢於本院審理時所證相符（見本院卷第38頁至第39頁、第55頁至第57頁）。是可知被告公司於105年11月3日及105年11月4日原告值大夜班時，並無因Q1及S7機台停機，或原告將Q102及S7機台轉盤關閉而導致線材受損之情形外；又被告公司前揭Q1及S7機台除了每年歲修需停機4天外，平時都需開爐，其因開爐所花費之電費、瓦斯費及氨氣費用，並不因原告有無曠職或因待料而將Q102及S7機台轉盤關閉有所不同，且因原告於105年11月3日未上大夜班，及隔日凌晨值大夜班時因至設備辦公室睡覺而將前揭兩機台轉盤電源關閉，反而節省轉盤電源之花費。是被告所辯：原告於105年11月3日未上班，及隔日上大夜班時因睡覺而關閉機台轉盤電源之行為，係故意耗損機器、原料、工具、產品或其他雇主所有之物云云，並不可採。則被告以此為由，於105年11月18日以書面通知被告終止兩造僱傭契約，自屬無據。

相 關
法 條

勞動基準法第 12 條

勞工有左列情形之一者，雇主得不經預告終止契約：

一、於訂立勞動契約時為虛偽意思表示，使雇主誤信而有受損害之虞者。

二、對於雇主、雇主家屬、雇主代理人或其他共同工作之勞工，實施暴行或有重大侮辱之行為者。

三、受有期徒刑以上刑之宣告確定，而未諭知緩刑或未准易科罰金者。

四、違反勞動契約或工作規則，情節重大者。

經濟性解僱

懲戒性解僱

合意終止

競業禁止

時效

五、故意損耗機器、工具、原料、產品,或其他雇主所有物品,或故意
　　洩漏雇主技術上、營業上之秘密,致雇主受有損害者。

六、無正當理由繼續曠工三日,或一個月內曠工達六日者。

雇主依前項第一款、第二款及第四款至第六款規定終止契約者,應自知
悉其情形之日起,三十日內為之。

只是違反工作規則一次，就可以解僱？

　　明星高鐵公司為達高速行駛之安全要求，訂有「高速鐵路列車駕駛艙通行管制辦法」等工作規則，禁止未經授權者進入列車駕駛艙。小蘇於 98 年 3 月 22 日違規進入駕駛艙，於列車行駛 A 站至 B 站間約 10 分鐘許均滯留於駕駛艙內。經多家媒體報導，嚴重損害明星高鐵公司聲譽，影響明星高鐵公司與乘客間之信賴關係，是以，明星高鐵公司得否以小蘇違反工作規則，情節重大為由，終止兩造間之僱傭關係？

律師貼心話：

一、給雇主之建議：

　　　　各行各業均有其企業特性，惟並非一觸犯企業特性解僱即當然合法，仍須考量比例原則之問題。而於工作規則內訂定涉及違反企業特性之處罰時，建議在員工訓練階段，即盡可能使員工知悉並遵守，而非只是將工作規則隨意公告，如此將有助於降低勞資糾紛時之爭議問題。

二、給勞工之建議：

　　　　對於工作規則涉及懲戒問題時，法院判決漸漸傾向將企業特性列入考量重點，故傳統學理所謂解僱最後手段原則勢必受到限縮，勞工朋友在求職應徵時，務必多留意企業特性，尤其當工作規則將企業特性列入懲戒原因時，應警惕遵守，切勿以身試法。

臺灣高等法院 99 年度重勞上字第 14 號民事判決摘錄：

主文：

原判決除確定部分外廢棄。

被上訴人（按：即勞工）在第一審之訴及假執行之聲請均駁回。

第一審（除確定部分外）、第二審訴訟費用由被上訴人負擔。

理由（摘錄）：

……未按勞基法第 12 條第 1 項第 4 款、上訴人工作規則所稱情節重大，須勞工違反工作規則之具體事項，客觀上已難期雇主採用解僱以外之懲處手段而繼續其僱傭關係，且雇主所為之懲戒性解僱與勞工之違規行為於程度上相當，始符合其要件，為上訴人所自認。查本件事發後，國內多家媒體以頭版或大篇幅報導，甚引起網友多方討論，已嚴重損害上訴人之聲譽，破壞上訴人與乘客間之信賴關係，益證本次違規事件非同小可。而被上訴人擔任高鐵列車之服勤員近兩年之久，本應協助維護高速鐵路列車之行車安全，且其知悉高鐵列車速度極快，駕駛員必須全神貫注操作駕駛系統，並隨時提防可能之突發狀況。然被上訴人無視於相關安全之規定，在未經授權之情形下，竟單純基於好奇而執意要求進入駕駛艙，無端干擾駕駛員之操作，非但未能協助維護列車安全行駛，反為安全之破壞者，顯見其專業能力及態度無法勝任服勤員之工作，自不得主張因尚未發生實害為由主張上訴人之解僱不合法。再就大眾運輸事業尤以我國第一家高速鐵路之經營者言，安全

係由每項細節之遵守逐步累積而得，危險係從任何不經意之閃失漸次
增加，自須以高度注重安全、徹底消弭人為疏失之業務特質。另依張
正豪之證言，高速鐵路列車駕駛艙內之警醒開關或其他監控管制措施，
充其量僅能使上訴人確認列車駕駛員是否失能，無法擔保駕駛員確實
專心駕駛，行控中心亦無法控制列車之行進，自不得以高速鐵路列車
內外各項硬體裝置之功能完備，而忽視人為操作、置服勤人員應遵守
相關安全守則於不顧。顯然上訴人因被上訴人違背職務重大義務之行
為而終止兩造間之勞動契約，於法有據，無違反比例原則之情形。換
言之，與被上訴人個人之工作權相較，運輸大眾乘客集體之生命、財
產安全理應比被上訴人個人之工作權重要而應予以優先保障，此乃毫
無妥協餘地。尤以被上訴人任職上訴人已近兩年之久，對於相關工作
規則知之甚詳，乃被上訴人於事發之際竟因「好奇心」（調字卷第6頁）
而要求進入駕駛艙乘坐，足見其維安觀念實屬薄弱而有偏差，上訴人
辯稱其已無法信賴被上訴人繼續擔任服勤員，自屬信而有徵。苟認上
訴人不得依勞基法、工作規則相關規定將被上訴人解僱，上訴人將無
法管理其餘員工、無法確保大眾乘客之運輸安全，更無法保障乘客之
生命、財產安全，顯見依被上訴人違反工作規則之上開具體事項，客
觀上已難期上訴人採用解僱以外之懲處手段而繼續其僱傭關係，且上
訴人所為之懲戒性解僱與勞工之違規行為於程度上已屬相當，揆諸上
開說明，本件已符合勞基法第 12 條第 1 項第 4 款、上訴人上開工作規
則所稱之情節重大，上訴人將被上訴人解僱，終止兩造勞動契約，於
法有據。

相　關
法　條

勞動基準法第 12 條

勞工有左列情形之一者，雇主得不經預告終止契約：

一、於訂立勞動契約時為虛偽意思表示，使雇主誤信而有受損害之虞者。

二、對於雇主、雇主家屬、雇主代理人或其他共同工作之勞工，實施暴
　　行或有重大侮辱之行為者。

三、受有期徒刑以上刑之宣告確定，而未諭知緩刑或未准易科罰金者。

四、違反勞動契約或工作規則，情節重大者。

五、故意損耗機器、工具、原料、產品，或其他雇主所有物品，或故意
　　洩漏雇主技術上、營業上之秘密，致雇主受有損害者。

六、無正當理由繼續曠工三日，或一個月內曠工達六日者。

雇主依前項第一款、第二款及第四款至第六款規定終止契約者，應自知
悉其情形之日起，三十日內為之。

員工濫用公司福利制度，可否不經預告終止勞動契約？

阿如利用自己身為華特森公司的員工，而以僅限員工得享有之折扣幫自己和朋友購買若干店內商品，藉由轉賣賺取中間的差價。華特森公司主張阿如已經違反公司的工作規則，所以不經預告就終止與阿如的勞動契約。阿如則主張自己就算違反公司的工作規則，情節也不嚴重，請問阿如的主張是否有理由？

律師貼心話：

一、本件法院認為勞基法第 12 條第 1 項第 4 款雖然規定：勞工違反勞動契約或工作規則，情節重大者，雇主得不經預告終止契約。但是所謂的「情節重大」必須在客觀上已難期待雇主採用解僱以外之懲處手段，才得以終止勞動契約，而阿如利用公司的福利政策轉賣獲利之行為，僅需要停止阿如的員工福利就得以避免。況且華特森公司每個月皆給予員工 1 萬元的員工購買權益，但是阿如於過去 8 個月內僅使用自己約 1 萬多元的員工購買額度，所以阿如的行為並未造成公司嚴重的損失。更不用說阿如也僅對外轉賣 21 瓶公司的商品，根本未達到將公司商品對外大批販售之程度，因此法院肯認阿如的主張，裁判阿如是非自願性離職，華特森公司應給付資遣費。

二、給雇主之建議：

勞工違反工作規則並非當然得不經預告而終止勞動契約，必須就勞工之違規行為態樣、初次或累次、故意或過失違規、對雇主及所營事業所生之危險或損失、商業競爭力、內部秩序紀律之維護，勞雇間關係之緊密情況、勞工到職時間之久暫等，衡量是否達到懲戒性解僱之程度。

臺灣臺中地方法院 105 年度勞訴字第 46 號民事判決摘錄：

主文（摘錄）：

被告（按：即雇主）應給付原告新臺幣 492,804 元，及自民國一〇五年四月十二日起至清償日止，按年息百分之五計算之利息。

被告應發給原告離職原因勾選「勞動基準法第十四條第一項第五、六款」之非自願離職證明書。

理由（摘錄）：

……（三）被告依勞基法第 12 條第 1 項第 4 款規定解僱原告，與該款規定「情節重大」要件不符，非屬合法。1. 按勞基法第 12 條第 1 項第 4 款規定，勞工有違反勞動契約或工作規則，情節重大者，雇主得不經預告終止契約。而**判斷是否符合「情節重大」之要件，應就勞工之違規行為態樣、初次或累次、故意或過失違規、對雇主及所營事業所生之危險或損失、商業競爭力、內部秩序紀律之維護，勞雇間關係之緊密情況、勞工到職時間之久暫等，衡量是否達到懲戒性解僱之程度。倘勞工違反工作規則之具體事項，係嚴重影響雇主內部秩序紀律之維護，足以對雇主及所營事業造成相當之危險，客觀上已難期待雇主採用解僱以外之懲處手段而繼續其僱傭關係者，即難認不符上開勞基法規定之「情節重大」之要件，以兼顧企業管理紀律之維護**（參照最高法院 105 年度台上字第 1894 號判決意旨）。是依上開說明，原告之系爭解僱事由一、二、三行為違反被告公司上開各工作規定之情，是否

符合勞基法第 12 條第 1 項第 4 款「情節重大」要件，有疑問者應在**被告違反工作規則之行為，是否已足以對雇主及所營事業造成相當之危險，客觀上已難期待原告採用解僱以外之懲處手段**？經查：

（1）被告公司「新員購政策」第 3 條第 1 項規定「一般商品 - 每日都享有 88 折優惠」、第 4 條第 1.1 項規定「一般商品每月購買金額上限折扣前為 10,000 元整」、第 7 條第 3 項規定「員購結帳方式可以使用現金、信用卡、屈○氏商品提貨卷、悠遊卡等四種方式結帳」、第 9 條規定「員購屬於員工個人之權益，不得私自轉讓給顧客或其他人，若經保安發現有違反規定之情形發生，公司除有權要求員工將折扣金額全數返還之外，另依違反情節之輕重懲處」等情，為兩造不爭執，**足見被告公司之員購政策僅係被告公司給予員工之福利政策，尚非原告執行藥師工作之必要管理措施，則原告縱違反該員購政策，應認僅係福利使用不當，是否因此即得施以解僱處分，誠為有疑…違反上開員購政策之部分，顯然以取消原告之員購權益等懲戒方式即足以防免，解僱處分自非原告此部分行為之最後手段；再者，被告公司既給付員工每人每月 10,000 元之員購權益，且原告於 104 年 1 月 6 日至 104 年 9 月 12 日期間，以員購折扣優惠**幫開設藥局之 AAA、單幫客 BBB 及自己朋友購買若元錠並結帳店內商品，**合計僅 16,537 元**，顯然未逾原告所享員購折扣優惠額度，益徵原告此部分行為所造成被告公司損失，尚在被告公司預期之營業損失或成本範圍內，**自難謂原告此部分行為已對被告公司營業造成相當之危險**。另原告之系爭解僱事由一行為中，

以員購折扣優惠為開設藥局 AAA 購買若元錠 6 瓶，為跑單幫 BBB 購買若元錠 15 瓶部分，雖違反被告公司「行為守則」第 2.11 條利益衝突規定，然依被告公司「懲戒原則」第 3 條規定「員工若犯有下列情事者，公司得不經預告逕行解僱：3-14. 未經公司營運或採購公總監同意而將大批產品販售者」，**原告此部分行為對外販售累積數量僅為 21 瓶（縱認員購折扣優惠購買之全數若元錠均為對外販售，其累積數量亦僅 43 瓶），顯然未構成被告公司於該「懲戒原則」明訂之「將大批產品販售」情形**，依被告公司「懲戒原則」亦難謂係得不經預告逕行解僱事由，況原告此部分行為亦以取消原告之員購權益等懲戒方式即足以防免，且原告此部分行為對外販售數量亦係以員購權益額度為限，仍在被告公司預期之營業損失或成本範圍內，足見原告此部分行為尚未對被告公司營業造成相當之危險，且解僱處分亦非原告此部分行為之最後懲戒手段。……

相　關
法　條

勞動基準法第 12 條

勞工有左列情形之一者，雇主得不經預告終止契約：

一、於訂立勞動契約時為虛偽意思表示，使雇主誤信而有受損害之虞者。

二、對於雇主、雇主家屬、雇主代理人或其他共同工作之勞工，實施暴行或有重大侮辱之行為者。

三、受有期徒刑以上刑之宣告確定，而未諭知緩刑或未准易科罰金者。

四、違反勞動契約或工作規則，情節重大者。

五、故意損耗機器、工具、原料、產品，或其他雇主所有物品，或故意

洩漏雇主技術上、營業上之秘密，致雇主受有損害者。

六、無正當理由繼續曠工三日，或一個月內曠工達六日者。

雇主依前項第一款、第二款及第四款至第六款規定終止契約者，應自知悉其情形之日起，三十日內為之。

經濟性解僱

懲戒性解僱

合意終止

競業禁止

時效

違反工作規則情節重大的認定標準？

　　鋒仔於 93 年起任職於 plastic 貨運公司擔任送貨員，公司的工作規則明定送貨員送貨時行至交叉路口應將車速降到 30 公里以下，如果有駕駛員超速駕駛致肇事者或超速駕駛累計達三次者就會被免職。鋒仔明知道這些規定，但覺得車速太慢會導致工作時間拉長無法提早下班，因此每次行至交叉路口，車速不只未降還加快，於是在 100 年的時候與其他小轎車發生擦撞，公司也因此將鋒仔免職，請問公司對鋒仔的免職處分有無理由？

律師貼心話：

一、plastic 公司鑑於自己是塑化業貨運公司，送貨員運送之貨物也都是危險的化學物品，運送時稍有不慎而溢漏出來都會造成附近民眾及環境極大的傷害，因此內部工作規則才會針對運送之車速嚴格規定。並且依據警察於車禍當時所做的「道路交通事故調查報告表」及「鋒仔自己承認」，鋒仔運貨行經交叉路口的時候確實超速，當時運送的也是高危險化學物品，法官藉由上述證據所拼湊之事實認定鋒仔之行為不只違反工作規則而且情節重大，公司給予之免職處分合理並且合法。

二、給雇主之建議：

　　工作規則可以依照企業不同之特性訂定，但是工作規則給予員工之懲處不能違反比例原則。公司招收新進員工時，應給予充足的職前訓練，令員工充分了解工作規則，事後也應不厭其煩的給予員工衛生訓練，以避免員工事後主張自己對工作規則不甚了解。倘若員工已經違反工作規則，公司應以文書警告而非僅以口頭警告。簡單說，公司應當抓

住的大原則為：使員工清楚的知悉工作規則，當員工違反時要有明確紀錄。

三、給勞工之建議：

倘若員工認為公司自定的工作規則不合理，可向公司所在縣市勞工局反應，勞工局即會調閱該公司工作規則以檢視是否有員工所擔心之問題。員工也應當瞭解，屢觸犯工作規則容易落入勞基法第 12 條第 1 項第 4 款「情節重大」之認定。

臺灣雲林地方法院 101 年度勞訴字第 6 號民事判決摘錄：

主文：

原告之訴及假執行之聲請均駁回。

訴訟費用由原告（按：即勞工）負擔。

理由（摘錄）：

……（二）、有關原告違反工作規則，情節是否重大部分：

1. 按勞基法第 12 條第 1 項第 4 款規定，勞工有違反勞動契約或工作規則，情節重大者，雇主得不經預告終止契約。所謂「情節重大」，屬不確定之法律概念，不得僅就雇主所訂工作規則之名目條例是否列為重大事項作為決定標準，須勞工違反工作規則之具體事項，**客觀上已**

難期待雇主採用解僱以外之懲處手段而繼續其僱傭關係，且雇主所為之解僱與勞工之違規行為在程度上須屬相當，方屬上開勞基法規定之「情節重大」，舉凡勞工違規行為之態樣、初次或累次、故意或過失、對雇主及所營事業所生之危險或損失、勞雇間關係之緊密程度、勞工到職時間之久暫等，均為判斷勞工之行為是否達到應予解僱程度之衡量標準（最高法院 97 年臺上字第 2624 號判決意旨參照）。

2. 查被告公司為臺○集團所成立之貨運公司之一，……，所運送之貨物多屬有毒化學或危險物品，……因此，被告為確保所屬車輛之行車安全，減少肇事發生致生人身、財物損失，以求公司永續發展，因而規定所屬車輛於交岔路口前 50 公尺應將車速降至時速 30 公里以下，如有違反者，即依工作規則行車安全章之相關規定議處，實有其必要性，且具有合理性。

3. 原告於 93 年 12 月 22 日到職前，於接受新進運務員職前訓練時，即已知悉上開路口速限之規定…然本件原告行經肇事之交岔路口時，看見閃光黃燈之交通號誌，卻毫無減速之打算，仍以時速 59 公里之速度行經交岔路口，顯然原告是故意違反工作規則，而非不小心超速。

4. 又系爭事故發生時，原告所駕駛之曳引車上仍載運丙烯腈 26.7 噸，此為兩造所不爭執。……原告於職前訓練及定期之安全衛生訓練時，即已知悉丙烯腈為有毒之化學物質，載運時自應更謹慎小心。……

5. 另原告曾分別於 92 年 11 月 24 日、93 年 5 月 24 日因超速違規而被

裁處罰鍰……原告未予以遵守，其情節並無重大，此辯解亦難認有理。

6. 綜合以上各情，……。是被告以原告違反工作規則第 58 條第 1 款第 1 目之規定且情節重大，終止兩造間之勞動契約，自屬合法。

| 相　關 | **勞動基準法第 12 條** |
|法　條| 勞工有左列情形之一者，雇主得不經預告終止契約： |

勞動基準法第 12 條

勞工有左列情形之一者，雇主得不經預告終止契約：

一、於訂立勞動契約時為虛偽意思表示，使雇主誤信而有受損害之虞者。

二、對於雇主、雇主家屬、雇主代理人或其他共同工作之勞工，實施暴行或有重大侮辱之行為者。

三、受有期徒刑以上刑之宣告確定，而未諭知緩刑或未准易科罰金者。

四、違反勞動契約或工作規則，情節重大者。

五、故意損耗機器、工具、原料、產品，或其他雇主所有物品，或故意洩漏雇主技術上、營業上之秘密，致雇主受有損害者。

六、無正當理由繼續曠工三日，或一個月內曠工達六日者。

雇主依前項第一款、第二款及第四款至第六款規定終止契約者，應自知悉其情形之日起，三十日內為之。

遭到公司以工作規則懲戒時該怎麼辦？

　　阿登為市政府環境保護局轄內的清潔員，由於另一清潔員阿旺違法傾倒廚餘，導致媒體對此追蹤並且深入報導，期間記者訪問阿登，而阿登表示會產生這樣的情況反映了清潔隊人力的不足。事後，該清潔隊積極地追查該報導的匿名受訪者，並依據工作規則第 79 條第 1 款「無故製造事端」、第 78 條第 12 款「造謠生事、散播謠言，損及同仁名譽或影響士氣」，給予阿登 1 大過、記過 2 次的懲戒。該懲戒導致阿登之考績為丙，並且遭市政府環境保護局，扣減考績獎金、年終獎金及清潔獎金計 122,760 元，阿登該怎麼辦呢？

律師貼心話：

一、按照勞基法之規定，允許雇主於工作規則中訂定獎懲方法，但雇主仍然必須遵循明確性原則、權利濫用禁止原則、勞工法上平等待遇原則、相當性原則、一事不再理、一事不二罰、懲戒程序公平性及禁止溯及既往原則等，並且要給予勞工合理妥當的程序，以維護勞工的權益。

二、現今法院肯認懲戒處分對於勞工之效力，一旦產生了爭執，就會導致勞工在法律上之地位及權利有不安之狀態存在，而其情形得以確認判決除去。因此，現在勞工若對於雇主依照工作規則給予的懲戒有疑義，可以向法院提起確認懲戒處分無效之訴。

三、另阿登的單一受訪行為被認定同時構成工作規則第 79 條第 1 款「無故製造事端」，以及第 78 條第 12 款「造謠生事、散播謠言，損及同仁名譽或影響士氣」規定，這樣的懲戒，已違反一事不二罰之原則。同時相對於製造負面形象的罪魁禍首—將廚餘當垃圾倒的阿旺，阿登僅因受訪

而遭受比前者更重的懲戒，顯然違反了相當性原則。

四、同時按照**採訪者的證詞**判定，該報導並非阿登主動策畫，因此也無法以此認定阿登有「無故製造事端」，影響市政府環境保護局之名譽。

五、給雇主之建議的建議：

　　　　公司可以於工作規則訂定獎懲方法，但其方法之內容以及適用應符合一般的法律原則，並且公司應按照勞資會議實施辦法，至少每三個月舉辦一次，以協調勞資的關係，確定勞方反應意見之管道順暢。

臺灣新北地方法院 105 年度勞訴字第 74 號民事判決摘錄：

主文（摘錄）：

確認被告（按：即雇主）民國一〇四年十二月二十一日新北環務字第一〇四二四二八二九三號獎懲令對原告記一大過、記過二次之懲戒處分無效。

理由（摘錄）：

……五、法院之判斷：（一）原告請求確認系爭懲戒處分無效，有無理由？

1. 按確認法律關係之訴，非原告有即受確認判決之法律上利益者，不得提起之，民事訴訟法第 247 條第 1 項定有明文。又按雇主為事業之管理，得在不違反法令之強制或禁止規定或其他有關該事業適用之團

經濟性解僱

懲戒性解僱

合意終止

競業禁止

時效

275

體協約規定之範圍內，訂定工作規則，又勞工違反勞動契約或工作規則，情節重大者，雇主得不經預告終止契約，此觀勞動基準法第71條、第12條第1項第4款規定即明。而勞工如認雇主解僱之意思表示不合法，因勞雇雙方就僱傭關係存否，或勞工是否因雇主違反勞動契約或勞工法令之非法解僱致受損害，而得依勞動基準法第14條、第17條規定終止勞動契約已有爭執，則勞工自得提起確認僱傭關係存在或請求給付工資、給付資遣費，以尋求司法上救濟，並無異論；**然勞工遭受雇主記過、申誡之懲戒處分，就處分當時觀察，如未對僱傭關係存否產生立即之影響，勞工得否提起民事訴訟確認其懲戒處分之效力，或有爭議。惟私人間因勞僱關係所生紛爭，經其中一方依契約關係及侵權行為規定有所主張，自屬私權爭執。**再參酌勞動基準法第7條第1項規定，雇主應置備勞工名卡，登記勞工獎懲及其他必要事項。而勞工基於其勞動契約，有服從雇主指揮監督、遵守雇主所訂工作規則之義務，對於違反工作規則之勞工，雇主基於其勞動契約自得依情節予以適當之懲戒處分，惟雇主之懲戒權並非漫無限制，雇主對勞工所為懲戒處分仍屬勞動契約之一部分，自應受勞動基準法拘束，不得低於該法所定勞動條件之最低標準。而勞動基準法就雇主懲戒權行使之不當或違法，雖無救濟明文，**然應無待於雇主對於勞工施予最嚴厲之懲戒處分予以解僱時（懲戒性解僱），始得提起民事訴訟資為救濟，勞工如認雇主之懲戒處分違法或不當，自得提起訴訟主張權利，俾便勞工合法維護自己之權益。**兩造對於前揭記1大過、記過2次之懲戒處分是否無效，既有爭執，致使原告在法律上之地位及權利有不安之

狀態存在，而此種狀態得以本件確認判決予以除去，依上說明，原告提起本件確認之訴即有確認利益，且難謂並無權利保護必要，合先敘明。

2. 本件原告主張其並無系爭懲戒處分所列之獎懲事由存在，被告逕依系爭工作規則第 79 條第 1 款「無故製造事端」、第 78 條第 12 款「造謠生事、散播謠言，損及同仁名譽或影響士氣」為系爭懲處，顯係基於錯誤之事實認定，不符系爭工作規則之要件，自屬無效。又被告為系爭懲戒處分前，未給予原告出席區考評委員會初審、局考核委員會覆審陳述意見機會，程序保障顯有不足，致調查結果錯誤。再者，被告對原告之系爭懲戒處分，顯係基於打壓工會活動之不當勞動行為，應認違反工會法第 35 條第 1 項第 1 款規定，依民法第 71 條亦應屬無效等語。被告則以前詞置辯。經查：

（1）按勞動基準法第 70 條第 6、7 款規定允許雇主在自訂工作規則中訂定獎懲事項，係基於雇主企業之領導權、組織權，允許雇主在合理範圍對勞動者之行為加以考核、制裁，此係事業單位為維持經營秩序，並滿足配置、處分勞動力之目的所必須，惟雇主之懲戒權應受法律所授權之限制，蓋法律准許立於平等地位之當事人一方對他方進行私的制裁，僅係為促其共同作業之圓滿。因此，雇主之懲戒權除基於法律明文（例如勞動基準法第 12 條）外，即須基於事業主之特別規定，且雇主的裁量權除受勞動基準法第 71 條之限制外，亦應遵循明確性原則（即雇主應於工作規則事先明示公告其規則，而使勞工可預見之）、

經濟性解僱

懲戒性解僱

合意終止

競業禁止

時效

權利濫用禁止原則、勞工法上平等待遇原則、相當性原則（比例原則）、一事不再理（禁止雙重處分）、一事不二罰（禁止重複評價）、懲戒程序公平性及禁止溯及既往原則為之，程序並應合理妥當，以維勞工權益。此於雇主對於勞工為較輕微之處分（例如警告、申誡、記過、減薪、降職及停職）時亦同。準此，法院於審酌雇主對勞工之懲戒處分是否有違法或不當，自當以上述標準作為認定之基準。

（2）……「（問：拍攝影片的路線是否是你自己決定或有人提供？）是我自己上網查垃圾車的時間去定點追蹤。」……等語。是以，難認本件媒體所製播系爭報導係由原告所「主導策劃」，亦不足認原告有何「無故製造事端」之情事，則被告認定原告具有「主導策劃媒體104年6月23日製播有損本局形象報導，無故製造事端影響本局聲譽」之事實，已有違誤，故據以作成之懲戒處分自難認合理妥當。……縱認原告對於人力不足情形陳述有誤，**惟本件於媒體報導後，造成被告負面形象之主因，應係違規者即訴外人之行為，……對原告之懲戒處分猶重於對訴外人之懲戒處分，難認符合相當性原則（比例原則）。**抑且，本件被告係依系爭工作規則第79條第1款「無故製造事端」、第78條第12款「造謠生事、散播謠言，損及同仁名譽或影響士氣」規定，對原告作成記1大過、記過2次之懲戒處分，**然原告僅有接受媒體採訪之一次性陳述行為，縱同時符合系爭工作規則數款懲戒條款之要件，亦不應對該等一次性行為重複評價，而僅應從一重處分，**是被告就原告之一個行為，同時依系爭工作規則第79條第1款「無故製造事端」規定，作成記1大過處分，另又依系爭工作規則第78條第

經濟性解僱

懲戒性解僱

合意終止

競業禁止

時效

12 款「造謠生事、散播謠言，損及同仁名譽或影響士氣」規定，作成記過 2 次處分，自有違禁止重複評價、一事不二罰原則。

（3）綜上，被告援引系爭工作規則第 79 條第 1 款規定、第 78 條第 12 款規定，對原告作成記 1 大過、記過 2 次之懲戒處分，即屬違法不當，而應屬無效。

相　關
法　條

勞動基準法第 70 條

雇主僱用勞工人數在三十人以上者，應依其事業性質，就左列事項訂立工作規則，報請主管機關核備後並公開揭示之：

一、工作時間、休息、休假、國定紀念日、特別休假及繼續性工作之輪班方法。

二、工資之標準、計算方法及發放日期。

三、延長工作時間。

四、津貼及獎金。

五、應遵守之紀律。

六、考勤、請假、獎懲及升遷。

七、受僱、解僱、資遣、離職及退休。

八、災害傷病補償及撫卹。

九、福利措施。

十、勞雇雙方應遵守勞工安全衛生規定。

十一、勞雇雙方溝通意見加強合作之方法。

十二、其他。

勞動基準法第 71 條

工作規則，違反法令之強制或禁止規定或其他有關該事業適用之團體協約規定者，無效。

民事訴訟法第 247 條第 1 項

確認法律關係之訴，非原告有即受確認判決之法律上利益者，不得提起之；確認證書真偽或為法律關係基礎事實存否之訴，亦同。

罷工有理，抗議無罪，老闆您說對不對？

小東自 79 年起即任職於統統客運股份有限公司（下稱統統公司）擔任駕駛員，因統統公司長期要求駕駛員們超時駕駛，使駕駛員常因疲勞駕駛而有造成交通安全之疑慮。且統統公司許多駕駛員都不滿意統統公司長期未按照勞基法規定給付薪資，於是在 87 年間成立統統公司員工自救會。

統統公司員工自救會發起一連串的抗議活動，造成統統公司在員工抗議期間，車輛調度大亂。統統公司為了避免損害擴大，而將統統公司所有之車輛鑰匙回收。小東在這段抗議期間雖然都前往統統公司報到，但是因為沒有鑰匙無法出車，在工作紀錄上被記錄為曠職，沒想到統統公司就以小東曠職為理由，將他解僱。小東認為統統公司將他解僱不合法，所以對統統公司表示終止雙方的勞動契約，並請求統統公司給付資遣費用，遭統統公司拒絕，於是小東向法院提起給付資遣費的訴訟，法院應該如何判斷呢？

律師貼心話：

一、本件證據方法：

關於統統公司解僱小東的部分，主要是依據勞工保險被保險人投保資料表、勞工保險卡認定。關於小東曠職部分，則是以值勤狀況製作之駛車憑單綜合判斷。

二、而本件法院認為統統公司在員工自救會抗議期間為避免損害擴大，基於安全考量，而收回車輛鑰匙，表示統統之行車調度極為混亂，無法依一般管考規則管制出勤狀況。則統統公司當時既掌控行車之調度，縱使小東曾至調度室報到預備發車，也會因為統統公司掌控行車調度而無法出

經濟性解僱

懲戒性解僱

合意終止

競業禁止

時效

車，所以法院無從依據統統公司所述，而認為小東有連續曠職之事實，進而認為統統公司解僱小東為不合法。

三、雖然統統公司另外主張小東參與非法罷工，故統統公司也可以該理由將小東解僱，但法院認為小東參加抗議活動時所舉之布條上書寫：抗議統統公司、統統公司草菅人命、待遇不合理等字眼。是員工認為待遇不合理，為爭取合理之待遇，而舉布條抗議，尚不能認為是罷工行為，所以認為統統公司以該理由解僱小東，亦為不合法，故而認為雙方間之僱傭關係存在。

四、最後法院認為小東已向統統公司表示終止雙方的勞動契約，統統公司即有給付資遣費給小東之義務。而在小東終止上開勞動契約前，雙方之僱傭關係仍然存在，統統公司因為受領勞務遲延，小東無補服勞務之義務，統統公司亦有給付小東該段期間薪資之義務，惟須扣除小東在該段期間另至他處勞動所得之報酬。

臺灣高雄地方法 92 年度勞訴字第 20 號民事判決摘錄：

主文：

被告（按：雇主）應給付原告甲〇〇新臺幣伍拾肆萬玖仟玖佰捌拾貳元，給付原告丙〇〇新臺幣伍拾捌萬貳仟玖佰元，給付原告丁〇〇新臺幣伍拾貳萬壹仟陸佰貳拾捌元，及均自民國九十二年二月二十日起至清償日止，按年息百分之五計算之利息。

訴訟費用由被告負擔。

本判決於原告甲〇〇、丙〇〇、丁〇〇各以新臺幣壹拾捌萬元、壹拾玖萬元、壹拾柒萬元供擔保後得假執行。但被告各以新臺幣伍拾肆萬玖仟玖佰捌拾貳元、伍拾捌萬貳仟玖佰元、伍拾貳萬壹仟陸佰貳拾捌元，為原告甲〇〇、丙〇〇、丁〇〇供擔保後得免為假執行。

理由（摘錄）：

……被告對於解僱原告一節，並不爭執，惟對解僱之合法性及原告每月工資之計算方式，仍執前揭情詞置辯，則本件爭點應為：（一）被告以原告非法罷工或連續曠職三日為由予以解僱，是否合法？（二）如解僱不合法，被告應給付原告之工資及資遣費數額為何？茲分述如下：

（一）被告以原告非法罷工或連續曠職三日為由予以解僱，是否合法？

1. 按確定判決之既判力，固以訴訟標的經表現於主文判斷事項為限，判決理由並無既判力，但法院於判決理由中，就訴訟標的以外，當事人主張之重要爭點，本於當事人辯論之結果已為判斷時，對此重要爭點所為之判斷，除有顯然違背法令，或當事人已提出新訴訟資料，足以推翻原判斷之情形外，應解為在同一當事人就該已經法院判斷之重要爭點，不得作相反之主張或判斷，始符民事訴訟上誠信原則，最高法院九十二年度台上字第三一五號裁判意旨足供參酌。

2. 經查：本項爭點有關原告並未非法罷工部分，業於本件被告前向原

告所提起損害賠償訴訟之確定判決中論斷明確，有本院九十年度訴字第一四〇號、臺灣高等法院高雄分院九十年度上字第三二一號及最高法院九十一年度台上字第一四七七號判決書影本附卷可參。準此，法院既已於兩造上開請求損害賠償事件中，就被告主張之本項重要爭點，本於兩造辯論之結果有所判斷，且該事件判決確定後，被告亦無法提出足以推翻原判斷之新訴訟資料，自應認為本件當事人就本項業經判斷之重要爭點，不得作相反之主張，本院亦不得為相反之判斷，始符民事訴訟上誠信原則。從而，被告於本件訴訟仍主張原告曾參與非法罷工，即不足採。

3. 至被告抗辯原告自八十七年十一月二十三日起至同年月二十七日止，亦有連續曠職三日之情事，依勞動基準法第十二條之規定，被告自得依法予以解僱一節，固難直接適用上述原則。惟查：被告就原告於上述期間曠職三日之事實並未舉證，原難信為真實，再參以本件被告於上述訴請原告損害賠償之事件中，已自承於上述期間為避免損害擴大，基於安全考量，而收回車輛鑰匙等情，且有車輛無法駛出停車場，致本件原告至調度室預備發車時，被告現場人員拒絕發給鑰匙，所排定之車輛亦無法駛出之情事（參見臺灣高等法院高雄分院九十年度上字第三二一號民事判決理由欄四之（四）項），足認上開罷工事故期間，被告公司之行車調度極為混亂，無從依一般管考規則管制出勤狀況，且被告當時亦掌控行車之調度，原告縱曾至調度室預備發車亦不可得，本院自無從僅依被告所述，即遽認原告有連續曠職三日之事實，被告

此部分抗辯亦不足採。從而，被告以原告非法罷工或連續曠職三日為由予以解僱，均不合法，兩造間之僱傭關係原未消滅。

（二）如解僱不合法，被告應給付原告之工資及資遣費數額為何？

1. 按雇主不依勞動契約給付工作報酬者，勞工得不經預告終止契約，勞動基準法第十四條第一項第五款定有明文，且依同條第四項準用第十七條之規定，於此情形雇主應發給勞工資遣費。再按所謂工資，係指勞工因工作而獲得之報酬：

包括工資、薪金及按計時、計日、計月、計件以現金或實物等方式給付之獎金、津貼及其他任何名義之經常性給與均屬之，勞動基準法（下稱「勞基法」）第二條第三款定有明文，且勞基法上述條文所稱之其他任何名義之經常性給與，係指勞基法施行細則第十條各款以外之給與。次按工資，乃勞工因工作而獲得之報酬，勞動基準法第二條第三款前段定有明文，而工資實係勞工之勞力所得，為其勞動對價而給付之經常性給與。倘雇主為改善勞工生活而給付非經常性給與；或為其單方之目的，給付具有勉勵、恩惠性質之給與，即非為勞工之工作給付之對價，與勞動契約上之經常性給與有別，應不得列入工資範圍之內，最高法院七十九年台上字第二四二號判決意旨足資參酌。

2. 又按民國七十三年施行之勞基法，對於勞工權益提供堪稱周詳之保障，實寓有社會國之思想。惟勞資問題之處理應斟酌雙方之利益狀態及法律之價值判斷，尤以其具有動態特性，每須以個案特定事實為準

據，不可執著於脫離特定經驗事實之抽象原則，否則即易生機械式認事用法之弊。再以勞基法詳列各種名目之給付，以界定其「工資」與「非工資」之性質，立法目的旨在防止雇主對勞工因工作而獲得之經常性報酬，不以工資之名義而改用其他名義，以規避其法定義務（如計入平均工資核算退休金等）。

3. 再以結果導向考量之法學方法，已屬適用法律之方法論中備受重視之論證方法。所謂結果導向考量，係指於爭議事件中，以長遠眼光而言，何種解決方案或遊戲規則可產生較好之行為反應，即屬較佳之方案。如結合法律經濟分析之觀點，應認何種解決方案或遊戲規則對將來類似案例可產生較好之行為反應，即屬較佳之方案，而以司法成本為例，如某種解決方案將導致法律紛爭難以妥善有效處理，即造成司法成本提高，自非可採之方案。

4. 據此以觀，參酌我國勞基法之立法精神，於解釋某項給與是否具有工資性質時，應認勞工於每月經常性所受領之薪資中，除法定應除外之給與外（如勞基法施行細則第十條所列各款給與），即應逐予推定均屬工資性質。如雇主主張係為改善勞工生活而給付非經常性給與，或主張為其單方之目的，給付具有勉勵、恩惠性質之給與，非為勞工之工作給付之對價時，法院除應參酌勞基法施行細則第十條所列各款給與之性質加以評價以外，原則上僅於依社會生活經驗可認與勞工所提供之勞力給付無直接關連性時，方得認為確非工資。尤應斟酌勞工所受領每月薪資結構之比例，如有所定「本薪」名目之給付偏低，而

「獎金」或「津貼」名目之給付明顯偏高之情形，即有違勞基法之本旨，除有特殊情事外，應逕予推定均屬工資性質。

5. 經查：被告於上開期間未給付原告工資，為兩造所不爭執，而原告已以起訴狀繕本送達被告，作為終止兩造間勞動契約之意思表示，則依上開勞動基準法之規定，被告另有給付資遣費之義務。再查：訴外人吳○堂與原告原均受僱於被告公司，嗣同遭被告以參與罷工為由予以解僱，而吳○堂於本院就其訴請確認與本件被告間之僱傭關係存在事件（九十二年度勞訴字第二號）中，曾提出本件被告於八十七年九月所給付之薪資表以供參酌，其本薪為一萬二千一百九十五元、假日津貼為四百零七元、逾時津貼為六千零三十三元、功績獎金為三萬三千三百十二元、安全獎金為三千元、載客獎金為七千二百七十元，合計六萬二千二百十七元。經本院以：「（1）被告為吳明堂投保勞工保險之薪資數額為三萬三千三百元，惟自承屬工資性質之本薪僅占當月所受領薪資總額百分之十九點六，顯然有規避法定工資給付義務之情形。（2）功績獎金占當月所受領薪資總額百分之五十三點五，載客獎金占當月所受領薪資總額百分之十一點七，逾時津貼占百分之九點七，三者合計幾達百分之七十五。（3）參以被告對於假日津貼、逾時津貼、功績獎金、安全獎金及載客獎金等給付均否認具工資性質，且於與被告公司駕駛員所涉其他訴訟事件中，均提出繁複之計算方式多所爭執，致法院對於上開獎金或津貼之性質有不同之認定，乃於本院顯著之事實。被告迄今仍未調整其薪資結構，以調高法定工資之比例，致爭訟

經濟性解僱

懲戒性解僱

合意終止

競業禁止

時效

時仍常出現繁瑣之計算內容，則依上述結果導向考量及法律經濟分析之觀點而言，由於被告規避法定工資給付義務之行為導致增加爭訟問題處理之複雜性，造成司法成本提高，如未予適度調整，就長遠眼光而言，自屬拙劣之解決方案，司法裁判定爭止紛之效能亦將降至最低」，而認該事件最佳之解決方案，應係認與從事駕駛工作有關所獲得之報酬，包括假日津貼、逾時津貼、功績獎金、安全獎金及載客獎金均屬工資，如被告公司欲避免日後於涉訟時受不利益之認定，自應合理調整其薪資結構，避免法院於審理時就每項細目逐一審酌，且易造成歧異判決之低效率情形等情，有上開判決書附卷可參。準此，本件原告與上開事件原告即吳○堂既原同受僱於被告公司擔任駕駛工作，而依吳○堂所提出之上開薪資總表中所載，於八十七年九月所領之薪資，除本薪外，加上功績獎金、載客獎金、假日津貼、逾時津貼、安全獎金，均已逾五萬元，係屬於本院已顯著之事實，則本件原告請求以被告為原告投保勞工保險之薪資數額每月三萬三千三百元為計算工資之基準，自屬合理，應足採信。

五、按僱用人受領勞務遲延者，受僱人無補服勞務之義務，仍得請求報酬，民法第四百八十七條前段定有明文。本件兩造間之僱傭關係於原告終止勞動契約前既仍存在，而原告自八十七年十二月一日起之勞務給付義務，在性質上亦無從回復由原告再行提供，則原告自得請求被告給付該段時間之報酬。再以原告請求之每月薪資為三萬三千三百元，而原告係於八十七年十一月三十日遭被告非法解僱，則其請求自

八十七年十二月一日起,至九十二年一月三十一日止,合計五十個月
之工資,原屬可採,則原告甲○○、丙○○及丁○○經扣除上開時間
勞動所得之報酬,分別請求依上開數額計算之工資十一萬七千零八十
二元、十五萬元及十五萬元,復為兩造所不爭執,自屬有據。又兩造
勞動契約業經終止,原告所分別請求之資遣費數額四十三萬二千九百
元、四十三萬二千九百元及三十七萬一千六百二十八元,復為兩造所
不爭執。準此,原告甲○○、丙○○、丁○○請求被告給付工資及資
遣費合計分別為五十四萬九千九百八十二元、五十八萬二千九百元、
五十二萬一千六百二十八元,及加計自九十二年二月二十日起算之法
定遲延利息,均有理由,應予准許。

合意終止

留職停薪期滿，勞動契約會自動終止嗎？

　　小敏在大全公司擔任祕書 5 年了，去年小敏因懷孕生子，向大全公司申請留職停薪。但小敏在留職停薪期滿後，又再隔了一個月才回大全公司上班。大全公司主張，人資部門曾在小敏留職停薪期間告知小敏應於留職停薪期滿後次日來上班，否則小敏要辦理離職手續。故大全公司以小敏曠職為由，終止雙方勞動契約，是否有理由？如果大全公司內部制定離職辦法並公告，員工未於留職停薪期滿前一個禮拜向公司申請「復職或延期留職停薪」，則留職停薪期滿後，視同員工自請離職，這樣的約定有效嗎？

律師貼心話：

一、若勞雇雙方就留職停薪期滿後，應於幾日內復職未有合意者，雇主可請人資單位撥打電話予勞工，並通知勞工應於留職停薪期滿後上班，若勞工受通知後仍未於留職停薪期滿之日上班，則勞工當以「曠職」而論，雇主自可依照勞基法第 12 條第 1 項第 6 款不經預告終止雙方勞動契約。

二、勞雇雙方相互約定，勞工應於留職停薪期滿前一個禮拜向公司申請「復職或延期留職停薪」，凡勞工逾期未辦理者，視同勞工於「留職停薪期滿後」自請離職，此種約定「有效」，且勞工知悉時，即對勞工發生拘束力。

三、另勞動部就留職停薪年資之計算方式為復職後前後年資應併計，但應扣除留職停薪之期間。

四、本件之證據方法：

雇主可藉由「公告」留職停薪、離職辦法等規定，藉以證明勞工確已知悉，或於留職停薪屆滿前，請公司員工撥打電話給勞工，再次告知該規定。

行政院勞工委員會八十五年五月二十一日臺（八十五）勞動三字第一一六二一七號函

有關勞工「留職停薪」期間，於計算退休金之工作年資時，應否扣除，查現行法令並無規定，惟基於衡平原則，除勞雇雙方另有約定外，似宜扣除；因之，有關勞工退休金之年資基數計算亦可由事業單位自行參酌上述原則辦理。

臺灣高等法院台南分院 92 年度勞上字第 3 號民事判決摘錄：

主文：

上訴駁回。

第二審訴訟費用由上訴人（按：即勞工）負擔。

理由（摘錄）：

……（三）此外，證人即被上訴人公司警衛李〇賢於本院準備程序中證稱「上訴人去公司找課長，他們用電話交談，沒有進去公司」（本院卷第九十頁）；另證人即被上訴人生產課長張〇雄於原審證稱「原告（上訴人）在八十九年十月二十六日上午十點左右來到公司，是警衛打電話給我說原告要來找我，我有與原告用電話交談，我問她何事，她說留職停薪快要期滿了，後續要如何辦，我告訴她留職停薪一年到期就要來上班，如果不能來上班，就要辦理離職」（原審卷第五十七頁），足證上訴人於留職停薪期間屆滿前到被上訴人公司，目的僅在於接洽留職停薪屆滿後應如何處理之事宜，**其主管課長張登雄亦明白告知留職停薪屆滿後應上班工作，此項被上訴人公司之規定，上訴人應已知悉，其於應上班日即八十九年十一月一日起仍未上班，復未依規定請假事先獲准，其未依規定上班，顯無正當理由，被上訴人認定上訴人未上工，依規定視為「曠工」，核無不合。**

……查上訴人自八十九年十一月一日起即未上班，業見上述，從而被

上訴人於同年十二月二日以上訴人無正當理由連續曠工三日或一個月曠工達六日，**並於知悉三十日內依勞動基準法第十二條第一項第六款不經預告逕予公告解僱（原審卷第六十三頁），於法洵屬有據**，上訴人請求確認兩造間僱傭關係存在，不能認有理由。

臺灣宜蘭地方法院 102 年度勞訴字第 6 號民事判決摘錄：

主文：

被告（按：即雇主）應給付原告新臺幣壹拾玖萬柒仟柒佰貳拾陸元及自民國一〇二年十二月六日起至清償日止，按年息百分之五計算之利息。

原告其餘之訴駁回。

訴訟費用新臺幣壹萬零肆佰陸拾元，由被告負擔五分之一即新臺幣貳仟零玖拾貳元，餘由原告負擔。

本判決第一項得假執行。被告以新臺幣壹拾玖萬柒仟柒佰貳拾陸元供擔保後得免為假執行。

原告其餘假執行之聲請駁回。

理由（摘錄）：

……按育嬰留職停薪人員須於期滿前一週至公司人事單位領取「復職 /

延期復職申請單」，辦理復職程序或申請延長期限，延期次數以一次為限。凡逾期未辦理者，視同離職。此有被告 91 年 11 月 20 日 91 人 0026 號公告任用離職辦法第 7 條第 9 項定有明文（見本院卷第 71 頁）。經查，原告於 102 年 1 月 5 日起請產假至同年 3 月 1 日，並於產假期間之 102 年 2 月 26 日填具留職停薪申請單向被告請求自同年 3 月 2 日至同年 9 月 1 日育嬰留職停薪獲准等情，業據兩造不爭執，並有留職停薪申請單可佐。**是以原告於 102 年 2 月 26 日填具留職停薪申請單為育嬰留職停薪之申請，並經被告主管至總經理逐級呈核，顯然原告當時對於上開任用離職辦法關於育嬰留職停薪申請條件、呈核規定、留職停薪期間人事安排、復職手續等規定已為知悉，是上開任用離職辦法自對原告發生拘束力。**再者，負責被告花東地區人事與會計工作並辦理原告產假與育嬰留職停薪之承辦人員甲○○，亦就原告育嬰留職停薪屆滿前，於電腦系統出現警示畫面後，**旋即電話通知原告應辦理復職手續，並以電子郵件傳送復職申請單至原告指定之羅東南門門市等情於本院證述甚詳**（見本院卷第 174 頁至第 177 頁），並有警示畫面例示存卷可查（見本院卷第 73 頁），顯見原告對於育嬰留職停薪期滿前若欲復職即應依上開任用離職辦法填具復職／延期復職申請單為復職申請等情甚為知悉，然原告未於 102 年 9 月 1 日育嬰留職停薪期滿前以上開復職／延期復職申請單之書面向被告為復職申請，而有符合上開任用離職辦法第 7 條第 9 項規定之情節，依兩造之合意，即擬制發生原告自請離職之效果，原告雖主張有於 102 年 9 月 1 日前以口頭向被告表示要返回上班之意云云，除顯與上開規定不符，難認有效

外，亦難謂被告有違反性別工作平等法有關僱主不得拒絕受僱者申請復職之相關規定，是原告上開主張自無理由。依此，兩造間之僱傭契約關係即於 102 年 9 月 1 日原告育嬰留職停薪屆滿時已告終止。

人都離職了，還要留下來收拾爛攤子嗎？

　　林先生主張其進入公司任職後，因該公司進行組織調整，兩造遂合意終止勞動契約，並簽立合意終止勞動契約協議書。除約定公司應依勞基法規定給付林先生資遣費、預告期間工資、未及休完之特別休假薪資補償外，復於合意終止勞動契約協議書約定林先生之各項表現符合公司之期待與要求，並已配合公司之要求辦理各項業務與財物交接手續後，公司將會在終止生效日後60日內，額外給付林先生依服務年資，每滿1年（服務未滿半年以半年計，未滿1年以1年計）給付相當於兩個月平均薪資之離職金。請問林先生是否自得依離職金約定，請求公司給付離職金呢？

律師貼心話：

　　員工提出離職後是否需要辦理業務交接呢？依照法院的看法，辦理業務交接不是僅僅為道義上的責任，更是屬於勞動契約勞工之契約附隨義務。尤其要注意的是，不是離職生效之後，該附隨義務即終了，如果交接事項尚未完備的話（不論交接清單是否已經各部門負責人簽章），老闆都可以叫已離職員工回來公司把交接事項處理完成的喔！

　　而本件林先生因為沒有配合公司檢查業務上，所有經手文件是否均已確實完整移交之義務，所以無法請求公司給付離職金。

臺灣高等法院 104 年度勞上字第 6 號民事判決摘錄：

主文：

上訴駁回。

第二審訴訟費用由上訴人（按：即勞工）負擔。

理由（摘錄）：

……五、上訴人於系爭勞動契約終止後，負繳回系爭 94 年以後檔案文件之義務：

（一）**按勞工離職時，對於雇主之業務承接應負有交接之義務，此等義務本屬勞動契約勞工之契約附隨義務。而交接不僅指財物之交接，更兼指「業務」之交接。亦即，勞工離職時，必須將與其業務有關之事項移交予承繼其業務之人，因此衍生具體上作為義務自當包括：業務上經手之文件資料、財產物件、應交付承接業務之人。再交接義務，並不僅於勞動契約終止生效前有之，即便於終止生效後，倘其交接事項尚未完備，勞工自應配合加以補足。且業務交接手續之完成，並非單純以是否已履行雇主所開列之交接清單詳列之事宜為憑。交接清單縱經雇主各部門負責人簽章完竣，如嗣後發現有未經移交之業務而要求離職員工補辦交接手續，仍應認員工有補辦交接手續之義務，否則即難謂其交接業已完成，要屬當然。**

（二）上訴人於 94 年至離職期間，於被上訴人執行業務時，確曾制作

或經手業務往來文件、檔案、資料，且96年擔任被上訴人處長後亦有經手下屬陳報或簽呈上級之業務文件、檔案、往來電子郵件記錄等，經手之內容涵蓋該部門營業資料、客戶資料、交易資料，以及屬下業務人員的紅利獎金發放資料等文件（見上開三、（五））。衡諸常情，一般人不論服務於公司行號或政府機關，倘業務上將經手大量文件時，應均會將與業務相關之文件檔案資料進行檔案管理，以方便業務之推展。由是體察，上訴人既然於業務上確曾經手系爭94年以後檔案文件，則其應保有此等文件資料，可供被上訴人業務承接人參考，甚為明確。而系爭94年以後檔案文件，對於被上訴人業務銜接之順暢，當甚有助益，依上訴人基於系爭勞動契約之附隨義務，自有於離職時一併移交被上訴人業務承辦人之必要。尤以上訴人自96年後即擔任被上訴人消費保健事業部業務處長職務，業務上勢必有許多與客戶往來之營業資訊及作為主管對於下屬處理業務情形管考之檔案文件，更有必要於交接時，一併交出。況依系爭離職金約定內容，被上訴人給付系爭離職金約定之條件，即包括上訴人應完成業務交接手續（見原審新北地院卷第8頁），則上訴人既保有系爭94年以後檔案資料，即必須依系爭協議書約定交回予被上訴人以完成業務交接。是則，不論依系爭勞動契約之附隨義務或系爭協議書，上訴人對於其所保有之系爭94年以後檔案資料，均負有交出之義務。

……（三）兩造既於系爭終止當日合意終止系爭勞動契約，揆諸上開說明，上訴人自負有交接（即包括交回系爭94年以後檔案文件）義務。

再觀諸系爭離職金約定內容，被上訴人於上訴人履行系爭離職金約定條件（即：1. 持續工作至終止生效日止；2. 上訴人各項表現符合公司之期待與要求；3. 上訴人配合公司要求辦理各項業務與財物交接手續。）後，於系爭終止當日後 60 日內，給付系爭離職金（見原審新北地院卷第 8 頁），復徵以前開說明，**足認上訴人交接義務之履行，當不限於系爭終止當日以前為限，上訴人至少於系爭終止當日後 60 日內，均需繼續配合被上訴人要求辦理補足交接程序**。否則，倘上訴人只須於系爭終止當日之前依系爭交接清單上之項目，完成相關部門之簽核後，即不再負有任何文件交付義務，則系爭離職金只須於系爭終止當日當日給付即可，何須約定須於系爭終止當日後 60 日給付？由此足見，**系爭協議書所定被上訴人給付系爭離職金 60 日猶豫期間，其目的顯然即為使上訴人離職前業務之交接完整確實而設，故上訴人在系爭交接清單之「財物」、「業務」交接之外，自必須於系爭終止當日後 60 日內，負有繼續配合被上訴人檢查業務上所有經手文件是否均已確實完整移交之義務**。故上訴人主張：伊僅須於系爭終止當日完成系爭交接清單上各項交接事宜後，即不再對被上訴人負有任何交接義務云云，自非可採。……

（四）綜上，上訴人於系爭勞動契約終止後，仍負有繳回系爭 94 年以後檔案文件之義務。

經濟性解僱

懲戒性解僱

合意終止

競業禁止

時效

299

競業禁止

簽署不合理競業禁止條款，勞工如何掙脫？

邱阿杰為真漂亮化妝品公司調配課課長，於離職前簽定競業禁止條款，內容約定兩年內絕不任職類似業務公司（包括亞洲地區及中華民國內）。違者，應給付一年薪資之懲罰性違約金，請問邱阿杰無法再找類似的工作嗎？

律師貼心話：

一、法院認為雇主固然可以約定競業禁止條款，然而條款約定不得逾越合理範疇，邱阿杰所簽定的競業禁止條款限制其在全亞洲地區及中華民國，然而真漂亮化妝品公司僅有在臺南營業，如此條款規定過於廣泛，輕重失衡。

二、另外，法院進一步闡明，從事工作習得知識可分為「一般知識」及「特殊知識」，一般知識為從事工作一定時日後，可長期累積獲得的經驗，特殊知識則為勞工於特定雇主處方能習得的知識。如勞工運用其一般知識於離職後為競業行為，不應禁止，只有當勞工使用特殊知識為競業行

為，方屬禁止之範疇。

三、總結，真漂亮化妝品公司不能證明邱阿杰於工作時習得何種特殊知識，卻禁止邱阿杰運用一般知識尋覓工作，逾越合理範圍。

臺灣臺南地方法院 106 年度勞訴字第 71 號民事判決摘錄：

主文：

原告之訴及假執行之聲請均駁回。

訴訟費用由原告（按：即雇主）負擔。

理由（摘錄）：

……系爭競業禁止條款所定競業禁止之區域為「亞洲地區及中華民國」，範圍甚大，然原告之營業所設於臺南市，亦未能證明其實際營業活動範圍已擴及中華民國之其他地區及亞洲地區，則此一競業禁止地域範圍之約定，已有失衡之嫌。

……. 被告自 90 年間起，即開始從事與化粧品相關之工作，而任何人於從事某一工作相當時日後，必將從中累積有關該職務之知識、經驗，此乃工作本身對任何有學習能力之個人所必然可產生之效果，為員工個人之資產（即自身專業能力及素養），此種受僱人之「一般知識」，與受僱人於特殊的僱用人處始可習得之「特殊知識」，仍有區別，受僱人如利用其一般知識於離職後為競業行為，不應成為競業禁止之事

經濟性解僱

懲戒性解僱

合意終止

競業禁止

時效

項範圍，只有在受僱人利用到僱用人之特殊知識為競業行為時，才屬禁止之範圍；系爭競業禁止條款既概括禁止被告任職於與原告業務性質相同或相似之公司行號，並禁止被告從事與此有關之一切工作，迫使被告必需離開原有居住、工作地覓職，或轉換跑道另某新職，無法繼續從事其原熟習之工作，原告既未能證明何以被告於任職期間，知悉何等屬原告營業秘密之特殊知識，而逕以系爭競業禁止條款限制被告利用一般知識於其他公司任職之工作權，顯逾合理範圍。

相　關
法　條

勞動基準法第 9 條之 1

未符合下列規定者，雇主不得與勞工為離職後競業禁止之約定：

一、雇主有應受保護之正當營業利益。

二、勞工擔任之職位或職務，能接觸或使用雇主之營業秘密。

三、競業禁止之期間、區域、職業活動之範圍及就業對象，未逾合理範疇。

四、雇主對勞工因不從事競業行為所受損失有合理補償。

前項第四款所定合理補償，不包括勞工於工作期間所受領之給付。

違反第一項各款規定之一者，其約定無效。

離職後競業禁止之期間，最長不得逾二年。逾二年者，縮短為二年。

競業禁止條款怎麼約定才合理？

　　小董為帥帥公司之高階主管，進入公司時，與帥帥公司簽訂保密契約書，保密契約書關於競業條款約定，「小董於離職後三年內不得從事與帥帥公司營業項目相同（含同種類）業務，若有違反，應無條件支付新臺幣三百萬元違約罰金。」但是小董退休後即前往與帥帥公司經營相同產業之師師公司就職並擔任高階主管。請問帥帥公司以小董違反競業禁止條款為由，而向小董請求無條件支付 300 萬元之違約金是否有理由？

律師貼心話：

一、法院見解：

　　　　法院認為依該競業約款內容看來，約定離職三年內不得從事與帥帥公司營業項目相同（含同種類）之競業工作，就限制小董就業之對象、區域、職業活動之範圍為何，均不具體明確，顯然限制小董於任何地域（含國內外或世界各地），均不得從事與帥帥公司相同經營範圍之工作，其地域之限制範圍顯然過大，逾越合理範圍。該約定妨害小董之工作權，難認為有效。

二、給雇主與勞工之建議：

　　　　參酌近來法院就競業禁止條款是否有效所作出之判決，可歸納出下列衡量原則：

1. 企業或雇主須有依競業禁止特約保護之利益存在，亦即雇主的固有知識和營業祕密有保護之必要。

2. 須離職勞工在原雇主或公司之職務及地位，足可獲悉雇主之營業秘

密。若為沒有特別技能、技術且職位較低,並非公司之主要營業幹部,處於弱勢之勞工,縱使離職後再至相同或類似業務之公司任職,亦無妨害原雇主營業之可能,此競業禁止約定應認拘束勞工轉業自由而無效。

3. 限制勞工就業之對象、時間、區域、職業活動之範圍,應不逾合理範疇,不致對離職勞工之生存造成困難。

4. 須有填補勞工因競業禁止損害之代價或津貼措施。

5. 離職後勞工之競業行為是否具有顯著背信性或顯著的違反誠信原則,亦即當離職之勞工對原雇主之客戶、情報大量篡奪等情事或其競業之內容及態樣較具惡質性或競業行為出現有顯著之背信性或顯著的違反誠信原則時,此時該離職違反競業禁止之勞工自屬不值保護。

三、因此,雇主與勞工約定競業禁止條款時,應參酌上列原則,考量雇主之營業秘密是否有保障之利益,勞工亦可要求因競業禁止所害之代價或津貼,其限制期間(一般多為兩年)、地點等均須合理,且得與勞工約定違約金,惟均需以契約載明以避免爭議。

最高法院 103 年度台上字第 793 號民事判決摘錄:

主文:

上訴駁回。

第三審訴訟費用由上訴人(按:即雇主)負擔。

理由（摘錄）：

……按競業禁止條款訂定目的，在於限制被上訴人離職後轉業之自由，防止其離職後於一定期間內至上訴人競爭對手任職或自行經營與上訴人相同或近似之行業，系爭契約書為民法第二百四十七條之一規範之附合契約，其中競業禁止之約定，對離職被上訴人而言，係屬拋棄權利或限制其行使權利。又競業禁止之約定，乃僱主為免受僱人於任職期間所獲得其營業上之秘密或與其商業利益有關之隱密資訊，遭受受僱人以不當方式揭露在外，造成僱主利益受損，而與受僱人約定在任職期間及離職一定期間內，不得利用於原僱主服務期間所知悉之技術或業務資訊為競業之行為。而關於離職後競業禁止之約定，其限制之時間、地區、範圍及方式，在社會一般觀念及商業習慣上，可認為合理適當且不危及受限制當事人之經濟生存能力，其約定始非無效。

……證人潘〇男於另案中證述以觀，顯見上訴人極具競爭力之主流道澆注材產品之配方、製程、技術，核屬非公開且有利於企業競爭之機密資訊，該資訊之所有人即上訴人有機會取得優於不知或不使用該資訊競爭對手即友〇公司之利益，俱屬應受競業禁止約款保護之正當利益。被上訴人為高階主管，因該職務及地位，有機會接觸公司之營業秘密、參與公司技術之研發，自有競業限制之必要。然上訴人公司登記經營項目包括耐火器材製造及買賣業、不等形耐火物之製造買賣、各種耐火築爐有關工程承包業務、開採窯業有關原料及買賣、鋼鐵札延及擠型業、建材批發業、礦石批發業、其他批發業，及除許可業務

外，得經營其他法令非禁止或限制之業務，有被上訴人提出上訴人之公司基本資料可按，經營範圍遍及全台，產品銷售世界各地，業據上訴人提出上訴人產品型錄及網站資料足憑。依系爭競業約款內容觀之，約定離職三年內不從事與上訴人營業項目相同（含同種類）之競業工作，其就限制員工就業之對象、區域、職業活動之範圍為何，均不具體明確，顯然限制被上訴人於任何地域（含國內外或世界各地），均不得從事上訴人經營範圍之工作，其地域之限制範圍顯然過大，逾越合理範圍，其約定妨害被上訴人之工作權，難認為有效。系爭競業禁止約定既經認定屬無效，則關於兩造約定之違約金額是否過高一情，自毋庸再予審究。

相關
法條

勞動基準法第 9 條之 1

未符合下列規定者，雇主不得與勞工為離職後競業禁止之約定：

一、雇主有應受保護之正當營業利益。

二、勞工擔任之職位或職務，能接觸或使用雇主之營業秘密。

三、競業禁止之期間、區域、職業活動之範圍及就業對象，未逾合理範疇。

四、雇主對勞工因不從事競業行為所受損失有合理補償。

前項第四款所定合理補償，不包括勞工於工作期間所受領之給付。

違反第一項各款規定之一者，其約定無效。

離職後競業禁止之期間，最長不得逾二年。逾二年者，縮短為二年。

時效

依勞基法三十日內解僱勞工，應於何時起算？

　　阿豐受僱於汽車公司擔任駕駛，服務期間奉公守法，工作負責盡職，未有不良紀錄，惟汽車公司竟將阿豐解僱。阿豐主張勞基法第 12 條第 2 項之規定，汽車公司應自知悉之日起三十日為終止契約，然汽車公司超過三十日後始將阿豐解僱，於法未合，應不生解僱效力等情，阿豐是否可以向法院提起確認僱傭關係存在之訴訟呢？

律師貼心話：

一、法院認為勞基法第 12 條第 2 項所謂應自知悉其情形之日起三十日內為之，係指雇主於知悉勞工有該條規定情形時，自知悉之日起三十日內得依法終止契約而言。

二、本件汽車公司辯稱所謂知悉，係指雇主對所發生事實調查明確，確認確有違規情形後，除斥期間方開始起算，在未形成心證之前，不得解為知悉云云，然汽車公司於 80 年 11 月 15 日即知悉阿豐有違規行為，卻遲

經濟性解僱

懲戒性解僱

合意終止

競業禁止

時效

於 80 年 12 月 30 日始向阿豐表示終止勞動契約，顯已逾上開勞基法所規定之除斥期間，不生終止勞動契約之效力。

三、給雇主之建議：

雇主於知悉勞工有勞基法第 12 條第 1 項規定之情事時，即應於 30 日除斥期間內向勞工終止契約，並得以**稽查報告表、會議紀錄**等舉證雇主知悉之時間。

最高法院 86 年度台上字第 2721 號民事判決摘錄：

主文：

上訴駁回。

第三審訴訟費用由上訴人（按：即雇主）負擔。

理由（摘錄）：

原審依審理之結果，以：上訴人以被上訴人於八十年十一月十四日值中竹聯營車收取旅客現金未製給車票，嚴重違反規定為由，於八十年十二月三十一日令公司第二運輸處通知被上訴人解僱之事實，業據其提出上訴人公司第二運輸處令為證，且為兩造所不爭執，堪信為真實。查上訴人公司第二運輸處令說明解僱之理由係載明：「吳員解僱係依據本處八十年十二月六日第二十二次及八十年十二月二十三日第二十三次前後二次考成會決議及本公司員工工作規則第九十條第八款辦

理，並自八十一年元月一日生效」。按上訴人員工工作規則第九十條第八款固載無資位及約僱人員有侵占、挪用公款或其他營私舞弊者，得不經預告終止契約。依勞基法第十二條第一項、第二項規定，勞工有違反勞動契約或工作規則，情節重大者，雇主得不經預告終止契約。雇主依前項規定終止契約者，應自知悉其情形之日起，三十日內為之。上訴人為私法人，其與被上訴人之關係係私法上之僱傭關係，自應受上開規定之拘束。上訴人如認為被上訴人確有前開之情事，情節重大，依其自定之員工工作規則，應將被上訴人解僱終止僱傭契約，依上開規定，自應自知悉其情形之日起，於三十日內為之。而被上訴人所為之上開行為，係在八十年十一月十四日為上訴人之稽查員吳○斌查獲，並於次日（八十年十一月十五日）報告上訴人，有稽查報告表可憑。則上訴人自八十年十一月十五日起即知悉被上訴人有前述之違規行為，而上訴人竟遲至八十年十二月三十一日始將被上訴人解僱終止僱傭契約，顯已逾上開勞基法所規定之除斥期間，應不生終止僱傭契約之效力。上訴人雖辯稱伊公司於八十年十二月六日及同月二十日內部考成會議決議時，被上訴人曾列席答辯，當時上訴人即已表示予以解僱，其後以公司負責人名義發佈人事命令不過完成公家機關之法定程序而已，因此上訴人終止僱傭契約並未逾三十日之法定期間云云。惟被上訴人否認於該兩次會議時已由上訴人告知解僱之事。查勞動基準法第十二條第一、二項之終止契約固得以口頭或書面之方式表示，惟此項意思表示仍須對外為之，如仍在意思形成階段，尚未對相對人為表示行為，即難認該意思表示已對相對人發生效力。上訴人雖於八十

年十二月六日及同年月二十日兩度召開考成會議，有上訴人所提之考成會議紀錄兩紙可憑，第一次八十年十二月六日之會議，被上訴人有列席，但該次會議並未定案，此由上訴人第二運輸處根據八十年十二月六日會議所製作之員工獎懲案查簽單批示「為使該員處分心服口服，請吳稽查員列席就當時查獲實情及該員答辯疑點向各委員說明後再審慎審議」。足見八十年十二月六日會議決議並未定案。上訴人謂已於八十年十二月六日當場向被上訴人表示解僱云云，委無足取。至第二次於八十年十二月二十日召開之考成會議，被上訴人並未列席，有該次會議紀錄在卷可稽。被上訴人既未列席，則上訴人謂於八十年十二月二十日會議時，亦曾對被上訴人為解僱之意思表示，亦屬無據。被上訴人主張上開兩次會議僅係上訴人內部意思形成之階段，並未對被上訴人為意思表示，應屬可採。且上訴人自認被上訴人之薪水係領至八十年十二月三十一日，如上訴人所稱已於八十年十二月六日、十二月二十日對被上訴人為解僱之意思表示，兩造當時已終止僱傭契約，被上訴人何能領薪水至八十年十二月三十一日？由被上訴人領薪水之時間係至八十年十二月三十一日乙事與上訴人第二運輸處之解僱令於八十年十二月三十一日送達上訴人並註明自八十一年元月一日生效等情相對照，尤可認定上訴人係於八十年十二月三十一日始對被上訴人為解僱之意思表示。上訴人雖另辯稱上訴人解除與被上訴人之僱傭契約係依據上訴人之工作規則第九十條第一項第八款侵占、挪用公款或其他營私舞弊者終止，而工作規則之適用較勞基法之適用為優先，並提出行政院勞工委員會七十七年十月七日台七十七勞動一字第二二二

六五號函為證。經查該函內容係謂「勞工如有構成違反勞動基準法第十二條第四款所規定之情形，雇主得自知悉其情形之日起三十日內不經預告終止勞動契約，至於工作規則所定之懲戒處分是否仍有上述規定之適用，法無明文，可依工作規則有關規定辦理。」係指除終止勞動契約以外之其他懲戒處分，可依工作規則有關規定辦理，不受上開規定期間之限制，至解除勞動契約仍應依上開規定，受除斥期間之限制，上訴人前述抗辯，亦無足採。本件上訴人終止與被上訴人間之僱傭契約，已逾勞基法規定一個月之除斥期間，不生終止契約之效力。從而被上訴人訴請確認與上訴人間之僱傭契約存在，自屬有據，應予准許，爰維持第一審所為上訴人敗訴之判決，駁回其上訴。按勞基法第十二條所謂應自知悉其情形之日起三十日內為之，係指僱主於知悉勞工有該條規定情形時，自知悉之日起三十日內得依法終止契約而言。本件由上訴人之稽查員吳○斌於八十年十一月十四日查獲被上訴人收取旅客現金未製給車票，於次日即八十年十一月十五日即報告公司，則上訴人自八十年十一月十五日起即知悉被上訴人有前述違規行為，而上訴人遲至八十年十二月三十日始向被上訴人終止僱傭契約，顯已逾上開勞基法所規定之除斥期間，不生終止僱傭契約之效力。上訴人謂所謂知悉，係指僱傭人即上訴人對被上訴人所發生事實調查明確，確認確有違規情形後，除斥期間始起算，在未形成心證之前，不得解為知悉云云，自無可採。至上訴人謂被上訴人雖為上訴人公司員工，但亦應屬適用公務員服務法之規範，提出銓敘部函為證，核屬上訴三審後提出之新證據及防禦方法，本院依法不得審酌，原審為上訴人敗

訴之判決，經核於法並無違背。上訴論旨，徒執上開情詞，並就原審取捨證據、認定事實之職權行使，指摘原判決不當，求予廢棄，非有理由。據上論結，本件上訴為無理由，依民事訴訟法第四百八十一條、第四百四十九條第一項、第七十八條，判決如主文。

相　關
法　條

勞動基準法第 12 條

勞工有左列情形之一者，雇主得不經預告終止契約：

一、於訂立勞動契約時為虛偽意思表示，使雇主誤信而有受損害之虞者。

二、對於雇主、雇主家屬、雇主代理人或其他共同工作之勞工，實施暴行或有重大侮辱之行為者。

三、受有期徒刑以上刑之宣告確定，而未諭知緩刑或未准易科罰金者。

四、違反勞動契約或工作規則，情節重大者。

五、故意損耗機器、工具、原料、產品，或其他雇主所有物品，或故意洩漏雇主技術上、營業上之秘密，致雇主受有損害者。

六、無正當理由繼續曠工三日，或一個月內曠工達六日者。

雇主依前項第一款、第二款及第四款至第六款規定終止契約者，應自知悉其情形之日起，三十日內為之。

【附錄一】
法條及規章查詢

【附錄一】 法條及規章查詢

 勞基法108年新修正之條文

 勞動部工作規則參考手冊

 勞動事件法

 職業促發腦心血管疾病認定參考指引重點修正對照表

 職業安全衛生法

 臺北市政府勞動局「勞動條件自主檢查表」

 勞工退休金條例

 勞動基準法第23條第1項「工資各項目計算方式明細」之參考例

 勞工職業災害保險法草案

【附錄二】
調整例假同意書範例

【附錄二】勞雇雙方協商調整例假同意書（範例）草案

立同意書人：_____ 公司（以下簡稱甲方）、勞工_____（以下簡稱乙方）。緣乙方任職於甲方_____部門，擔任_____職務，茲因下 列原因之一：

☐ 年節、紀念日、勞動節日及其他由中央主管機關規定應放假之日，屠宰業或承載旅客之運輸業，為因應公眾之生活便利，致有使勞工連續工作逾六日之必要。

☐ 因勞工從事工作之地點具特殊性（如海上、高山或偏遠地區等），其交通相當耗時，致有連續工作逾六日之必要。

☐ 因勞工於國外、船艦、航空器、闈場或電廠歲修執行職務，致有連續工作逾六日之必要。

經雙方協商後，乙方同意於二週期內適當調整原定之例假，其間隔至多十二日，並訂立條款內容如下，以資共同遵守履行。

一、實施期間及方式：
　　1. 乙方自_____年_____月_____日起至_____年_____月_____日止，配合甲方調整例假。
　　2. 實施期間甲方應考量乙方之健康及安全。
　　3. 實施期間乙方因健康或其他正當理由覺得不能負荷，可隨時終止例假之調整，並回復原定之例假。
　　4. 實施期間如調整例假之原因消失，甲方應立即回復雙方原約定之例假，不得藉故拖延。

二、權利義務之其他依據：
　　甲乙雙方原約定之勞動條件，除前述事項外，其餘仍依原約定之勞動條件為之，甲方不得作任何變更。

三、甲方有違反本同意書約定事項，乙方得終止本同意書。

四、誠信協商原則：
　　以上約定事項如有未盡事宜，雙方同意本誠信原則另行協商。

五、同意書之存執：
　　本同意書 1 式作成 2 份，由雙方各執 1 份為憑，並保存_____年。

立同意書人：

甲方：_____公司　　負責人：_____（簽名）

乙方：_____（簽名）

中　　華　　民　　國　　　　年　　　　月　　　　日

國家圖書館出版品預行編目資料

別讓勞資爭議損害你的權益 / 可道律師事務所 著. -- 初版. -- 臺北市：
　　商周出版：家庭傳媒城邦分公司發行, 民108.09
　　　面： 公分
　　ISBN 978-986-477-714-3（平裝）

　　1. 勞資關係　2. 勞動法規

556.2　　　　　　　　　　　　　　　　　　108013069

別讓勞資爭議損害你的權益

作　　　　　者	/ 可道律師事務所
企 畫 選 書	/ 楊如玉
責 任 編 輯	/ 楊如玉、陳思帆

版　　　　　權	/ 黃淑敏、翁靜如
行 銷 業 務	/ 莊英傑、李衍逸、黃崇華、周佑潔
總 　 編 　 輯	/ 楊如玉
總 　 經 　 理	/ 彭之琬
事業群總經理	/ 黃淑貞
發 　 行 　 人	/ 何飛鵬
法 律 顧 問	/ 元禾法律事務所　王子文律師
出　　　　　版	/ 商周出版
	城邦文化事業股份有限公司
	臺北市中山區民生東路二段141號9樓
	電話：(02) 2500-7008 傳眞：(02) 2500-7759
	E-mail：bwp.service@cite.com.tw
	Blog：http://bwp25007008.pixnet.net/blog
發 　 　 　 行	/ 英屬蓋曼群島商家庭傳媒股份有限公司城邦分公司
	臺北市中山區民生東路二段141號2樓
	書虫客服服務專線：(02) 2500-7718‧(02) 2500-7719
	24小時傳眞服務：(02) 2500-1990‧(02) 2500-1991
	服務時間：週一至週五09:30-12:00‧13:30-17:00
	郵撥帳號：19863813　戶名：書虫股份有限公司
	讀者服務信箱E-mail：service@readingclub.com.tw
	歡迎光臨城邦讀書花園 網址：www.cite.com.tw
香 港 發 行 所	/ 城邦（香港）出版集團有限公司
	香港灣仔駱克道193號東超商業中心1樓
	電話：(852) 2508-6231　傳眞：(852) 2578-9337
馬 新 發 行 所	/ 城邦(馬新)出版集團 Cité (M) Sdn. Bhd.
	41, Jalan Radin Anum, Bandar Baru Sri Petaling,
	57000 Kuala Lumpur, Malaysia
	電話：(603) 9057-8822　傳眞：(603) 9057-6622

封 面 設 計	/ 李東記
內 文 排 版	/ 新鑫電腦排版工作室
印 　 　 刷	/ 高典印刷有限公司
經 　 銷 　 商	/ 聯合發行股份有限公司
	電話：(02) 2917-8022　傳眞：(02) 2911-0053
	地址：新北市231新店區寶橋路235巷6弄6號2樓

■2019年（民108）9月3日初版
■2021年（民110）1月29日初版2.1刷
定價 400 元

Printed in Taiwan
城邦讀書花園
www.cite.com.tw